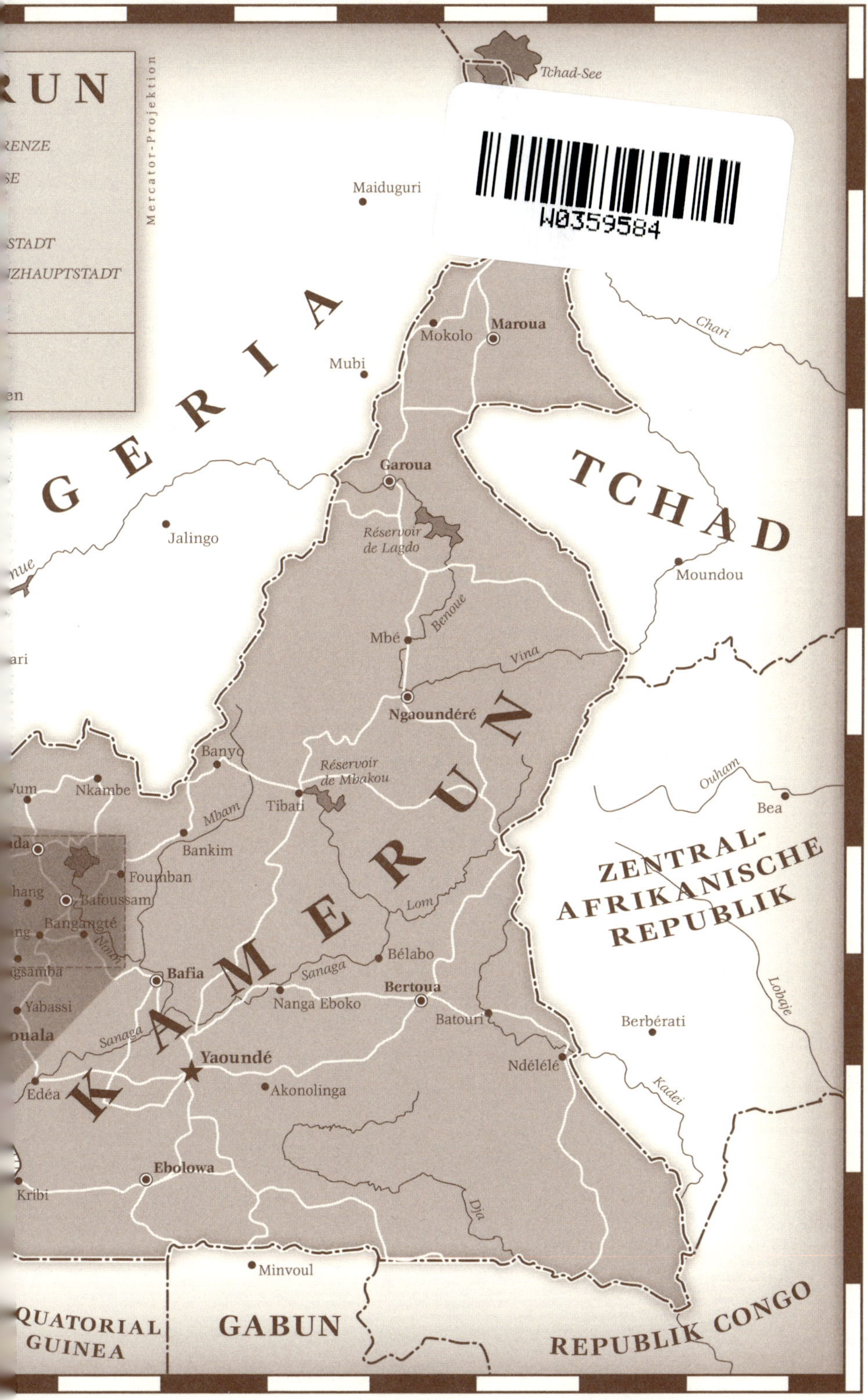
Mercator-Projektion
Tchad-See
Maiduguri
NIGERIA
Mokolo
Maroua
Mubi
Chari
Garoua
TCHAD
Réservoir de Lagdo
Jalingo
Moundou
Bénoué
Mbé
Vina
Ngaoundéré
KAMERUN
Banyo
Réservoir de Mbakou
Ouham
Nkambe
Tibati
Bea
Mbam
Bankim
ZENTRAL-AFRIKANISCHE REPUBLIK
Foumban
Bafoussam
Bangangté
Lom
Noun
Bélabo
Sanaga
Bafia
Lobaje
Bertoua
Yabassi
Nanga Eboko
Batouri
Berbérati
Yaoundé
Ndélélé
Kadei
Edéa
Akonolinga
Ebolowa
Kribi
Dja
Minvoul
GABUN
REPUBLIK CONGO
GUINEA

Schwarzer Prinz
weiße Königin

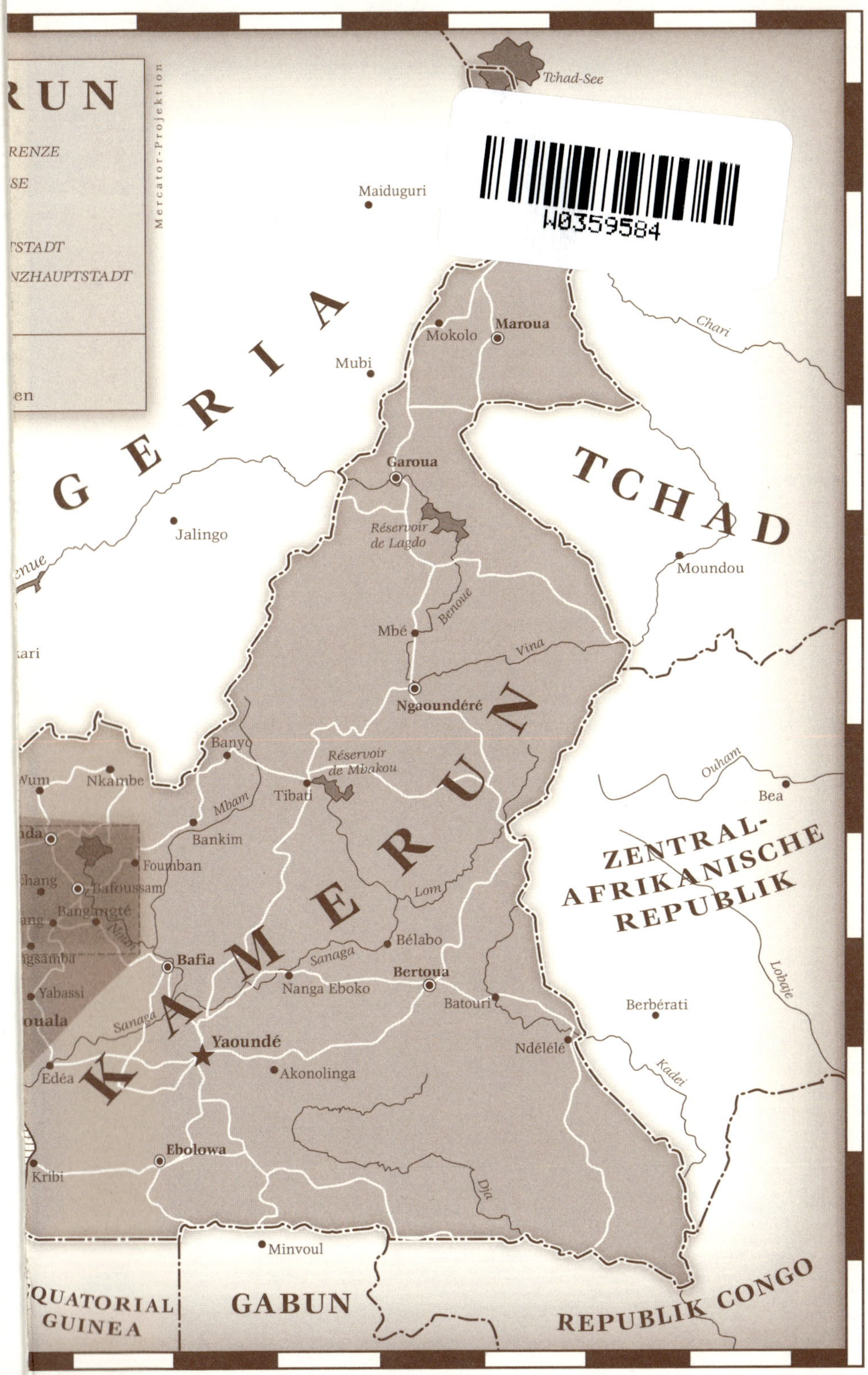

RUN
RENZE
SE
TSTADT
NZHAUPTSTADT
en
Mercator-Projektion
Tchad-See
Maiduguri
NIGERIA
Mubi
Mokolo
Maroua
Chari
Garoua
TCHAD
Jalingo
Réservoir de Lagdo
Moundou
Benoue
Mbé
Vina
Ngaoundéré
Banyo
Réservoir de Mbakou
Tibati
Ouham
Bea
Wum
Nkambe
Mbam
Bankim
ZENTRAL-AFRIKANISCHE REPUBLIK
Foumban
Bafoussam
Bangangté
Lom
KAMERUN
Bélabo
Bafia
Sanaga
Bertoua
Yabassi
Nanga Eboko
Batouri
Berbérati
Lobaje
Yaoundé
Ndélélé
Edéa
Akonolinga
Kadei
Ebolowa
Kribi
Dja
Minvoul
QUATORIAL GUINEA
GABUN
REPUBLIK CONGO

Schwarzer Prinz
weiße Königin

Katharina Paholo · Ruth Troxler

Schwarzer Prinz weiße Königin

Königin Katharina – eine Schweizerin in Kamerun

Weltbild

Bildnachweis
Tafelteil:
Fotos 3, 17, 18, 20: Hanspeter Bäni / Christoph Müller
Fotos 6, 8, 11, 16, 23, 25, 26, 27: Christoph Müller
Alle anderen Bilder: Katharina Paholo-Hänni
Umschlag: Christoph Müller (alle)

Impressum
Weltbild Buchverlag – Originalausgaben

Lektorat: Susanne Dieminger, Thomas Gsteiger, Lukas Heim
Umschlaggestaltung: HAUPTMANN & KOMPANIE Werbeagentur, München – Zürich, David Hauptmann
Vorsatzkarte: Thomas Uhlig, Augsburg, www.coverdesign.net

ISBN 978-3-03812-253-1

2010 2009 2008
Die letzte Jahreszahl gibt die aktuelle Auflage an.

Besuchen Sie uns im Internet:
– Schweiz: *www.weltbild.ch*
– Deutschland: *www.weltbild.de*
– Österreich: *www.AuM.at*

In Dankbarkeit an die besten Eltern der Welt:
Margrith und Ruedi Hänni
und für meinen Sohn Rudolf Tatchi Sky

Inhalt

Vorwort

Nichts ist fantastischer als die Realität. »Ich werde Königin in Kamerun«, sagt mir die Frau am Telefon, und ja, wir könnten gerne mitkommen nach Afrika.

Doch was unser Reporter dann vor Ort sah, übertraf jede Fiktion: Der Palast war eine Hütte aus Holz und der Park ein kleiner Garten.

Doch Katharina aus Moosseedorf belehrte alle Schadenfreudigen eines Besseren und wurde in Kamerun ganz glücklich. Mit Kind, Mann und einem Königreich aus ein paar Gemüsebeetchen.

Eine Geschichte ganz nach dem Geschmack der »Reporter«-Redaktion getreu unserem Motto: »Nichts ist fantastischer als die Realität.«

In der Zwischenzeit haben wir beim Schweizer Fernsehen bereits vier Mal über diese Geschichte berichtet. Diese Geschichte, die nun wirklich das Leben schrieb.

Immer wieder stellen wir ein enormes Publikumsinteresse fest am Schicksal von Katharina Hänni. Und zwar aus allen gesellschaftlichen Schichten. Die Story von dieser Frau, die auf geradezu halsbrecherische Art und Weise ihr Glück sucht, fasziniert ein Massenpublikum, das vom Arbeiter bis zum Akademiker reicht.

Wahrscheinlich darum, weil Katharina auf verwegene Weise ihren ganz eigenen Traum vom Leben zu verwirklichen sucht. Und etwas riskiert, von dem manche zu Hause auf dem Sofa auch schon geträumt haben mögen.

Und wenn auch manch ein Bedenkenträger die Nase rümpfen mag über Katharina Hänni: für mich ist sie eine durchaus positive Figur.

Und zwar darum: sie hat alles erreicht, was sie sich immer gewünscht hatte. Sie hat ein Kind, einen Mann, ist zwanzig Kilo leichter geworden und sieht viel besser aus als vor ihrer großen Lebensreise nach Afrika.

Ihr Königreich mag klein sein. Doch das Glück wohnt ja bekanntlich in der kleinsten Hütte.

Christoph Müller, Redaktionsleiter »Dok« und »Reporter«

Kapitel 1

Wie es begann

»Melde dich doch bei einer Kontaktseite an«, sagt eines Tages meine Freundin Marie am Telefon zu mir, als ich ihr wieder mal die Ohren volljammere, wie allein und einsam ich mich fühle.

»Was soll ich dort?«, frage ich sie eher gelangweilt. »Da gibt es eh nur kaputte Typen, die nur das eine wollen, und mit denen kann man sich sowieso nicht vernünftig unterhalten«, will ich das Thema rasch beenden.

»Nein, nein, sieh die Sache doch nicht gleich so negativ«, beruhigt sie mich. »Schau dir die Site doch ganz einfach mal an. Du musst ja auch nicht gleich eine neue Beziehung suchen, aber vielleicht findest du jemanden zum Plaudern. So wirst du auch nicht wieder enttäuscht.«

Ich verspreche ihr, mir die Sache zu überlegen.

Es ist ein wunderschöner Frühlingstag. Ich sitze in meiner Dreizimmerwohnung in Moosseedorf, bin vierzig Jahre alt und habe mal wieder eine zerbrochene Beziehung hinter mir, was mir extrem nahegeht. Ich beschließe, vorerst einen Spaziergang um den nahen Moossee zu machen, um mich etwas abzulenken. Es tut gut, die leichte Brise vom See her durch die Haare wehen zu lassen. Ich setze mich auf die Bank am See des Naturschutzgebietes und schaue den Enten zu, wie sie sich auf der Wasseroberfläche herumtragen lassen. Der Wind spielt mit dem Schilf. Nur ab und zu stört ein Ruderboot diese Idylle und die Enten fliegen weg. Man sollte auch einfach so wegfliegen können.

Was lief bisher nicht alles schief in meinem Leben. Schief? Nein, es lief nicht alles schief. Wer weiß, vielleicht war das alles nur die Vorbereitung auf das, was nun vor mir liegt. Ich habe noch die Worte im Ohr, die kürzlich eine andere Freundin tröstend zu mir sagte: »Lieber mal ordentlich unglücklich, als dass gar nichts passiert!«

Meine Gedanken schweifen in die Vergangenheit zurück. Damals, während der Verkaufslehre, lernte ich Bruno kennen. Zuerst waren wir ein Jahr lang nur Arbeitskollegen, danach zwei Jahre gute Freunde, und schließlich wurden wir ein Paar und heirateten. Fünf Jahre lang führten wir eine harmonische Ehe, verstanden uns gut und hatten nie große Probleme oder Auseinandersetzungen. Doch eines Tages fühlte ich, dass sich unsere Beziehung verändert hatte. Was es war, wusste ich nicht. Wir entfremdeten uns immer mehr. An Weihnachten fuhr ich erstmals alleine zu meinen Eltern, Bruno wollte mich nicht begleiten. Ein schlechtes Zeichen, das Fest der Liebe nicht gemeinsam zu feiern.

Von meinen beiden älteren Schwestern, die bereits Kinder hatten, bekam ich mehrere Kartons Kinderkleider und Pampers geschenkt, die sie nicht mehr brauchten. Ich wollte alles aufbewahren für die Zeit, in der wir selber Kinder haben würden. Mit all den Sachen fuhr ich dann nach den Feiertagen wieder nach Hause zurück zu Bruno. Ich bat ihn, mir beim Ausladen und Wegräumen dieser Kartons zu helfen.

Ich werde seinen Gesichtsausdruck niemals vergessen, als er die Sachen sah.

Kein Wort kam über seine Lippen.

Obwohl ich immer wieder betont hatte, dass ich Kinder möchte, hatte er sich offenbar nie ernsthaft mit diesem Thema befasst oder auseinandergesetzt.

Ein paar Tage später unterhielten wir uns über meinen Kinderwunsch, denn ich wollte endlich wissen, woran ich bin. Er erklärte mir unmissverständlich, dass er sich ein Leben mit Kindern nicht vorstellen könne. Das war für mich ein Schock, denn für mich wäre ein Leben ohne Kinder nicht denkbar. Allein der Gedanke daran, mein Leben an seiner Seite ohne Kinder verbringen zu müssen, machte mich sehr unglücklich.

Was nun?

So wie bisher weiterzumachen war unmöglich, auf die Dauer wäre einer von uns unglücklich geworden, was keine gute Basis für eine Ehe ist. Es musste eine Entscheidung getroffen werden. So beschlossen wir, uns zu trennen und scheiden zu lassen.

Es ist allerdings Brunos Verdienst, dass ich den wunderbaren Kontinent Afrika kennenlernen durfte. Nach wie vor bin ich ihm dafür sehr dankbar. Unsere erste Ferienreise führte uns damals nach Kenia. Dieses Reiseziel stand schnell fest, da er vorher bereits zweimal dort seine Ferien verbracht hatte und sehr von Land und Leuten schwärmt, sodass meine Neugierde geweckt wurde. So flogen wir gut vorbereitet nach Kenia.

Frühmorgens landeten wir dann in Mombasa. Der erste Eindruck vom Flughafen, den Menschen, dem Land und dem Klima war überwältigend. Am frühen Morgen war es schon schwül und sehr warm, alles war wunderschön grün, die Luft feucht, würzig, aber auch fruchtig und exotisch. Es war alles so neu und aufregend!

In jenem Jahr war noch der alte Flughafen in Betrieb und Bruno wusste, dass man sich auf einen Gepäckwagen stürzen muss, sobald man die Einreiseformalitäten hinter sich gebracht hat. Bereits am Flughafen spürt man die kenianische Gemütlichkeit, denn wie bei den Einreiseformalitäten, so hat man auch am Zoll mit längeren Wartezeiten zu rechnen. Man nimmt es am besten gelassen und passt sich dem Rhythmus der Kenianer an.

Die erste Hürde war also geschafft. Nun mussten wir noch eineinhalb Stunden mit dem Bus durch Mombasa fahren und dann weiter mit der Fähre zur Südküste. Ich wollte mir trotz meiner Müdigkeit keinen der faszinierenden neuen Eindrücke entgehen lassen.

Auf der Fähre ergab sich der allererste Kontakt zu diesen dunkelhäutigen, mir noch völlig unbekannten Menschen. Ich fühlte mich unsicher und unwohl und fragte mich, was das für Leute sind. Ich war nun die Fremde und kannte weder Kenia noch seine Bewohner.

Die Fähre hatte schnell übergesetzt und die Busfahrt ging

weiter. Was gab es da nicht alles Neues, Fremdes und Ungewohntes für mich zu sehen! Ich war von der üppigen und grünen Landschaft wie berauscht.

Morgens gegen acht Uhr hatten wir unser Hotel in Diani Beach erreicht. Bruno wollte gleich am Nachmittag seinen Kollegen Nicki aufsuchen, den er von seinen früheren Keniaaufenthalten her kannte. Dieser arbeitete damals in einem Laden, der zu einem Restaurant im Diani-Shoppingcenter gehört. Nicki freute sich sehr über den Besuch und lud uns bald darauf zu sich nach Hause ein. Ich war gespannt, zu sehen, in welcher Umgebung er lebt.

Mit dem Auto ist dieser Ort in etwa zwanzig Minuten von Mombasa aus zu erreichen. Nicki lebt dort mit seiner Familie in äußerst bescheidenen Verhältnissen. Trotzdem empfand ich den Ort mitten im Palmenwald als traumhaftes Fleckchen Erde! Zu essen gab es Ananas, Bananen und Kokosnuss, die von Kindern extra für uns frisch von der Palme gepflückt wurden.

Er zeigte uns das Dorf und weit entfernt sahen wir den Ältestenrat im Schatten eines großen Baobab-Baumes tagen. Wie gern hätte ich verstanden, was dort Wichtiges diskutiert wurde.

Bei unseren häufigen Spaziergängen durchs Dorf erlebten wir so allerlei. Wenn mir vorher jemand gesagt hätte, dass mir einmal eine 26 Grad warme Cola schmecken würde, den hätte ich glatt für verrückt erklärt.

Das kam so: Bei einem spontanen Ausflug in den Busch hatten wir kein Trinkwasser dabei. Nach einem gut zweistündigen Spaziergang bei um die 30 Grad Hitze kamen wir an einem einheimischen Restaurant vorbei. Da es tief im Busch lag, gab es keinen Strom und somit auch keinen Kühlschrank. Trotzdem trank ich dort die beste Cola meines Lebens, weil ich so schrecklichen Durst hatte und froh war, endlich etwas zu trinken zu bekommen.

Mit Nicki und seiner Familie entstand im Laufe der Zeit eine Freundschaft und später wurden sie fast so etwas wie eine Patenfamilie für uns. Über all die Jahre schrieben wir uns regelmäßig, und bei unseren Aufenthalten in Afrika brachten wir immer etwas für die Familie mit. Einmal durfte Nicki auf unsere Kosten so richtig nach Herzenslust einkaufen. Ein anderes Mal schenkten wir ihm ein Fahrrad, da die Busfahrt zur Arbeit für ihn viel zu teuer war. Er konnte sein Glück kaum fassen und war unglaublich stolz auf sein neues Velo.

Neben dem richtigen afrikanischen Leben zeigte mir Bruno auch den schönen Strand und die Strandbuchten von Diani Beach. Da wir Halbpension gebucht hatten, aßen wir auch des Öfteren außerhalb des Hotels. Dort gibt es neben diversen einheimischen Restaurants auch den Chinesen, Inder und Italiener sowie unzählige weitere Gaststätten mit ausländischer Küche.

Bruno lehrte mich, wie man mit offenem Herzen und wachen Sinnen auf das Land und die Leute zugeht. Er vermittelte mir durch seine Kenntnisse die Liebe zu diesem Kontinent. Als ich Afrika das erste Mal verließ, hatte ich das Gefühl, meiner Heimat entrissen zu werden und vielleicht nie wieder dorthin zurückkehren zu können. Am liebsten wäre ich gleich dortgeblieben. Mein Herz schmerzte, ich war richtig verzweifelt. Erst viel später verstand ich, was es mir in diesem Moment sagen wollte:

Kwaheri, na tutaonana tena.
Auf Wiedersehen, wir werden uns wiedersehen.

Ein Teil meines Herzens blieb dort, und so kam es, dass wir während unserer Ehe noch siebenmal in Afrika waren. Dieser Kontinent wurde zu meiner zweiten Heimat. Jedes Mal, wenn über Ferien gesprochen wurde und das Reiseziel ausgewählt werden sollte, zerriss mir schon der Gedanke das Herz, nun Kenia vielleicht nicht wiedersehen zu können. Ich konnte mich deshalb nie für ein anderes Reiseziel entscheiden.

Afrika, nitarudi!
Afrika, ich werde wiederkommen!

Eine dunkle Wolke schiebt sich vor die Sonne. Mich fröstelt. Der richtige Augenblick, um in die Gegenwart und damit nach Hause zurückzukehren. Ich koche Tee und setze mich dann gemütlich aufs Sofa. Meine Gedanken kehren zurück zu der Zeit nach der Scheidung von Bruno, als ich Ferdinand kennenlernte, einen Kongolesen. Mit ihm war ich zwei Jahre lang zusammen, bis wir uns trennten, weil wir uns nichts mehr zu sagen hatten.

Danach verliebte ich mich in Rafael, ebenfalls ein Afrikaner. Zum Millenniumssilvester wollten Rafael und ich zum ersten Mal gemeinsam Ferien machen. Doch als es darum ging, ins Reisebüro zu gehen, um zu buchen, wollte er mich auf einmal nicht mehr begleiten. In letzter Minute machte er merkwürdigerweise einen Rückzieher. Erst später gestand er mir, dass er gar nicht beabsichtigt hatte, mit mir zu verreisen. Da ich aber Ferien dringend nötig hatte, buchte ich die Reise trotzdem und flog kurzerhand zum allerersten Mal in meinem Leben alleine für drei Wochen nach Kenia, dem Ort meiner Träume.

Auf dem Flug nach Mombasa stieß ich nach Mitternacht still und leise auf meinen Geburtstag und die Vorfreude an, Kenia endlich wiederzusehen.

Schon der berühmte Schweizer Reiseschriftsteller René Gardi zitierte 1981 in seinem Kamerun-Buch »Alantika« das Sprichwort:

»Wer einmal von einem Landstrich Afrikas gebissen worden ist, trägt diese Wunde in sich, die nie mehr heilt. Die Sehnsucht, zurückzukehren, wird man ein Leben lang nicht mehr los.«

Das kann ich nur bestätigen.

Den ersten Tag verbrachte ich ganz einfach nur damit, zu genießen, wieder in Afrika zu sein, diese so vertraute Luft einzuatmen und einen kleinen Spaziergang in der näheren Umgebung zu machen. Ich war ganz einfach glücklich.

Im Hotel »Southern Palms« gab es jeden Abend ein Show-Programm. An einem der ersten Abende trat eine fantastische Akrobatikgruppe auf, was für mich nicht ohne Folgen blieb. Im Hotel hatte ich ein sehr nettes Schweizer Ehepaar kennengelernt, das mich am nächsten Tag fragte, ob ich Lust hätte, sie auf einem Strandspaziergang zu begleiten. Ich sagte gerne zu. Etwa dreihundert Meter vom Hotel entfernt, sah ich am Strand einen jungen Mann genau diese Akrobatik üben, die ich am Abend vorher im Hotel so bewundert hatte. Für mich war klar, dass es einer von dieser Truppe sein musste. Da ich schon etwas Suaheli sprach, rief ich ihm »Unacheza mzuri« zu.

Das bedeutet: Du trainierst gut.

Er winkte mir zum Dank zu und trainierte weiter, und wir setzten unseren Spaziergang fort. Als wir auf dem Rückweg wieder dort vorbeigingen, kam der junge Mann auf mich zu und fragte, wieso ich Suaheli sprechen würde. So kamen wir ins Gespräch und ich bemerkte erst später, dass das Ehepaar längst weitergegangen war.

Der sympathische junge Mann stellte sich mir im Laufe des Gespräches als Nuruddin vor und bot mir an, mich auf dem weiteren Spaziergang zu begleiten. Da er in keiner Weise aufdringlich war, willigte ich gerne ein. Er begleitete mich zur Congo-Bucht, wo wir zusammen den Sonnenuntergang genossen. Als es dunkel wurde, brachte er mich zum Hotel zurück. Wir verabredeten, den Abend gemeinsam im »Shakatak« zu verbringen. Dieses Lokal ist ein sehr beliebter Treffpunkt sowohl von Urlaubern als auch von einheimischen Gästen. Es ist eine gelungene Mischung aus Biergarten, Snack-Bar, Restaurant, Nightclub und Disco.

Ab diesem Abend trafen wir uns täglich.

Zu dieser Zeit trug ich die Haare sehr lang. Wie es wohl aussehen würde, wenn ich mir mal Rastazöpfe machen ließe? Kurzentschlossen setzte ich mich in einen Coiffeursalon. Was mir dann Stunden später aus dem Spiegel entgegenblickte, war anfangs schon etwas fremd, aber es gefiel mir sehr, passte zu meiner Stimmung und kam auch gut an.

Da ich noch eine Woche auf der Insel Sansibar gebucht und keine Lust hatte, diese Tage dort ohne Begleitung zu verbringen, lud ich kurzerhand Nuruddin ein mitzukommen.

Dies war allerdings nicht so einfach, wie ich es mir vorgestellt hatte. Da er keinen gültigen Pass besaß (Sansibar gehört bereits zu Tansania), konnte er nicht mit mir fliegen, sondern musste am nächsten Tag per Bus und Schiff nachkommen. So erkundete ich die kleine, zauberhafte, nur einundzwanzig Kilometer breite und sechsundachtzig Kilometer lange Insel am ersten Tag alleine.

Das Hotel befand sich mitten in Stone Town, der Altstadt von Sansibar. Das Taxi hatte einige Mühe, heil durch die engen Gassen zu kommen.

Nach dem Zimmerbezug und einer kleinen Erholungspause beschloss ich, auf Entdeckungstour zu gehen. Vorerst hieß das für mich, mir den Weg zurück zum Hotel gut einzuprägen, da dort normalerweise keine Autos durchfahren.

Gleich hinter dem Hotel steht das 1883 erbaute »House of Wonder«. Dieser Name stammt daher, weil es als erstes Haus in Afrika (oder zumindest in Tansania) mit fließendem Wasser, Strom und einem Aufzug ausgestattet wurde. Für die damalige Zeit war das wirklich ein Wunder, wenn man bedenkt, dass Strom in Afrika auch heute noch keine Selbstverständlichkeit ist.

Ich machte einen Rundgang durch den Stadtpark und schaute den Händlern zu, wie sie ihre Stände aufstellten. Hauptsächlich am Abend und in der Nacht erwacht das Leben auf den Straßen von Sansibar. Tagsüber halten sich nur Spaziergänger im Stadtpark auf. Direkt am Meer gibt es Stände, an denen Essen angeboten wird, was immer auch das Herz des Hungrigen begehrt. Am besten schmecken natürlich Fische und Meeresfrüchte. Dazu ein Glas frischer Zuckerrohrsaft, einfach herrlich!

Abends ging ich in einem Restaurant am Hafen essen. Dieses Lokal ist auf einem Steg über dem Meer gebaut, sodass immer eine angenehme Brise weht. Danach begab ich mich ins Hotel zurück, denn ich wagte es nicht, mich allein ins Nachtleben zu stürzen.

Am nächsten Tag kam Nuruddin.

Der Höhepunkt dieser Woche war dann allerdings der Ausflug nach »Prison Island«. Eigentlich war nur ein Tagesausflug geplant, doch wir blieben zwei Nächte.

Auf dieser Insel gibt es zweihundert Jahre alte, riesige Schildkröten, die mittlerweile auch unter besonderem Schutz stehen. Ich ließ es mir nicht nehmen, diese einzigartigen Tiere zu füttern und am Hals zu kraulen, was ihnen anscheinend sehr behagte. Ein arabischer Händler soll diese Tiere seinerzeit von den Seychellen als Geschenk mitgenommen und dann auf dieser Insel ausgesetzt haben, weil er sie loswerden wollte.

Hand in Hand schlenderten wir am Strand entlang. Auf einmal packte mich Nuruddin und trug mich übermütig ins seichte Wasser. Ich machte das Spiel zuerst mit und versuchte dann, mich von ihm zu befreien. Das gelang mir sehr schnell, denn Nuruddin ist, wie die meisten Afrikaner, keine Wasserratte und flüchtete sich deshalb rasch an den Strand zurück, bevor er allzu sehr mit dem Element Wasser in Berührung kam. Die Wassertropfen glitzerten auf seiner dunklen Haut wie kostbare Perlen.

Auf »Prison Island« gibt es nur fünf Gästezimmer, sehr einfach eingerichtet, mit einer nicht gerade alltäglichen sanitären Einrichtung, wie ich sie bisher noch nirgends angetroffen hatte. Eine Toilette war zwar vorhanden, ein Waschbecken und eine Dusche ebenfalls. Aber wo gibt es hier Wasser?

Nirgendwo war ein Wasserhahn zu finden. Da entdeckte ich in einer Ecke eine Tonne mit Wasser und einen Becher. So einfach funktionierte diese »Handdusche«. Zuerst ärgerte ich mich darüber, doch dann fand ich es ganz toll und einfallsreich, weil es zu dieser kleinen Robinson-Insel passte. Es gab ja auch keinen Strom, nur dank eines Generators hatten wir abends Licht.

Am ersten Tag übernachtete noch ein anderes Schweizer Paar mit uns auf der Insel, in der zweiten Nacht waren wir die einzigen Gäste. Wer kann schon sagen, dass er mal für ein paar Stunden eine ganze Insel für sich alleine hatte!

Wir saßen abends am Strand und konnten von dort aus die bunten Lichter von Sansibar sehen, die übers Meer bis zu uns herüberfunkelten. Es war ganz einfach märchenhaft. An meiner Seite ein sehr gut gebauter junger Mann mit frechen Rastas, wie ich sie so liebe ... Ich überlegte mir, wie ich mich verhalten sollte, falls Nuruddin nun einen Annäherungsversuch wagen würde. Schließlich sitzt Rafael zu Hause! Selber schuld, ich wollte ja mit ihm verreisen, aber ihm passte das nicht. Jetzt bin ich hier und genieße, was auch immer diese Nacht mir bringen wird, beruhigte ich mein Gewissen, das sich in diesem Moment meldete. Außerdem bin ich nicht verheiratet und weiß nicht, was er jetzt zu Hause treibt. Mit diesen Gedanken wischte ich die letzten Bedenken beiseite. Ich legte mich auf den Rücken und schaute in den Sternenhimmel. Das Meer war ganz ruhig. Nur hier und da unterbrach der Lockruf eines Vogels auf der Suche nach einer Gefährtin die Stille. Langsam ließ Nuruddin feinen Sand auf meinen Bauch, den Oberkörper und über meine Beine rieseln. Es kitzelte angenehm auf der Haut und ich ließ es geschehen. Sehr zärtlich blies er ihn wieder weg, ich spürte seinen Atem ganz nahe und ließ mich vom Zauber der Nacht wegtragen.

Wieder zurück in Sansibar, nahmen wir uns dann Zeit, gemeinsam die sehenswerte Altstadt etwas ausführlicher zu erkunden. Bei der großen Kirche gibt es eine Gedenkstätte für die Sklaven, denn genau hier befand sich seinerzeit der Sklavenumschlagplatz. Da kriecht es einem schon kalt den Rücken hinunter bei dem Gedanken, welch unvorstellbar großes Leid sich da abgespielt hat. Wir sahen auch das ehemalige Haus vom größten und brutalsten Sklavenhändler, Tippu Tip, das heute leer steht.

Dann fotografierten wir das Haus von David Livingstone, dem britischen Missionar und Afrikaforscher, welches heute ein sehenswertes Museum beherbergt.

Mittags aßen wir in einem einheimischen Restaurant den besten Reis, den ich je gegessen habe! Sansibar ist ja auch eine Gewürzinsel, und so wurde der Reis mit derart vielen verschiedenen Gewürzen zubereitet, dass er einfach himmlisch schmeckte!

Anschließend kehrten wieder zurück nach Diani Beach, wo wir auch meine letzten Ferientage gemeinsam verbrachten. Ich war von Anfang an ehrlich zu Nuruddin und sagte ihm, dass ich zu Hause einen Freund hätte, den aufzugeben ich nicht bereit sei.

Der Abschied nahte. Doch da meldete mir unser Reiseleiter, dass das Flugzeug leider überbucht sei und ich deswegen noch nicht zurückfliegen könne. Ich konnte das Glück kaum fassen, gezwungenermaßen noch bleiben zu dürfen.

So genoss ich noch eine weitere unvorhergesehene Woche in Diani Beach mit Nuruddin. Er sprach bereits etwas Deutsch und Englisch und natürlich Suaheli. Wie er mir erzählte, gehört er zum Stamm der Digo.

Die unerwartet geschenkten Tage vergingen wie im Fluge, unaufhaltsam nahte der endgültige Abschied von Afrika und Nuruddin. Was mich zu jenem Zeitpunkt mit ihm verband, war noch nicht Liebe, sondern eine wunderbare Freundschaft.

Als ich wieder zu Hause war, spürte ich bereits ein leichtes Kribbeln im Bauch, wenn ich an ihn dachte oder mit ihm telefonierte. Aber mehr war es noch nicht. Vielleicht wollte ich es mir auch nicht eingestehen, denn an eine neue Beziehung hatte ich nicht gedacht. Als ich jedoch erfuhr, dass Rafael neben mir noch andere Beziehungen hatte, zog ich unter diese fast zweijährige gemeinsame Zeit einen Schlussstrich.

Wieder einmal hatte ich fest daran geglaubt, es sei für immer oder doch wenigstens für längere Zeit. Und wieder hatte ich »Schiffbruch« erlitten.

Die Freundschaft mit Nuruddin vertiefte sich in den folgenden Monaten immer mehr, wir telefonierten regelmäßig und ich spürte, dass er es ehrlich mit mir meinte. So buchte ich ein paar Monate später eine dreimonatige Reise und flog zu ihm nach Kenia, um ihn besser kennenzulernen. Ich hatte bereits vorsorglich alle notwendigen Papiere im Reisegepäck. Falls es mit uns klappen sollte, könnten wir für Nuruddin damit auch ein Visum für die Schweiz beantragen.

Wir hatte zusammen eine wunderschöne Zeit – drei Wochen später begaben wir uns aufs Standesamt in Mombasa. Die Standesbeamtin fragte mich, ob ich hier in den Ferien sei und es deswegen wohl mit dem Termin eile. Sie wollte für uns den 12. Februar 2001 reservieren, was mir dann aber doch zu schnell ging. Ich wollte unbedingt noch etwas mehr Zeit, um unsere Hochzeit vorbereiten zu können, und so einigten wir uns auf den 16. Februar. Anschließend bezahlten wir noch die Hochzeitsgebühr, ausnahmsweise ohne Schmiergeld.

Nun fehlte mir aber noch ein passendes Kleid. Wir durchkämmten die halbe Stadt nach einem einfachen weißen Sommerkleid, konnten aber nirgends das richtige finden. Der Stadtführer, der uns durch all diese Geschäfte begleitete, verlor allmählich die Geduld. Schlussendlich führte er uns zu einer kleinen Schneiderei in der Nähe der Altstadt. Eigentlich wollte ich ja gar kein richtiges Hochzeitskleid, sondern ganz einfach einen schönen Sommerrock. Doch als man dort vernahm, dass das Kleid für eine Hochzeit sei, zeigten sie mir einen Katalog mit Hochzeitskleidern. Die Schneiderin wollte nicht verstehen, dass ich mir etwas ganz Einfaches vorstellte, obwohl wir ja nur standesamtlich und nicht kirchlich heiraten würden.

Sie zeichnete mir auf ungefähr fünfzehn Zentimeter Größe ein einfaches Hochzeitskleid. Ich gab mich geschlagen und sie nahm Maß. Ich holte ganz tief Luft und dachte daran, dass in der Schweiz ein Hochzeitskleid nur zu mieten schon mindestens fünfhundert Franken kosten würde, und hier wollten sie mir ein maßgeschneidertes Kleid verpassen.

Ich nahm allen Mut zusammen und erkundigte mich nach den Kosten. Ohne auf meine Frage einzugehen, gab mir der Chef der Schneiderei einige Stoffe zur Auswahl und es wurde abgeklärt, ob ich Tüll oder Netz wünschte. Ich fragte nochmals nach dem Preis und wagte kaum zu atmen. Er kritzelte einige Zahlen auf ein Papier und zählte zusammen … ich war schon fast blau vom Luftanhalten.

»Einhundertfünfzig Franken«, war schlussendlich seine Antwort. Ich konnte es kaum glauben. Und das für ein maßgeschneidertes Kleid!

Bereits zwei Tage später konnte ich es abholen. Welch eine Überraschung: In der Sonne hatte das Kleid einen leicht blauen Schimmer, und blau ist meine Lieblingsfarbe! Ich war total begeistert. Es wurde eine wunderschöne Hochzeit in Nuruddins Familien- und Freundeskreis.

Unsere gemeinsame Rückreise in die Schweiz war für Ende März gebucht. Doch es kam wieder einmal anders.

Leider bekam Nuruddin nicht so schnell ein Einreisevisum für die Schweiz. Anfangs hatte man uns versichert, es würde nur drei Monate dauern. Doch es war bald klar, dass das nicht klappen würde. So musste ich mich entscheiden, entweder am gebuchten Termin alleine zurückzufliegen oder zu warten, bis auch für ihn alles geregelt wäre. Da die damalige Balair während der Regenzeit von April bis Juni gar nicht nach Kenia flog, war es schwierig für mich, eine günstigen Flug zu finden.

Ich entschloss mich zu warten, und so genoss ich nochmals drei wunderschöne Monate in Kenia und hatte Gelegenheit, Land und Leute noch näher kennenzulernen. Danach kehrten wir gemeinsam als Ehepaar in die Schweiz zurück.

Ich glaubte, den richtigen Mann gefunden zu haben. Anfangs verstanden wir uns sehr gut, und ich fand auch wieder Arbeit. Bei ihm dauerte es allerdings länger, er fand erst nach einem Jahr in der Küche eines Restaurants eine Ausstellung. Leider wuchs seine Eifersucht von Tag zu Tag, von Woche zu Woche, von Monat zu Monat. Im dritten Jahr unserer Ehe zerschlug er eines Abends völlig unerwartet das Telefon, als ich mit meiner Mutter telefonierte. Über Lautsprecher hörte er, dass ich mit ihr sprach. Er glaubte, ich würde schlecht über ihn reden. Seine Deutschkenntnisse waren damals noch etwas mangelhaft, was ihn stark verunsicherte. Das konnte ich noch verstehen, nicht aber seine Überreaktion. Leider war dies nur der Anfang, es kam immer schlimmer.

Nurrudin musste über die Feiertage arbeiten. An Silvester besuchte mich meine Freundin Susanne aus Zürich, da ich den letzten Abend des Jahres nicht allein zu Hause sitzen wollte. So zogen wir zwei Frauen zusammen los, ohne männliche Begleitung. Das war nun zu viel für Nuruddin, er drehte völlig durch.

Anfang Januar drohte er mir mehrmals damit, mich umzubringen. Zuerst wollte er mit einem Stuhl auf mich losgehen, glücklicherweise gelang es mir, ihn zu beruhigen, und er ließ von mir ab. Dann griff er zu einer Flasche, die gerade herumstand, um sie auf meinem Kopf zu zerschlagen. Ich konnte noch rechtzeitig flüchten. Schlussendlich schnappte er sich eine Schere und wollte sie mir in den Bauch rammen. Nachdem ich mich in Todesangst mit einer List ins Badezimmer retten konnte, rief ich von dort aus die Polizei an, die glücklicherweise sehr schnell zur Stelle war. Zusammen mit dem Gemeindepräsidenten, der ebenfalls herbeigeeilt war, und den vier Polizisten versuchte ich, ihn zu beruhigen und ihm die sofortige Trennung klarzumachen. Leider bin ich nicht sofort aus der Wohnung geflüchtet, wie es mir der Gemeindepräsident dringend ans Herz gelegt hatte.

Am nächsten Abend drohte er mir erneut. Nun war mein Geduldsfaden endgültig gerissen. Ich ließ mich nicht provozieren und erklärte ihm ganz ruhig, dass ich ihm nochmals eine Chance gegeben hatte, aber nach diesem erneuten Vorfall nun auf die sofortige Trennung bestehe.

Ein paar Monate später zog er endlich aus der gemeinsamen Wohnung aus. Danach ließ ich den Mietvertrag auf meinen Namen ändern und wechselte das Haustürschloss.

In dieser Zeit verlor ich durch Mobbing auch noch meinen Job. Dann – ein Unglück kommt selten allein – gab mein Auto den Geist auf. Motorschaden, nichts mehr zu machen. Durch die Arbeitslosigkeit begannen auch die finanziellen Probleme. Die Anwältin, die wir für die gerichtliche Trennung aufgesucht hatten, sagte uns geradeheraus, dass wir es uns eigentlich gar nicht leisten könnten, uns zu trennen, wir würden beide unter das Existenzminimum fallen. Mir war das aber nicht so wichtig, ich wollte ganz einfach nichts mehr mit diesem Mann zu tun haben.

Es kam dann auch so, wie die Anwältin prophezeit hatte. Ich konnte die Steuern nicht mehr bezahlen und alle meine Stellenbewerbungen kamen mit einer Absage zurück. Eine Enttäuschung jagte die andere.

Während dieser Zeit ermöglichte mir das Arbeitsamt verschiedene Kurse.

Ich hätte gerne meinen Traum verwirklicht, eine eigene Disco zu besitzen! Aber es war klar, dass ich kaum irgendwo ohne Sicherheiten einen Kredit dafür bekäme. Ein Lokal mit 2000 Quadratmetern hatte ich bereits in Aussicht.

Nun, es musste so sein, denn sonst wäre ich nicht nach Afrika ausgewandert!

Für mich hat alles im ersten Moment scheinbar Negative einen positiven Grund, auch wenn man es manchmal erst viel später erkennt und versteht.

Nach der Trennung, Nuruddin lebte bereits in einer eigenen Wohnung, gab es nochmals einen unerwarteten Zwischenfall. Eines Abends stand er vor der Wohnungstür und fragte mich, ob er von meinem Festnetzanschluss aus nach Kenia telefonieren dürfe, da er in seiner Wohnung noch keinen Anschluss habe. Ein Anruf mit dem Handy ins Ausland sei für ihn viel zu teuer. Leider ließ ich mich überreden und gewährte ihm Zutritt in die Wohnung. Das war ein großer Fehler von mir, denn er wollte die Wohnung danach nicht mehr verlassen.

Eine halbe Stunde später verließ er das Haus in Begleitung zweier Polizisten! Das war dann sein allerletzter Besuch bei mir. Bis zu meiner Auswanderung im Dezember 2005 konnten wir aber immerhin ein freundschaftliches Verhältnis aufrechterhalten. Wenn er Probleme mit der Verständigung hatte, rief er mich an. Trafen wir uns zufällig in Bern, grüßten wir uns und sprachen ein paar Worte miteinander, oder wir gingen zusammen etwas trinken.

Das war's. Er lebte nun sein Leben, ich meines.

Leider bekam ich dann mit dem Arbeitsamt ein größeres Problem. Sie nahmen mich aus einem Kurs raus und strichen mir das Arbeitslosengeld, als hätte ich den Kurs abgebrochen. Ich war total niedergeschlagen, frustriert und traurig und sah schwarz für meine Zukunft. Um mich etwas abzulenken, setzte ich mich zu Hause an den PC und hoffte, dass mich jemand im Chat aufmuntern könnte. Ein Kontakt, mit dem ich schon öfter über Probleme geredet hatte, war online, und so schilderte ich ihm meine Lage. Da diese Person jedoch am Arbeitsplatz war und leider wenig Zeit hatte, mit mir zu reden, empfahl er mir das Buch von Neale Donald Walsch »Gespräche mit Gott«. Er versicherte mir, dass ich in diesem Buch alle Antworten finden würde, die ich suche.

Und er hatte recht! Ich fand alle Antworten und noch viel mehr, beispielsweise die Erklärung dafür, weshalb mein Leben bisher so schwierig verlaufen war. Ich begann zu verstehen, dass vermeintliche Pechsträhnen nicht immer Pechsträhnen sein müssen.

Ganz im Gegenteil.

Heute bin ich der Meinung, dass unser ganzes Leben vorgezeichnet ist. Wenn wir auf die falsche Bahn geraten, schubst uns Gott wieder auf den richtigen Weg, sofern wir ihn nicht selber finden.

Doch damals konnte ich das noch nicht so sehen. Es lag ein für mich sehr schwieriges Jahr hinter mir und ich wusste nicht, was die Zukunft bringen würde. Deshalb wollte ich zum Jahreswechsel alles, nur nicht alleine sein mit den grässlichen Erinnerungen an die letzte Silvesterfeier und vor allem die Neujahrstage. So rief ich Susanne an und wollte sie zu mir einladen. Da sie jedoch bereits Freunde zu sich eingeladen hatte, schlug sie mir vor, Silvester bei ihr zu feiern, zusammen mit ihren Mann und ihren Gästen. Silvester in Zürich? Warum nicht? Ich sagte zu. Diese Entscheidung sollte mein ganzes späteres Leben beeinflussen und verändern!

Mit dem Zug fuhr ich also am letzten Tag des Jahres nach Zürich und das Schicksal nahm seinen Lauf. Obwohl ich den Abend mit zwei Paaren verbrachte, fühlte ich mich in ihrer Gesellschaft sehr wohl und nicht wie das fünfte Rad am Wagen.

Nach dem köstlichen afrikanischen Abendessen diskutierten wir, wo wir die letzten Stunden des Jahres verbringen könnten. Mein größter Wunsch war, dass ich unbedingt afrikanische Musik hören wollte. Ich kannte ja die Lokale in Zürich nicht und war neugierig darauf, sie kennenzulernen.

Es standen eigentlich nur zwei Discos zur Auswahl. Susanne hatte gelesen, dass es im »Dynamo« eine senegalesische Silvesterparty geben sollte mit Live-Musik. Susannes Gast Matano schlug vor, in die Disco zu gehen, wo ein Freund von ihm DJ sei.

Nach längerem Hin und Her einigten wir uns schließlich doch auf das »Dynamo«. Sowohl die Musik als auch der Eintrittspreis waren akzeptabel für uns.

Es war inzwischen schon kurz vor Mitternacht, und wir wollten uns das Feuerwerk am See nicht entgehen lassen und beschlossen, danach die restlichen Stunden im »Dynamo« zu feiern.

Wir mussten durch die ganze Disco und die enge Wendeltreppe hinauf zur Galerie laufen, um zur Garderobe zu gelangen. Susanne und Ali und auch Irene und Matano gaben gleich ihre Jacken ab, ich stand noch etwas im Hintergrund. Alle vier stellten fest, dass sie kein Kleingeld dabeihatten. Deshalb übernahm ich das und wollte ebenfalls meine Jacke abgeben.

Als ich den Typen an der Garderobe sah, dachte ich nur eines: »WOW!!«

Er sah fantastisch aus. Einen Kopf größer als ich, schlank und eine leicht athletische Figur. Er trug einen naturweißen Strickpulli, der seine kurzen Rastas unheimlich gut zur Geltung brachte. Seine Gesichtszüge waren sehr weich und gleichmäßig und betonten so seine großen dunklen Augen. Die Farbe seiner Haut war ein wunderschönes, goldschimmerndes Braun. Nicht zu hell, nicht zu dunkel. Ich war hin und weg von dieser Erscheinung.

Ich trat also an den Tisch, gab meine Jacke ab und sagte zu ihm, dass ich für alle fünf bezahlen würde. Mein Herz schlug bis zum Hals. Während er die Jacken aufhängte, versuchte ich mich zu beruhigen.

»Sei doch vernünftig! So ein Typ beachtet dich nie, bleib auf dem Boden!!!«, redete ich mir ein.

Als er sich umdrehte, um mir das Wechselgeld zu geben, merkte ich, dass er sichtlich nervös war. Hatte er etwa meine Unsicherheit bemerkt?

Er legte das Wechselgeld auf den Tisch, statt es mir in die Hand zu geben. Dabei fiel mir auf, dass er kein Wort herausbrachte. Zudem hatte er nur vier Jacken berechnet statt fünf. Mit zittrigen Knien ging ich wieder zu den anderen zurück.

Susanne hatte beschlossen, auf der Galerie zu bleiben, da es dort die letzten Sitzgelegenheiten gab. Mir war es natürlich nur recht, oben zu bleiben. Ich stellte mich vorne ans Geländer und schaute dem bunten Treiben unten auf der Tanzfläche zu. Ab und zu warf ich einen verstohlenen Blick zu dem

Unbekannten hinüber in der Hoffnung, er würde es nicht bemerken. Doch auch er beobachtete mich, wie ich später feststellte.

So gegen drei Uhr morgens, es war inzwischen an der Garderobe etwas ruhiger geworden, saß er plötzlich mit einem jungen Mädchen auf dem Garderobentisch. Die beiden ließen ihre Beine herunterbaumeln und unterhielten sich zwanglos. Anscheinend kennen sie sich, sagte ich mir, denn sie waren derart in ein Gespräch vertieft, dass er mich gar nicht mehr beachtete. Mein Herz zog sich schmerzhaft zusammen. In diesem Moment erschrak ich über mich selber und rief mich zur Ordnung: »Spinnst du komplett?? Komm wieder auf den Boden runter!! Du kennst den Typen nicht mal und bist schon eifersüchtig?«

Gegen vier Uhr morgens kam einer seiner Arbeitskollegen zu ihm herauf. Zu dieser Zeit war es an der Garderobe noch immer sehr ruhig. Ich bemerkte, dass sie lange miteinander diskutierten. Später erfuhr ich, dass er seinen Kollegen vergeblich gebeten hatte, ihn kurz abzulösen. Der Arbeitskollege ging wieder. Aus dem Augenwinkel sah ich, dass er auf mich zukam. Noch bevor er bei mir war, drehte ich mich schon zu ihm um. Er fragte mich, ob ich mit ihm tanzen wolle. Bevor er den Satz beenden konnte, sagte ich schon: »Ja!« Er ging ein paar Schritte zurück, direkt vor die Garderobe, denn da war inzwischen niemand mehr. Ich folgte ihm, und schon lag ich in seinen Armen. Als ich ihn berührte, nur seine Arme, hatte ich das Gefühl, als würde ich ihn schon seit Jahren kennen.

Ich schaute ständig zu ihm hoch, in seine wunderschönen Augen, und wünschte mir nichts sehnlicher, als dass er mich küssen würde. Aus den Lautsprechern erklang das Lied »Premier Gaou« von der Gruppe Magic System. (Erst Jahre später erfuhr ich, dass ausgerechnet dieses Lied seinerzeit von Marcelin, meinem jetzigen Mann, produziert worden war.)

Mir kam es wie eine Ewigkeit vor, bis er sich endlich zu mir herunterbeugte und mich küsste. Das Lied war noch nicht verklungen. Ich hatte das Gefühl, ihn schon tausend Mal geküsst zu haben, dieser Kuss war mir so vertraut, ich schwebte im siebenten Himmel.

Als die ersten Leute nach Hause gehen wollten, musste er wieder an die Garderobe zurück. Er verriet mir seinen Namen: Fodé.

Gegen sechs Uhr morgens, als wir nach Hause wollten und bei ihm unsere Mäntel abholten, gab ich ihm meine Handynummer und wir verabredeten uns noch rasch für den Nachmittag am Bahnhof. Er versprach, mich anzurufen, damit wir die genaue Zeit vereinbaren könnten. Ich schlief ja bei Susanne und wusste nicht, wann wir aufstehen würden.

Punkt zwölf Uhr mittags rief er an. Ich sagte ihm, dass es sicher möglich sei, uns für vier Uhr nachmittags zu verabreden. Im Moment schliefen noch alle und ich wusste nicht, was Susanne für diesen Tag eingeplant hatte. Nach der Party waren wir alle zu müde gewesen, um das noch zu besprechen.

Etwa eine Stunde später standen alle auf, und nach einer erfrischenden Dusche genossen wir zusammen ein indisch-afrikanisches Frühstück. Es gab Tschapati (eine Art Fladenbrot) und Bohnen (ähnlich wie Chili con carne). Obwohl ich diese Köstlichkeiten sehr genoss, war ich sehr aufgeregt, da ich schon bald diesem wundervollen Mann, den ich erst vor ein paar Stunden kennengelernt hatte, wieder begegnen würde.

Gegen 16 Uhr brachte mich Susanne zum Bahnhof. Fodé war bereits dort und wartete auf mich. Wir setzten uns ins »Imagine«. Fodé war Senegalese und erzählte aus seinem Heimatland, über seine Träume, seine Arbeit und seine großen Lebensziele. Ich hätte ihm stundenlang zuhören können, denn schon allein der Klang seiner Stimme beschleunigte meinen Herzschlag. Ich hing buchstäblich an seinen Lippen. Es stellte sich heraus, dass unsere Träume und Hoffnungen sehr ähnlich waren.

Von einer Glückswolke umhüllt, fuhr ich abends mit dem Zug nach Bern zurück.

Er hatte versprochen, sich bei mir zu melden. Da ich seine Handynummer nicht hatte konnte ich nichts anderes tun als auf seinen Anruf zu warten.

In den nächsten Tagen konnte ich kaum an etwas anderes denken als an ihn. Wann endlich klingelt das Handy und er ruft mich an? Es war fast nicht auszuhalten. Am Dienstag kam die erste, so sehr ersehnte SMS von ihm. Von da an schrieben wir uns vor allem SMS, und ab und zu rief ich ihn nach der Arbeit an. Da ich Fremdsprachen schon immer sehr geliebt habe, kaufte ich mir einen Sprachführer für Wolof. Ich war stolz, ihm auch SMS in Wolof schreiben zu können, was ihn sehr überraschte. Hier ein Beispiel:

Nan nga def?	Wie geht es dir?
Maa ngi fi rekk.	Danke, mir geht es gut.

Etwa 80 Prozent der Senegalesen beherrschen diese Sprache und machen Wolof zur faktischen Umgangssprache, die Amtssprache jedoch ist Französisch.

Hier muss ich nun etwas über meine Fremdsprachenkenntnisse sagen, die viele Leute im Laufe der Jahre immer wieder überrascht haben.

Als ich etwa vier Jahre alt war, führten meine Eltern ein Restaurant in Bättwil, einem kleinen Dorf in der Nähe von Basel, sehr nahe der deutschen und französischen Grenze, der sogenannten »grünen Grenze«. Dort machten auch viele Lastwagenfahrer Rast. Als vierjähriges, kleines Mädchen wurde ich natürlich von den Gästen immer angesprochen. Ich hätte stets in der angesprochenen Sprache geantwortet, wird erzählt, und zwar auf Italienisch, Spanisch, Holländisch und Französisch. Ich selber kann mich nicht mehr daran erinnern.

1970 zogen wir nach Unterbach (bei Meiringen, im Berner Oberland), und ich vergaß leider alle Fremdsprachen. In der Schule lernte ich Französisch und später auch Englisch, was mir sehr leicht fiel, weil ich Fremdsprachen liebte. Nach der Schule absolvierte ich ein Jahr in der französischen Schweiz, um richtig Französisch zu lernen.

Mit den Ferien in Kenia kamen neue Sprachen dazu. Da unsere Patenfamilie nur sehr schlecht englisch sprach, entschloss ich mich, Suaheli zu lernen, zumal diese Sprache in einem Kurs der »Migros« angeboten wurde. Der Wortschatz fehlte mir dann allerdings, um mich wirklich fließend unterhalten zu können, doch ich verstand schon sehr viel, manchmal fast zu viel. Mit Nuruddin lernte ich später noch ein paar Wörter seiner Stammessprache Digo.

Durch meinen großen afrikanischen Freundeskreis hörte ich auch viel Lingela, die Sprache von Kongo Kinshasa (es gibt auch noch Kongo Brazaville). Auch von dieser Sprache begann ich bald einiges zu verstehen und später fand ich sogar ein Sprachbuch darüber aus der Serie »Kauderwelsch«.

Ende Januar konnte ich wieder nach Zürich fahren. Eigentlich unnötig zu sagen, wie aufgeregt ich war. Susanne informierte mich vorher, dass an jenem Abend Disco sei im »Dynamo«. Ohne ihn direkt zu fragen, fand ich heraus, dass Fodé an diesem Abend arbeiten würde. So konnten wir ihn überraschen. Da er diesmal an der Tür die Eingangskontrolle machte, hatte er leider nicht viel Zeit für mich, aber immerhin hatte ich ihn gesehen, konnte in seiner Nähe sein, einen kurzen Augenblick des Glücks genießen und am nächsten Tag erfüllt wieder nach Hause fahren. Ein kleines, bescheidenes Stückchen Seligkeit.

Die schönsten Stunden mit ihm erlebte ich allerdings, als er mich mit Susanne und ihrem Mann auf eine Keniaparty begleitete. Den ganzen Abend waren wir zusammen und tanzten und diskutierten. Ich schwebte vor Glück und fühlte mich ganz fiebrig in seiner Nähe. Ich übernachtete wieder bei Susanne, ohne Fodé.

Am nächsten Tag hieß es wieder Abschied nehmen und von der Erinnerung an die gemeinsam verbrachten Stunden zehren. Jeden Abend vor dem Einschlafen stellte ich mir vor, wie traumhaft es wäre, nun diesen wundervollen Mann bei mir zu haben und seinen samtenen Körper ganz zu spüren. Mit diesen süßen Gedanken schlief ich ein.

Ein paar Wochen später besuchte ich ihn zum dritten Mal. Angeblich hatte er nie Zeit, um auch einmal nach Bern zu kommen. Das gab mir dann doch zu denken. Was konnte das für eine Liebe sein?

Wenn ich ihm wichtig wäre und er mich wirklich liebte, dann hätte er auch Zeit gefunden, um mich in Bern zu besuchen. Es hätte ihn doch auch interessieren müssen, wo und wie ich lebe.

Es war schwer, mich zu der Einsicht durchzuringen, dass es so nicht weitergehen konnte. Mein Herz wollte wieder zu ihm, der Verstand aber sagte: »Sei endlich gescheit, entweder er steht zu dir und besucht dich auch mal in Bern, oder du musst diese Sache beenden.«

Schweren Herzens wartete ich auf ein Zeichen von ihm. Es kostete mich große Überwindung, ihn nicht doch wieder anzurufen, um seine Stimme zu hören. Aber ich widerstand der Versuchung.

Ich wartete vergeblich, er meldete sich nicht mehr. So musste ich schweren Herzens einsehen, dass auch das nicht die große Liebe war, die ich mir so sehr erhofft hatte. Ich litt fürchterlich unter dieser endgültigen Trennung. Schlussendlich musste ich aber einsehen, dass dieser Mann doch nur mit mir gespielt hatte und mich ausnutzte. Ich fragte mich zum tausendsten Mal, ob es denn wirklich keinen Mann auf dieser Welt geben würde, der mich wirklich liebt, schätzt und respektiert, so wie ich bin.

Ich war wieder einmal unendlich traurig, allein und bitter enttäuscht. Ich glaubte, nie wieder richtig glücklich werden zu können. Doch heute weiß ich, ohne diese bittere Enttäuschung mit Fodé hätte ich den Weg zu meiner großen Liebe Marcelin nie gefunden.

Kapitel 2

E-Mail fürs Leben

Ich blicke auf die Uhr und fahre erschrocken aus meinen Gedanken auf. Was, schon so spät, und ich hatte doch Marie versprochen, mir die Website wenigstens mal anzuschauen, statt stundenlang Erinnerungen nachzuhängen, die mich nur noch unglücklicher machen. Ich beschließe also, es wenigstens zum Spaß mal zu versuchen und schreibe mich auf der von meiner Freundin Marie empfohlenen Website ein. Dann überlege ich mir, zu welcher Gruppe von Leuten, die möglichst weit weg leben, ich Kontakt aufnehmen möchte. Möglichst aus Ländern, die mich nicht so interessieren. So schreibe ich nach Amerika, bekomme aber keine Antwort, was mir jedoch nichts ausmacht. Dann lande ich doch wieder bei Afrika. Ich liebe nun mal diesen Kontinent. Warum nicht einen unverbindlichen Kontakt nach Afrika?

Einfach so, damit ich weiß, was dort so läuft, sozusagen eine Mailfreundschaft, überlege ich weiter. Aber nicht in Ostafrika oder gar Kenia. Da könnte ich wieder schwach werden und hinfliegen wollen, um meinen Kontakt zu besuchen. Diese Gefahr wäre zu groß, ich kenne mich inzwischen gut genug und weiß, wie das endet, das muss ich nicht mehr haben. Man soll ja schließlich aus seinen Fehlern lernen, sage ich mir, um meinen Entschluss zu bekräftigen.

Westafrika interessiert mich nicht so sehr, das ist unverfänglich für mich. Also suche ich in Westafrika nach einem gut aussehenden Typen.

Elfenbeinküste ist das erste afrikanische Land, das in der Schnellsuche auftaucht. Also fange ich dort an. Das Land kenne ich nicht und es interessiert mich eigentlich auch nicht.

Wo liegt überhaupt Elfenbeinküste? Auch das ist mir im Moment nicht wichtig. Ich schaue mir die Fotos von den Typen an. Viele schlechte Bilder, uninteressant, teilweise mit Sonnenbrille, das mag ich schon gar nicht. Ich schaue mir die Bilder mehrmals an, rauf und runter, bis ich merke, dass ich doch immer wieder über das gleiche Bild stolpere: ein hübsches Gesicht, Rastas, ausdrucksvolle, aber irgendwie traurige Augen. Ich komme nicht mehr von diesem Bild los, es scheint mich wie magisch anzuziehen und zu sagen: »Schreib mir doch!«

Also, warum nicht der, überlege ich mir.

Er heißt Pokouma, ist nur fünf Jahre älter als ich, hat momentan keine Beziehung und nimmt die Ehe ernst. Dem Profil nach recht sympathisch. Es ist der 16. Mai 2005, als ich ihm zum ersten Mal eine Mail schreibe. Da ich keine Beziehung will, schreibe ich ganz unverfänglich auf Französisch: »Hallo, wie geht's? Hast du Lust, mit mir in Mailkontakt zu treten, um über Gott und die Welt zu plaudern?«

Zu meiner großen Überraschung antwortet er mir noch am selben Tag. Ich muss sofort zurückschreiben. So gehen an diesem ersten Tag schon mehrere Mails hin und her, und ich mache mich nun doch kundig, wo genau in Afrika das Land mit dem Namen Elfenbeinküste überhaupt liegt. Bald frage ich ihn nach seinem Geburtstag, denn im Profil hatte er Zwilling angegeben.

Inzwischen haben wir schon auf eine Chatseite gewechselt und uns dort jeden Abend für 19 Uhr verabredet.

Nachdem ich nun also weiß, dass er in wenigen Tagen Geburtstag hat, überlege ich mir fieberhaft, womit ich ihn an diesem Tag überraschen könnte. Da kommt mir die rettende Idee: Ein Anruf, so quasi als Geschenk! Ich teile ihm rechtzeitig mit, dass ich ihn am Sonntag, seinem Geburtstag, anrufen werde.

»Warum willst du bis zum Sonntag warten? Du kannst mich auch jetzt anrufen, wenn du willst«, fragt er mich.

Ich überlege kurz. Eigentlich hat er recht. Ob Sonntag oder jetzt spielt ja wirklich keine große Rolle. Er gibt mir die Handynummer seines Kollegen, denn sein eigenes Handy wurde ihm während der Kriegswirren in Elfenbeinküste gestohlen.

Wir beenden den Chat und ich wähle gespannt die Nummer, die er mir angegeben hat. Beim ersten Mal komme ich gleich durch und bin sehr gespannt auf den Klang seiner Stimme. Ich weiß nicht warum, aber ich hatte sie mir tiefer vorgestellt. Wir reden über alles Mögliche, was wir denken, fühlen, welche Ängste wir haben, was uns wichtig ist in einer Beziehung und im Leben allgemein.

Wir erzählen uns gegenseitig, welchen Eindruck wir hatten, als wir das Foto des anderen zum ersten Mal sahen. Als er mir gesteht, was er beim Anblick meines Bildes sah und empfand, bleibt mir fast das Herz stehen, weil ich spüre: Er sieht in mein Herz und in meine tiefste Seele wie nie ein Mensch zuvor in meinem Leben, sodass mir fast schwindelig wird. Nur anhand des Fotos und der Mails weiß er genau, was ich denke, was ich fühle, was ich mir wünsche, wie ich eigentlich bin, was mir wichtig ist und wo und wie ich verletzbar bin.

Absolut sprachlos sitze ich da und höre ihm nur zu. So gut kennt mich kein Mensch, nicht mal meine Mutter! Wie ist das möglich? Er hat noch nie zuvor mit mir persönlich gesprochen. Ich denke nur: Mein Gott, wie kann er das alles wissen? Wie kann er das alles sehen? So ein sensibler, einfühlsamer Mann ist mir bisher noch nie begegnet!

Nachdem wir fast eine ganze Stunde miteinander gesprochen haben, lege ich auf und beginne hemmungslos zu weinen. Ich spüre, wie in mir ein Sturm losbricht. Einerseits bin ich endlos glücklich, in der nächsten Sekunde habe ich panische Angst, weil es einen Menschen gibt, der so viel von mir zu wissen scheint. Dann wieder bin ich glücklich, dass es so jemanden gibt, der mich versteht.

Die nächste Viertelstunde fahren meine Gefühle mit mir Achterbahn, von himmelhochjauchzend bis zu Tode betrübt. Dann kann ich mich langsam wieder beruhigen.

Von diesem Tag an haben wir noch intensiveren Kontakt miteinander. Sehr oft kommt es vor, dass ich Marcelin – so sein richtiger Name – nach dem Chat noch anrufe, um ein Thema, das wir angesprochen hatten, noch auszudiskutieren. Dies wird allerdings langsam ein Problem, da sein Kollege das

Telefon nicht ständig hergeben möchte und dadurch zwischen den beiden eine ungute Stimmung aufkommt. Schließlich schicke ich ihm Geld für ein eigenes Handy, damit wir so lange und sooft telefonieren können wie wir wollen.

Durch diese neugeschaffene Möglichkeit erhöht sich die Anzahl und Dauer der Anrufe drastisch. Der Rekord liegt bei drei Stunden. Das ist die maximale Dauer einer Telefonkarte. So gehen im Laufe der Monate einige tausend Franken für Telefongebühren drauf.

Unsere gegenseitige Sympathie wächst von Anruf zu Anruf. Bereits kurze Zeit später gestehen wir uns gegenseitig unsere Liebe. Sehr schnell schmieden wir Zukunftspläne und sprechen darüber, wo und wie wir zusammen leben wollen. Auch da sind wir uns sehr schnell einig, wie schon in so vielen Dingen. Es war schon seit vielen Jahren mein Traum, in Afrika zu leben, und er wollte nie in Europa leben.

Nun stellt sich die Frage, wo in Afrika, denn dieser Kontinent ist ja ziemlich groß. Er ist Kameruner, lebt aber zurzeit in Elfenbeinküste als Musiker unter seinem Künstlernamen Pokouma, unter dem ich ihn kennengelernt habe. Für ihn ist es klar, dass wir in Kamerun leben werden.

»Spätestens im nächsten Jahr möchte ich sowieso nach Kamerun zurück, nach Hause. Ich bin der älteste Sohn und damit das Familienoberhaupt, nachdem mein Vater bereits 1974 gestorben ist. Ich möchte mich wieder um meine Familie kümmern können«, gesteht er mir.

»Schön, dafür habe ich volles Verständnis«, antworte ich ihm nach kurzer Überlegung.

So ist das für uns bereits alles klar und es gibt keine Zweifel mehr. Wir sind uns ganz sicher.

Aus diesem Grund gebe ich meiner Mutter bereits drei Wochen später an ihrem Geburtstagfest bekannt, dass ich verlobt bin und nach Afrika auswandern werde! Einige Familienmitglieder sind sprachlos, andere wollen wissen, wer denn der Glückliche sei und woher ich ihn kenne. Als ich kurz und bündig erkläre, dass ich einen Typen übers Internet kennengelernt habe, täglich mit ihm telefoniere, ihn aber noch nie persönlich getroffen habe, erklären mich die ersten schon für verrückt oder tun es einfach als einen neuen Spleen von mir ab.

Es kommen keine großen Diskussionen auf, weil ich gar nicht ernst genommen werde, was ich ihnen, ehrlich gesagt, auch nicht verübeln kann. Man kennt mich und weiß, dass ich immer mal wieder für Überraschungen sorge. Ich weiß jedoch, was ich will und was ich nun tun werde, das könnte mir sowieso niemand ausreden.

Dass ich mich so leicht für Kamerun und Marcelin entscheiden kann, hängt auch mit einem sehr traurigen Ereignis in unserer Familie zusammen. Mein Pflegebruder Felix, der bei der Bahn arbeitete, verunglückte im August 2000 bei einem Arbeitsunfall in Langenthal tödlich. Dieser Schicksalsschlag war für uns alle völlig unfassbar. Kurz zuvor hatten er und seine zweite Frau noch wunderschöne Ferien in Italien verbracht. Sie stand an der Beerdigung völlig unter Schock und murmelt immer wieder: »Gott sei Dank konnten wir noch zusammen so schöne Ferien genießen!«

Diese Worte waren für mich der einzige Trost in diesen schweren Stunden des Abschieds, und ich musste auch später immer und immer wieder daran zurückdenken und kam zu der Erkenntnis, dass man das Leben jetzt genießen muss, da man nie weiß, was morgen sein wird. Da kann es vielleicht schon zu spät sein. Diese Einsicht kam mir nun wieder, als ich vor der wohl größten Entscheidung meines Lebens stand.

Kapitel 3

Unglaublich, ein Prinz!

Der 4. Juni 2005 wird ein ganz besonderer Tag für mich. Am Vormittag gehe ich nach Biel zu meiner Coiffeuse Jolanda. Ich gehe schon seit siebzehn Jahren zu ihr, und wie so oft lasse ich mir auch an diesem Tag eine Dauerwelle machen. Es ist wunderschönes Wetter und ich bin bester Laune. Gegen Mittag fahre ich frisch frisiert mit dem Occasionsauto, das ich mir inzwischen gekauft habe, ins Shoppyland Schönbühl zum Einkaufen. Dieses Einkaufszentrum befindet sich in der Nähe meiner Wohnung und ich liebe es, dort einzukaufen.

Ich bin guter Dinge und könnte die ganze Welt umarmen. Und siehe da! Wen treffe ich rein zufällig nach vielen Jahren? Meinen Exmann Bruno mit seinem Kollegen. Ich komme gerade vom Coiffeur und bin gut angezogen: Jeanshose, Jeanshemd, darunter ein schwarzes T-Shirt und schwarze Schuhe. Ich fühle mich selbstsicher und glaube, das strahle ich auch aus. Wir sprechen kurz miteinander, wie es uns in der Zwischenzeit beruflich wie privat so ergangen ist. Er habe zwei Beziehungen hinter sich, zurzeit sei er alleine, womit er aber zufrieden ist. Ich erzähle ihm, dass die Ehe mit Nuruddin leider auch gescheitert ist. Über meine Pläne auszuwandern, sage ich ihm jedoch nichts. Ich will ihn nicht damit verletzen, dass ich unseren gemeinsamen Traum, nach Afrika auszuwandern, realisieren werde. Wir verabschieden uns, nicht ohne uns gegenseitig alles Gute zu wünschen.

Ich bin wie meistens wieder einmal ein wenig unter Zeitdruck, denn am Nachmittag habe ich mich mit meinem Patenkind Valérie in Bern verabredet. Heute ist ihr achtzehnter Geburtstag und wir wollen ein bisschen zusammen feiern. Wir haben uns am Bahnhof Bern verabredet und ich schaffe es sogar, pünktlich zu erscheinen. Unpünktlichkeit ist leider meine größte Schwäche. Da schönes Wetter ist, habe ich noch den Fotoapparat mitgenommen, um für Marcelin neue Fotos zu machen.

Zuerst schlendern wir gemütlich durch die Stadt, werfen hier und da einen Blick in eines der Schaufenster, obwohl mich die Auslagen gar nicht mehr besonders interessieren, denn in Gedanken bin ich schon weit weg.

Auf dem Bundesplatz schauen wir kurz dem faszinierenden Wasserspiel zu, das wie immer viele Kinder angelockt hat, die fröhlich hin und her hüpfen und versuchen, dem plötzlich aufschießenden Wasserstrahl im letzten Moment noch auszuweichen.

Eigentlich wären wir gerne in den Rosengarten gegangen, der sich zu dieser Jahreszeit von seiner allerschönsten Seite zeigt, aber der Weg dorthin würde uns zuviel Zeit kosten. So machen wir uns auf zur nahen Münsterplattform. Vom Casinoplatz aus hören wir aus der Ferne das Krähen des Hahnes vom Figurenspiel des Zytgloggeturms, und ich stelle mir die vielen Touristen und Einheimischen vor, die im Moment dort wie jeden Tag staunend dem stündlichen munteren Spielwerk zusehen. Vor dem Münster begegnen wir einer japanischen Reisegruppe, die andächtig den Worten eines Stadtführers lauscht, der sie auf das prächtige Portal mit dem Jüngsten Gericht aufmerksam macht.

Nur noch ein paar Schritte, dann sind wir auf der Münsterplattform. Noch immer steht mein Stimmungsbarometer auf Hoch, und die Fotos werden gut. Danach lade ich Valérie auf die Gartenterrasse des Hotel Bellevue ein, das beste und teuerste Hotel in Bern, um etwas zu trinken. Die Preise fürs Essen übersteigen dann doch mein Budget. Valérie ist aber auch so beeindruckt vom Hotel und von meiner Idee, an diesem Ort zu feiern. Für sie ist es das erste Mal, dass sie in einem so großen und vornehmen Lokal ist.

Als Geburtstagsgeschenk überreiche ich ihr das Buch von Neale Donald Walsch »Gespräche mit Gott«. Es wird ihr sicher helfen, vieles im Leben besser zu verstehen.

Dank dieses Buches habe ich die Stimme meines Herzens erkannt und bin bereit, nach Kamerun auszuwandern.

Mein Patenkind freut sich über das Geschenk und wir philosophieren noch eine ganze Weile über Gott und die Welt, während wir die fantastische Aussicht genießen. Weit unten, neben der ruhig dahinfließenden Aare, kann man zwischen den Bäumen hindurch das Marzilibad sehen. Trotz des schon fast sommerlichen Wetters räkeln sich heute nicht gerade viele Sonnenhungrige auf ihren Strandtüchern auf der großen Wiese. Schon bald, wenn die Wassertemperatur etwas wärmer sein wird, werden sich viele Badelustige in die Aare wagen. Es wird wieder ein lustiges Bild sein, nur die vielen aus dem Wasser ragenden Köpfe vorbeiziehen zu sehen.

»Schau mal«, meint Valérie, »wenn man genau hinguckt, kann man sogar das Gurtenbähnli sehen.«

Wie eine Spielzeugbahn erscheint aus der Ferne die rote Gurtenbahn, die sich langsam den gegenüberliegenden Berner Hausberg hinaufschlängelt. Von hier aus sieht man auch das schlossartige Gebäude des Historischen Museums. Es ist schon lange her, seit ich es besucht habe. Gerne erinnere ich mich an unseren Schulausflug ins Museum. Die gruselige Mumie hatte uns sehr fasziniert.

»Ich denke, wir müssen langsam an den Heimweg denken«, holt mich Valérie aus meinen Gedanken zurück, und so schlendern wir zum Bahnhof.

Unsere Züge fahren kurz nacheinander ab, sodass wir beide nicht lange warten müssen.

Zu Hause angekommen, mache ich es mir gemütlich wie fast jeden Samstag, ziehe mir etwas Bequemes an, höre Musik und schiebe eine Pizza in den Ofen. Dann setze ich mich vor die Flimmerkiste, bis es Zeit ist, Marcelin anzurufen.

Wie immer sprechen wir über dies und das. Dann ändert sich plötzlich sein Tonfall und er sagt ernst: »Ich möchte dir noch etwas Wichtiges sagen.«

»O.K., ich höre dir zu.«

»Ich habe dir noch nicht gesagt, dass ich ein Prinz bin!«

Ich sage nichts mehr, muss erst mal schlucken, und mir

schießt das Bild durch den Kopf vom »Prinz aus Zamunda«, dem Film mit Eddy Murphy. Ich versuche, cool zu bleiben.

»Wie Prinz? Dein Vater ist König?«, hake ich nach.

»Mein Vater war König, er ist leider bereits 1974 gestorben. Aber auch der amtierende König Seidou Njimouluh Pokam ist wie mein Vater«, erklärt er mir. Doch ich verstehe immer noch nichts, die Überraschung ist zu groß.

»Der jetzige König, Seidou Njimouluh Pokam, hat auch eine weiße Frau, eine Deutsche. Er hat sie in Deutschland geheiratet, bevor er König geworden ist.«

»Kam das nicht im Fernsehen? Ich hab so was vor einigen Jahren im Fernsehen gesehen«, entgegne ich aufgeregt.

»Ja, das war er. Er hat als Automechaniker in Deutschland gearbeitet.«

»Stimmt! Das haben sie gesagt, ich kann mich noch daran erinnern. Ich habe auch ein Buch gelesen von der Französin Claude Njiké-Bergeret, die in Bangangté einen König geheiratet hat.«

»Ja, Claude hat einen meiner ›Väter‹ geheiratet.«

»Wie bitte?«, kann ich nur noch sagen, denn das alles hört sich für mich nun doch recht kompliziert an.

»Ich weiß, für ein europäisches Verständnis ist dies alles sehr verwirrend. Claude hat meinen Bruder Njiké Pokam François geheiratet, und der war der Sohn von Njiké Pokam Robert, also meinem leiblichen Vater und damit sein direkter Nachfahre. Njiké Pokam François ist auch bereits 1987 verstorben, er wurde nur 40 Jahre alt. Sein Nachfolger Seidou Njimouluh Pokam wurde zu meinem neuen Vater. Wer nach meinem leiblichen Vater König wird, ist automatisch auch mein Vater, selbst wenn er jünger wäre als ich. So will es die Tradition der Bamiléké.«

Im Moment ist das allerdings alles viel zu viel für mich, ich verstehe nur die Hälfte und muss das alles erst verdauen. Aber da ich ja das Buch von Claude Njiké-Bergeret gelesen habe, weiß ich, dass er mir die Wahrheit sagt, auch wenn ich die Familienverhältnisse noch nicht ganz durchschaue. Ich bitte Marcelin, mir dann später einmal ausführlich über seine Familie und den Fürstenhof zu berichten, was er mir gerne verspricht. Nach gut zwei Stunden beenden wir unser Gespräch.

In meinem Kopf macht es klick. Mein Gott, ein Prinz! Habe ich richtig gehört? Was mache ich jetzt?, überlege ich und gerate leicht in Panik. Ich bin mit einem Prinzen liiert! Wie soll ich mich jetzt ihm gegenüber verhalten, wie soll ich mit ihm in Zukunft reden?

Nervös renne ich in der Wohnung herum wie ein aufgescheuchtes Huhn und weiß doch nicht, was ich tun soll. Ich zwinge mich, mich wieder hinzusetzen und zu beruhigen. Ich MUSS mit jemandem reden, das ist klar! Ich schaue auf die Uhr. Es ist beinahe Mitternacht. Da gibt es nur einen Freund, den ich um diese Zeit noch anrufen kann.

Vorsichtshalber schreibe ich ihm zuerst eine SMS. Direkt anzurufen wage ich dann doch nicht zu so später Stunde. Marco antwortet mir sofort ebenfalls mit einer SMS, dass ich ihn natürlich anrufen dürfe.

Die ersten zehn Minuten kommt er gar nicht zu Wort. Fast atemlos, ohne Punkt und Komma, erkläre ich ihm, was passiert ist.

»Nun beruhige dich erst mal, und verhalte dich weiterhin so wie bisher«, versucht Marco mich zu trösten.

»Eigentlich hat sich ja nichts verändert, Marcelin ist schon vorher Prinz gewesen, du hast normal mit ihm gesprochen, und das kannst du sicher auch weiterhin tun. Hätte er dies nicht gewollt, so hätte er sich von Anfang an als Prinz zu erkennen gegeben.«

Wo er recht hat, hat er recht, und ich beruhige mich langsam wieder.

Klar, dass ich in dieser Nacht lange nicht einschlafen kann, es ist alles zu verrückt und neu. So endet dieser unvergessliche Tag mit dieser großen, unerwarteten Überraschung.

Kapitel 4

Kamerun, ich komme!

Der Gedanke, dass er ein Prinz ist, lässt mich nicht los. Was passiert, wenn er doch mal König wird, spinne ich den Faden weiter. Hm, nicht auszudenken, denn da fällt mir ein, dass dort noch Polygamie üblich ist, was bedeuten würde, dass es noch viele Mitehefrauen neben mir geben würde.

»Nein, nein!«, rufe ich entsetzt laut aus, so etwas könnte ich mir nie vorstellen, niemals. Oh je, worauf lasse ich mich da wieder ein? Dabei hatte es doch so gut angefangen. Sollte die Glückssträhne schon wieder vorbei sein, wo sie doch kaum richtig angefangen hat?

Ich fiebere dem nächsten Anruf entgegen. Ich wage es nicht, ihn gleich darauf anzusprechen, doch er spürt gleich das Vibrieren in meiner Stimme und ahnt, wo mich der Schuh drückt. »Du brauchst keine Angst zu haben, ich werde das Amt des Stammesführers niemals übernehmen. Ich möchte auch keine weiteren Ehefrauen. Ich will nur dich.«

Erleichtert sauge ich diese Worte auf wie ein Schwamm, und wir unterhalten uns unbekümmert weiter wie früher.

Marcelin war im Juni noch in Elfenbeinküste. Im Juli flammten dort wieder Unruhen auf, wie er mir berichtete. Eines Nachts wurde er vom Militär zu Hause kontrolliert. Viel mehr sagte er mir dazu nicht, auch später schwieg er sich darüber aus. Er erwähnte nur, dass man sehr aggressiv vorgegangen sei. Aus seiner Reaktion schließe ich, dass sie ihn wohl geschlagen haben und er nur knapp einer Exekution entging. Damals war es noch normal, dass Ausländer umgebracht wurden, selbst wenn sie auch Schwarze waren.

Eigentlich bin ich ganz froh, dass er mir nicht mehr darüber sagte, denn ich glaube, sonst wäre ich fast gestorben vor Angst um ihn. So bin ich erleichtert, dass er vorhat, so schnell wie möglich nach Kamerun zurückzukehren.

Anfang August bekomme ich das Arbeitslosengeld und schicke ihm davon hundert Franken. So kann er unverzüglich mit dem Bus nach Kamerun reisen. Das dauert sechs Tage, die für mich zur Hölle werden, denn in dieser Zeit ist er für mich telefonisch nicht mehr erreichbar.

In Kamerun eingetroffen, kauft er sich als erstes eine Simkarte fürs Handy, um mir mitzuteilen, dass er ohne Zwischenfälle angekommen und alles in Ordnung ist. Das ist das Allerwichtigste und lässt mich aufatmen. Er berichtet mir, dass er nur wenige Nächte in einem Bett geschlafen habe, weil er die meiste Zeit mit dem Bus durchgefahren sei, solange es kein Nachtfahrverbot gab.

Unser erster Plan war eigentlich gewesen, dass ich nach Elfenbeinküste reise, wir uns dort in Ruhe kennenlernen und dann zusammen nach Kamerun fahren. Ich wollte sowieso schon mal mehrere afrikanische Länder bereisen. Doch die aufkommenden Unruhen, das fehlende Geld und die unvorhergesehene Flucht machen uns einen Strich durch die Rechnung. Damit wäre uns die Entscheidung abgenommen und ich würde direkt nach Kamerun reisen.

Es gibt für uns zwei Möglichkeiten: Wenn ich Geld auftreiben kann, verbringe ich meinen Urlaub noch in Kamerun, um Marcelin besser kennenzulernen. Andernfalls wandere ich im November oder Dezember definitiv aus.

Alles habe ich bereits fristgerecht gekündigt: Die Wohnung zum 31. Oktober 2005, dann die Autoversicherung, Hausratversicherung, Privathaftpflicht, Fernseh- und Radiogebühren, Telefon, Internet, die Krankenkasse, und auch beim Steuerbüro habe ich mich ordnungsgemäß abgemeldet.

Nun bedrängen mich aber vor allem meine Eltern, dass ich unbedingt noch vor dem Auswandern nach Kamerun soll, um meinen Zukünftigen kennenzulernen. Doch woher soll ich das Geld dafür nehmen?

Für Marcelin und mich gibt es keine Fragen und keine Zweifel mehr. Für mich ist klar, ich würde im Dezember auch auswandern, wenn ich ihn zuvor nicht persönlich getroffen hätte. Trotzdem ist der Rat meiner Eltern sehr vernünftig, und es wäre vielleicht nicht schlecht, den Ort, an dem ich mein zukünftiges Leben zu verbringen gedenke, bereits vorher gesehen zu haben.

Nun beginnt die Suche nach den notwendigen finanziellen Mitteln. Ich fange an, an jede nur erdenkliche Tür zu klopfen. Familie, Freunde, Bekannte, Kollegen, alles ohne Ergebnis. Selbst mit einem Kredit klappt es nicht. Marcelin macht mir jeden Tag Mut. Mit seiner Hilfe kann ich durchhalten und verliere die Hoffnung nicht. Er sagt immer wieder aufmunternd zu mir: »Du wirst es schaffen, denn ich sehe dich an meiner Seite.«

Seine Worte überzeugen mich und sie geben mir Kraft, um weiterzukämpfen. Ich frage alle möglichen Leute, sogar im Internet, da ich ja oft im Chat bin. Ich gehe nochmals die Chatliste durch und mein Blick fällt auf Andreas, den ich noch nicht gefragt habe. Bisher haben wir nur über Gott und die Welt geplaudert und über seine Arbeit, die ihn auch schon nach Afrika geführt hat. Ich fasse mir ein Herz und schildere ihm meine missliche Lage. Zuerst sagt er nein, weil er im Begriff ist, sich ein Haus zu kaufen. Ich lasse nicht locker und erkläre ihm, wie wichtig es für mich ist.

Es ist sonst nicht meine Art, so hartnäckig und lästig zu sein. Aber in diesem Falle geht es um meine Zukunft. Und es hat sich gelohnt.

Anscheinend spürt er meine Verzweiflung. Er beginnt, nach Sicherheiten und Garantien zu fragen und nach den Rückzahlungsmöglichkeiten. Ich erkläre ihm, dass ich im November nach Erhalt des Pensionskassengeldes alles sofort zurückbezahlen werde.

Ich bin mir bewusst, welch großes Risiko er eingeht. Er kennt mich nicht, hat mich noch nie gesehen und weiß nicht, ob er mir vertrauen kann. Trotzdem werden wir uns über Vertrag, Garantie und Rückzahlung einig, unter der Bedingung, dass er mich vorher trifft und ich ihm als Sicherheit meine Niederlassungsbewilligung aushändige. Ohne Abmeldung mit diesem wichtigen Dokument könnte ich nicht auswandern.

Nach dem Treffen überweist er mir das Geld. Inzwischen ist es August und ich bestelle das Flugticket für den 6. September 2005. Ich schreibe eine E-Mail ans Schweizer Fernsehen, Abteilung »Reporter«, denn, wer weiß, vielleicht interessieren sie sich für meine Geschichte.

Dann informiere ich meine Familie darüber, dass ich zuerst meine zukünftige Heimat in Kamerun auskundschaften wolle, bevor ich definitiv das Land verlasse. Alle sind zufrieden und erleichtert darüber, dass ich den Mann, mit dem ich den Rest meines Lebens zu verbringen gedenke, doch noch vorher genauer unter die Lupe nehme. Ich freue mich sehr darauf, mein zukünftiges Zuhause und vor allem Marcelin, meinen Traummann, endlich zu sehen und zu spüren. Er ist mir bereits jetzt so nah und vertraut, wie kein anderer Mensch auf dieser Welt.

Nun ist es endlich so weit, der Tag der Abreise ist gekommen. Ich bin einerseits innerlich sehr aufgewühlt, aber doch auch irgendwie ruhig. Da es gestern zu spät war, um das Gepäck am Bahnhof aufzugeben und dort einzuchecken, muss ich den Koffer selber nach Zürich zum Flughafen mitschleppen.

Leider habe ich den Zeitplan zu wenig durchdacht. In Bern, beim Umsteigen, bleibt mir noch etwas Zeit für einen kurzen Einkauf. Erst kurz vor Zürich wird mir klar, dass die Zeit verdammt knapp wird. Was habe ich bloß gerechnet? Ich bleibe trotzdem optimistisch und fahre bis zum Flughafen, in der Hoffnung, dass das Flugzeug vielleicht Verspätung hat und ich es doch noch erwischen kann.

Da erreicht mich ein Anruf auf dem Handy vom Schweizer Fernsehen. Sie hätten Interesse an meiner Geschichte, aber ich sei wohl schon unterwegs zum Flughafen. Herr Christoph Müller, der Leiter der Sendung »Reporter«, fragt mich, ob ich einen Fotoapparat und eine Filmkamera dabeihätte, um so viel wie möglich filmen und fotografieren zu können. Ich bestätige ihm, dass ich alles bei mir habe. Herr Müller bittet mich, dass ich mich nach der Rückkehr bei ihm melden soll. Diese Zusage mache ich gerne.

Langsam werde ich nun doch nervös, es wird verdammt eng, wenn ich noch das Flugzeug erreichen will. Bei der Ankunft am Flughafen hetze ich in den Terminal B. Ich wünsche mir sehnlichst, dass der Flug Verspätung hat, denn es ist bereits 12 Uhr und der Abflug ist für 12.30 Uhr vorgesehen.

Ich renne die Treppe hoch und beginne schon von Weitem, den Swiss-Schalter zu suchen. Kein Swiss-Schalter weit und breit. Ich frage an einem anderen Schalter. Die Dame ist sehr nett und informiert mich darüber, dass alle Swiss Flüge im Terminal A sind und es nun zu spät sein würde, da die Swiss pünktlich fliege.

Mit einem Telefonanruf vergewissert sie sich, dass der Flug pünktlich und das Boarding bereits abgeschlossen ist. Nichts mehr zu machen, auch nicht ausnahmsweise. Sie empfiehlt mir, in den Terminal A hinüberzugehen, um den Flug umzubuchen.

Mit einer gewissen Wut und Enttäuschung im Bauch über meine ewige Unpünktlichkeit, gehe ich, wie mir empfohlen wurde, zum Terminal A und buche für zwei Tage später um. Die zweihundert Franken Umbuchungsgebühren ärgern mich umso mehr, weil ich selber die Schuld an dieser Misere trage.

Und jetzt steht mir noch das Allerschwierigste bevor. Ich setze mich auf eine Bank, atme tief durch und wähle Marcelins Nummer. Ich bringe ihm schonend bei, dass ich den Flug verpasst habe und erst am Donnerstag komme. Er nimmt es gefasst auf, so als wäre es nicht so schlimm. Doch ich höre die Enttäuschung in seiner Stimme und auch die Angst, dass ich vielleicht doch nicht komme. Ich versuche, ihn zu beruhigen und versichere ihm immer wieder, dass ich auf jeden Fall am Donnerstag bei ihm in Kamerun sein werde. Traurig und niedergeschlagen nehme ich den nächsten Zug nach Hause.

Obwohl inzwischen Mittag vorbei ist und ich sonst die Zeit im Flughafen genieße, ist mir der Appetit vergangen und ich möchte nur möglichst schnell weg. All die geschäftigen, gut gelaunten Leute um mich herum, die nicht zu spät gekommen sind und auf ihren Abflug warten, nerven mich.

Sobald ich im Zug sitze, rufe ich das Schweizer Fernsehen an, um mitzuteilen, dass ich den Flug verpasst habe. Man bittet mich, in Zürich auszusteigen, das Gepäck einzustellen, ein Taxi zu nehmen und sofort ins Fernsehstudio zu fahren. Dort lerne ich Christoph Müller kennen, den Chef der Redaktion »Reporter«, und seine Sekretärin, Frau Natalie Rufer.

Sie stellen mir viele Fragen und wollen alles von mir wissen: Wie ich Marcelin kennengelernt habe, ob er wirklich ein Prinz ist, wie er in Kamerun lebt, wie wir uns die gemeinsame Zukunft vorstellen... Wir kommen überein, dass mich ein Reporter nach Kamerun begleiten soll. Ich gehe mit Frau Rufer ins Büro und wir klären ab, ob es möglich ist, für ihn bis Donnerstag ein Visum zu bekommen. Es wird schwierig, da wir den Botschafter nicht ans Telefon bekommen. Dann stellt sich heraus, dass der Reporter noch keine Gelbfieberimpfung hat, ohne die eine Einreise nach Kamerun nicht möglich ist. Das wäre einen Tag vor der Abreise noch zu schaffen, aber auch der Botschafter muss unbedingt noch erreicht werden.

Nach drei Stunden im Fernsehstudio verabschiede ich mich und fahre nach Hause. Im Zug ruft mich Herr Müller wiederholt an und bittet mich inständig, die Reise um eine Woche zu verschieben, damit für den begleitenden Reporter des Schweizer Fernsehens noch alles gut vorbereitet werden kann. Beim ersten Mal lehne ich strikt ab. Beim zweiten Mal zögere ich schon. Man beteuert mir, sie seien wirklich sehr interessiert an meiner Story. Beim dritten Mal sage ich, dass ich es mit Marcelin besprechen möchte.

Am Abend erkläre ich Marcelin die ganze Situation. Er ist damit einverstanden, dass ein Reporter dabei sein wird. Erst viel später erfahre ich, dass Marcelin bereits Fernseherfahrung hat, da seine Auftritte als Sänger zusammen mit seiner Band in Elfenbeinküste und in Benin häufig vom Fernsehen aufgezeichnet wurden.

Am Mittwoch rufe ich Herrn Müller an und bestätige ihm,

dass wir mit einer Verschiebung der Reise einverstanden sind. Er freut sich und sagt mir, er werde alles daran setzen, damit ihr Reporter, Hanspeter Bäni, rechtzeitig bereit sei. Er müsse noch Impfungen machen lassen und das Visum besorgen.

In dieser Woche kommt der Reporter für ein erstes Interview zu mir nach Hause. Die Zeit bis zum endgültigen Abflugtag geht schnell vorbei, und ich werde bald das Land kennenlernen, das meine neue Heimat sein wird.

Kapitel 5

Von Mooseedorf nach Douala

Meine Nachmieterin Martina, mit der ich mich inzwischen angefreundet habe, kann es fast nicht fassen, dass ich einfach so das Flugzeug verpasst habe. Um sicher zu sein, dass mir das nicht noch einmal passiert, hat sie sich für den neuen Abflugtermin als Weckdienst zur Verfügung gestellt und ruft mich dann auch pünktlich morgens zur vereinbarten Zeit an. Alles klappt bestens. Mit dem Reporter habe ich mich für elf Uhr zum Einchecken verabredet, ich muss ganz einfach pünktlich sein.

Und ich schaffe es!

Um 10.30 Uhr bin ich schon am Flughafen und beruhige mit einem Telefonanruf Marcelin, dass ich unterwegs bin und nun wirklich komme. Ich höre die Skepsis in seiner Stimme und versichere ihm mehrmals, dass wir uns schon in wenigen Stunden endlich sehen werden.

Dann rufe ich noch meine Eltern an, um ihnen mitzuteilen, dass ich am Flughafen bin und alles in Ordnung ist.

Kurz darauf kommt Herr Bäni und wir checken ein. Weiter hinten in der Warteschlange entdecke ich Corinne Hofmann, »die weiße Massai«. Doch ich wage es nicht, sie anzusprechen. Was sollte ich ihr sagen? Dass nun eine ähnliche Geschichte vor mir liegt, wie sie sie erlebt hat, nur dass mein zukünftiger Mann bestimmt nicht so eifersüchtig ist, und ich nach Kamerun fliege und nicht nach Kenia? Was soll sie darauf antworten und warum sollte sie das interessieren? Ihr Kinofilm läuft heute an.

Die ganze Sorge um das Gewicht des Fluggepäcks hätte ich mir sparen können. Den Koffer habe ich sicher fünfmal umgepackt, um nicht zu viel mitzunehmen. Herr Bäni hatte wegen der ganzen Filmausrüstung vorsichtshalber Übergewicht angemeldet. Wir legen das Gepäck zusammen auf die Waage, es passt alles, und nun kann es losgehen.

Der Weg bis zum Flugzeug komm mir ewig lang vor. Bevor wir einsteigen, rufe ich ein letztes Mal Marcelin an, um ihm mitzuteilen, dass wir in wenigen Minuten abfliegen werden.

Wir können pünktlich starten und bereits während des Fluges macht Herr Bäni ein Interview mit mir. Anschließend begeben wir uns auf unsere Plätze, die große Anspannung löst sich endlich und ich schlafe sofort ein.

Eigentlich wäre ich der Einladung des Piloten ins Cockpit gerne gefolgt, doch als wir gerufen werden, lässt mich Herr Bäni einfach friedlich schlafen. Wäre ich, was Marcelin betrifft, unsicher gewesen, hätte ich bestimmt kein Auge zugetan. Aber ich bin mir nach wie vor total sicher, die richtige Entscheidung getroffen zu haben, und freue mich auf das, was nun auf mich zukommt.

Während ich zwischendurch immer mal wieder erwache, fällt mir dies und jenes ein, was ich über Kamerun gelesen habe. Wir reden meistens nur von Afrika, doch dieser riesige Kontinent besteht aus 53 verschiedenen Staaten.

Schon allein die Übersetzung von Kamerun oder Cameroun ist interessant, denn es bedeutet Krabben!

Seit 1960 ist Kamerun eine Präsidialrepublik mit Paul Biya, der seit 26 Jahren das Amt des Präsidenten innehat. Leider zeichnet sich die Regierung nicht gerade durch großen Ehrgeiz aus. So leidet das Land unter Misswirtschaft, Korruption, politischer Willkür und schwacher Verwaltung.

Kamerun ist mit seinen 18 Millionen Einwohnern in zehn Provinzen unterteilt.

Die ersten 25 Jahre nach der Unabhängigkeit war das Land eines der fortschrittlichsten Länder Afrikas. Leider führte der Preiszerfall vieler Güter Mitte der 80er Jahre zu einer jahrzehntelangen Rezession. Exportiert werden Kaffee, Bananen, Erdöl, Kautschuk, Holz, Bauxit und Eisenerz.

Seit 1977 wird in Kamerun auch Erdöl gefördert, hauptsächlich im Golf von Guinea. Im Jahre 2003 konnte die 1070 Kilometer lange, größtenteils unterirdische Pipeline von Komé im Tschad bis Kribi in Kamerun in Betrieb genommen werden.

»Wir werden demnächst landen«, reißt mich Herr Bäni aus meinen Gedanken. Als wir unter uns bereits die Lichter der Wirtschaftsmetropole Douala sehen, bitte ich ihn, auf die Uhr zu sehen.

Jetzt, genau in diesem Moment, denkt Marcelin bestimmt: Sie ist im Anflug.

Wie Marcelin mir später erzählte, habe er tatsächlich genau in diesem Augenblick auf die Uhr geschaut und diese Worte zu seinem besten Freund Nicola gesagt.

Endlich landen wir in Douala, dem größten Flughafen von Kamerun, der sich etwa zehn Kilometer außerhalb der Stadt befindet. Ich kann es kaum erwarten und werde nun doch nervös. Nun kommt erst noch der lange Weg durch den Terminal, das Erledigen der Zollformalitäten und das unendlich lange Warten auf das Gepäck. All das dauert nach meinem Empfinden eine halbe Ewigkeit.

In dieser Zeit rufe ich Marcelin bestimmt dreimal an, um ihm zu sagen, dass wir noch immer auf unser Gepäck warten. Nach Stunden, wie mir scheint, haben wir endlich unsere sieben Sachen beisammen und schieben alles dem Ausgang zu.

Herr Bäni sagt mir, dass ich noch warten soll, bis er mir ein Zeichen gibt, damit er unsere Begrüßung live filmen kann. Wir treten also zusammen aus der Tür zu den Wartenden und ich bleibe stehen.

»Dort ist er«, sage ich ganz aufgeregt zu ihm und zeige auf einen Mann, der noch weit entfernt von uns steht. Er muss es sein. Er trägt eine weiße Rastamütze mit farbigen Streifen und eine weiße Gandura mit gleichfarbiger Hose. Das Prinzengewand, wie ich später erfahre.

Herr Bäni fragt mich erstaunt, woher ich denn wissen wolle, dass das Marcelin sei. Ich antworte nur: »Mein Gefühl sagt mir, dass er es ist!«

Er fällt auf, weil zu diesem Zeitpunkt nicht viele Leute im Flughafengelände traditionell gekleidet sind. Und, was ich gar nicht erwartet hätte, er hält einen kleinen Blumenstrauß in der Hand!

Im selben Moment zeigt Marcelin auf mich und sagt zu Nicola, dass er mich entdeckt hätte. Auch er hatte mich bereits von Weitem erkannt, sehr zum Erstaunen von Nicola.

Ich komme mir vor wie eine liebende Ehefrau, die ihren Mann nach einer zweiwöchigen Geschäftsreise vom Flughafen abholt. Die freudige Erwartung auf das Vertraute, aber es ist auch ein bisschen neu und aufregend, ihn bald in die Arme schließen zu können.

Wie vereinbart, lasse ich Herrn Bäni vorausgehen und Marcelin zuerst begrüßen. Kurz darauf halte ich es nicht mehr aus und will mich nur noch in die Arme meines Geliebten stürzen. Herr Bäni aber stoppt mich rechtzeitig, da er noch nicht bereit ist für die Aufnahme. Ich muss noch zweimal zurück, bis die erste große Begegnung »im Kasten« ist.

Nun ist es endlich so weit, ich kann ihn riechen und fühlen, und jedes Gefühl bestätigt sich. Ich schnuppere an seinem Hals, und er fragt gespannt: »Und? Stimmt es?«

»Ja, natürlich, ich wusste es!«, antworte ich ihm und mein Herz schlägt mir dabei bis zum Hals.

Ich hatte ihm nämlich am Telefon mal erzählt, dass ich eines Nachts geträumt hätte, dass er bei mir sei, ich in seinem Arm eingeschlafen wäre und förmlich seinen Geruch eingeatmet hätte. Als ich am Morgen aufwachte, fühlte ich noch seinen Arm in meinem Nacken.

Zu jener Zeit, als ich diesen Traum hatte, telefonierten wir schon dreimal täglich miteinander. Ohne irgendwelche Erklärung fragte ich ihn an jenem Morgen, um wie viel Uhr er erwacht sei. Es stellte sich heraus, dass er auf die Minute genau zur selben Zeit aufgewacht ist, als ich das Gefühl hatte, dass er von mir wegging. Ich erzählte ihm meinen Traum. Zu meinem großen Erstaunen berichtete er mir, dass er genau denselben Traum hatte wie ich. Ich konnte es kaum fassen.

Marcelin war nicht erstaunt darüber, dass wir denselben Traum hatten, nur dass ich ihn riechen konnte, das fand er schon sehr außergewöhnlich. Als ich ihn nun am Flughafen richtig beschnuppern kann, bin ich mir ganz sicher, dass er es war, der in der Nacht im Traum bei mir gewesen ist!

Unsere erste Begrüßung fällt für mein Empfinden eher kühl aus. Er umarmt mich zwar, aber küsst mich nicht. Ich bin ein bisschen enttäuscht. Erst später im Taxi fällt mir wieder ein, dass es in den meisten afrikanischen Ländern verpönt ist, in der Öffentlichkeit Zärtlichkeiten auszutauschen. Und da kann auch Marcelin nicht über seinen Schatten springen. Doch nun im Taxi küsst er mich heiß und innig. Wir genießen die Zärtlichkeiten und die Nähe des anderen. Ich kann nicht genug davon bekommen, seine feine Haut zu streicheln, die sich wie Seide anfühlt, blicke in seine wunderschönen braunen Augen und streiche ihm über die Rastalocken, die ihm teilweise frech ins Gesicht fallen. All die Gefühle, die sich während der letzten fünf Monate aufgestaut haben, überwältigen mich.

»Meine Prinzessin, ich werde dich ein Leben lang lieben, 150 Jahre«, sagt Marcelin zärtlich zu mir und hängt mir seine zwei Prinzenketten um den Hals.

Ja, ja, er ist es, er ist der Mann fürs Leben, meine ganz große Liebe, auf die ich so lange gewartet habe. Ich bin wie betäubt, schwebe auf Wolken. Ich fühle mich geborgen, beschützt und unendlich wohl an der Seite dieses Mannes. Bei jedem Telefongespräch waren wir uns so nah, jetzt können wir einander endlich spüren. Wir sind beide endlos glücklich und wollen einander nie mehr loslassen.

Den chaotischen Straßenverkehr um uns herum nehme ich gar nicht richtig wahr: All die Autos, Mototaxis und Händler, die zwischen den fahrenden Autos durchflitzen! Ab und zu ein lautes Geschrei des Taxifahrers, wenn er wieder mal nicht weiterkommt, weil irgendein Gefährt den Weg versperrt. Das ist Afrika, wie ich es kenne, es ist für mich nichts Neues.

Im Hotel »Foyer du Marin« angekommen, stellen wir fest, dass irgendetwas mit der Buchung nicht geklappt hat. Es gibt kein Zimmer für uns. In der Zeit, in der das abgeklärt wird, genießen wir die allerersten Minuten ganz für uns alleine. Herr Bäni filmt zwar, aber wir haben seine Anwesenheit ganz vergessen. Monatelang haben wir uns ausgemalt, wie wohl dieser allererste Moment der Begegnung sein wird. Ich genieße es einfach nur, endlich diesem Mann nahe zu sein, den ich schon seit Monaten über alles liebe. Alles ist jetzt Realität und nicht mehr nur ein Traum.

Ich überreiche ihm das Geschenk, das ich für ihn mitgebracht habe. Neugierig packt er es aus und sagt freudestrahlend: »Das sind ja Eheringe!«

Für uns viel zu schnell löst sich das Problem mit dem Zimmer. Wir werden für die erste Nacht in ein Hotel in der Nähe umgebucht. Für die zweite und dritte Nacht gibt es dann ein freies Zimmer für uns. Nachdem wir unser Gepäck ins andere Hotel gebracht haben, beschließen wir, noch etwas zu essen und so den ersten gemeinsamen Abend ausklingen zu lassen. Gegen Mitternacht gehen wir dann doch in unser Zimmer. Man hat uns eine Suite gegeben!

Endlich sind wir alleine. Ich kann es kaum erwarten, ihn nun richtig zu spüren. Wir setzen uns im Wohnzimmer aufs Sofa und ich will nur noch seine Nähe spüren. Er hat zwar gesagt, dass wir in der ersten Nacht nicht zusammen schlafen würden, sondern nur die ganze Nacht reden, doch jetzt habe ich alles andere im Kopf als reden.

Was bedeuten in einem solchen Moment Worte!

Mit allen möglichen Verführungskünsten versuche ich, ihn zu umgarnen. Das wäre doch gelacht, wenn ich ihn nicht umstimmen könnte. Er spürt mein Verlangen und lässt sich gerne überzeugen. Ganz langsam ziehen wir uns gegenseitig aus. Es ist wunderschön und gefühlvoll. Am liebsten würden wir beide die Spannung und das Verlangen unendlich hinauszögern, andererseits jedoch können wir es nicht erwarten, endlich ganz zusammen zu sein. Es ist traumhaft schön, als wir uns das erste Mal auf dem unbequemen Sofa lieben. Danach wechseln wir überglücklich und mit einer noch größeren Vertrautheit ins Bett. Eng umschlungen schlafen wir ein. Das wunderbare Liebesspiel wiederholen wir noch drei Mal in dieser Nacht.

Um uns besser kennenzulernen, wollen wir zuerst noch ein paar Tage im Hotel »Foyer du Marin« in Douala verbringen, bevor wir uns auf den Weg nach Bangangté machen. Wir genießen die Zeit zusammen und ich stelle immer wieder freudig fest, dass ich mich in ihm nicht getäuscht habe und er so ist, wie ich ihn mir immer vorgestellt hatte.

Das erste gewechselte Geld ist schnell aufgebraucht und ich muss wieder wechseln. Wir klappern vergeblich alle Banken ab. Da wir bei keiner dieser Banken Kunden sind, wechseln sie uns auch kein Geld, für Schweizer Franken schon gar nicht. Schließlich wird uns empfohlen, zum Flughafen zu fahren. Dort stellen wir fest, dass wir nur schwarz wechseln können, aber nicht zum offiziellen Kurs. Herr Bäni begleitet uns die ganze Zeit. Da Marcelin als Einheimischer vielleicht einen besseren Kurs bekommt als ich, drücke ich ihm ganz selbstverständlich die zu wechselnden zweitausend Franken in die Hand.

Herr Bäni und ich warten unterdessen im Restaurant. Als Marcelin außer Sichtweite ist, fragt mich Herr Bäni sichtlich erstaunt, wie es möglich sei, dass ich so viel Vertrauen hätte, nachdem ich diesen Mann doch erst seit drei Tagen persönlich kenne.

»Was, wenn der uns hier ganz einfach sitzen lässt und mit dem vielen Geld einfach abhaut?«, meint er, total entsetzt über mein blindes Vertrauen. Er schüttelt nur noch den Kopf, verkneift sich aber weitere Bemerkungen.

Ich ahne, was er sich denkt. Eine Sekunde lang gebe ich ihm innerlich recht, darüber habe ich NIE nachgedacht und keinen Moment lang daran gezweifelt, dass Marcelin mit dem Geld zurückkommen wird.

Marcelin kommt auch mit dem gesamten gewechselten Geld zurück und übergibt es mir. Mit einen triumphierenden Lächeln schaue ich Herrn Bäni an. Da es inzwischen spät geworden ist, fahren wir ins Hotel zurück. Als ich später diese Geschichte Marcelin berichte, lacht er nur schallend darüber.

Gleich am nächsten Morgen nach dem ersten gemeinsamen Frühstück, mache ich im Hotelgarten die Bekanntschaft mit Marie-France, einer Kamerunerin, die sehr gut deutsch spricht, an der Hochschule in St. Gallen Wirtschaft studiert hatte und anschließend nach Kamerun zurückgekehrt ist. Sie wiegt ein kleines Kind in ihrem Arm und gibt mir unter anderem den Tipp, keinesfalls das ganze Pensionskassengeld abzuheben. Doch mit diesem Rat kommt sie schon zu spät, was ihr im ersten Moment die Sprache verschlägt.

Nach dieser Begegnung gehen wir allerlei für unser neues Zuhause einkaufen. Der Boulevard de la Libérté ist die Flaniermeile von Douala. Dort gibt es Supermärkte, die Regale randvoll mit allen nur erdenklichen Waren, auch viele westliche Produkte sind darunter. Vor den Ladengeschäften sitzen Sicherheitskräfte, daneben findet man fliegende Straßenhändler, die ihre Waren anbieten. Man trifft auf Bettler, die alles, was sie besitzen, bei sich tragen, ebenso wie auf Geschäftsleute im eleganten Anzug, die aus einem großen Mercedes steigen. Die meisten Hotels befinden sich in dieser Gegend. Überall sieht man aber auch die Wellblechhütten der ärmsten Menschen der Stadt.

Die Luft ist so feuchtheiß, dass das Atmen schwerfällt und den Kreislauf zu Höchstleistungen antreibt.

Nachdem wir fast alles, was auf unserer Einkaufsliste steht, besorgt haben, inklusive einer Matratze und einem Generator für hundert Franken, kehren wir per Taxi vollbepackt zum Hotel zurück.

Am Abend fragt mich Marcelin, ob ich einverstanden wäre, auswärts essen zu gehen, irgendwo in der Stadt. Im Hotel gibt es nur europäische Küche und ich freue mich riesig darauf, die kamerunsche Küche kennenzulernen.

»Endlich wieder afrikanisches Essen!«, rufe ich vor Begeisterung aus.

Bevor wir aufbrechen, müssen wir noch einmal ins Hotelzimmer zurück. Marcelin will Geld holen, und ich muss mich umziehen. Meinen Pass, der auf dem Tisch liegt, beachten wir beide nicht, was sich später als fataler Fehler herausstellt. Als wir unser Zimmer verlassen haben, begegnen wir in der Eingangshalle Herrn Bäni. Wir fragen ihn, ob er uns begleiten wolle, um das afrikanische Leben kennenzulernen. Bedauernd lehnt er ab, er habe schon gegessen und sei zu müde, um nochmals rauszugehen. Schade. So verabschieden wir uns und wünschen ihm eine gute Nacht. Wir wollen zusammen mit Marcelins Freund Nicola losziehen. Doch zuerst will Marcelin noch den Bus für die Weiterreise morgen früh nach Bangangté organisieren, darum fahren wir zum Busbahnhof Brazaville. Dieser ist riesig. Es gibt auf dem dortigen Gelände unzählige Restaurants, Bars, Garküchen und Grillstände, wo man alles Mögliche zu essen kriegt. Entweder ist der Grill in ein stehendes Fass eingebaut oder besteht aus einer Art Tischgrill. Die vielen verschiedenen Gerüche köstlicher Speisen kitzeln meine Nase. Bei einem dieser unzähligen Grillstände kauft Marcelin drei gegrillte Fische mit Bâton du Manioc.

Maniok ist ein mit Kartoffeln vergleichbares Wurzelgewächs in der Form riesiger Karotten. Die Schale hat auch fast die gleiche Farbe und ist dick, nur etwas fasriger. Sogar der Geschmack ist ähnlich. Maniok schmeckt etwas nussig, ähnlich wie Kastanien.

Bâton du Manioc wird so bearbeitet, dass es wie ein fingerdicker, etwa 20–30 Zentimeter langer Stab aussieht, und dieser wird dann in Bananenblätter eingewickelt. Diese Speise wird entweder als Beilage zu einer Mahlzeit oder wie Brot bei uns gegessen.

Wir suchen uns ein ruhigeres Restaurant aus, das ein bisschen weiter hinten liegt. Der dort frisch zubereitete Fisch schmeckt herrlich und ich genieße es, mit den Händen essen zu dürfen.

Nicola lerne ich als sehr ruhige und zurückhaltende Person kennen. Er sagt nicht viel, aber wenn er etwas sagt, dann ist es wohlüberlegt. Ich schätze, er ist etwa in meinem Alter, obwohl er stolz berichtet, dass er bereits Opa ist. Er ist sehr gebildet, macht Radiosendungen auf Englisch und ist auch ein Prinz, der zur Chefferie Bamenda gehört.

Obwohl ich an diesem Abend wahrscheinlich die einzige Weiße an diesem Busbahnhof und in diesem Quartier bin, fühle ich mich sehr wohl. Ich merke zwar schon, dass die Leute mich beobachten und teilweise verstohlen anschauen, aber das stört mich nicht im Geringsten. Ich bin stolz, an Marcelins Seite zu sein und fühle mich beschützt und sicher.

Wir bleiben nicht allzu lange und wollen wieder ins Hotel zurück. Um ein Taxi zu finden, müssen wir zuerst aus dem Gebiet des Busbahnhofes raus. Wir bekommen bald eines und fahren los.

Noch eine große Kurve, das Hotel ist bereits in Sichtweite, und wir wären am Ziel. Leider soll es nicht sein, wir kommen in eine Polizeikontrolle. Mit einer Taschenlampe geht der Polizist bedächtig ums Taxi herum, leuchtet ins Wageninnere und geht bis zum Fahrer. Dieser muss alle Papiere zeigen und aussteigen. Oh Schreck, das bedeutet nichts Gutes, wenn ein Fahrer aussteigen muss. Dann kann es länger dauern, und meistens geht es auch um Schmiergeld. Der Fahrer bezahlt dieses, steigt wieder ein, und wir hoffen, dass wir die Fahrt fortsetzen können.

Weit gefehlt.

Da, wie der Polizist nun bemerkt, eine Weiße im Auto sitzt, will er auch unsere Papiere kontrollieren, also auch meinen Pass und das Visum. Innerlich fluche ich, denn genau diese Papiere haben wir ja im Hotel liegen lassen. In einem scharfen Ton, der weder Fragen noch Zweifel oder Protest zulässt, werde ich von Marcelin angewiesen, im Auto sitzen zu bleiben. Also frage ich nichts und bleibe im Auto sitzen. Mir ist mulmig zumute. Marcelin und Nicola steigen aus. Es wird zwar heftig hin und her diskutiert, aber in einem erstaunlich ruhigen Ton.

Das wird mich noch des Öfteren in Kamerun in Erstaunen versetzen: Die Leute können das größte Streitgespräch führen, aber es findet immer in einer ruhigen Art statt. Dafür machen sie oft Späße in einer sehr ernsten, aggressiven und verletzenden Lautstärke.

Ich bekomme mit, dass sie mich vorläufig ins Gefängnis stecken wollen, da ich keine Papiere bei mir trage. Ich will auch aussteigen, schließlich geht es um mich. Marcelin kommt sofort zu mir und fragt, was ich vorhätte. Ich erkläre ihm, dass ich nur aussteigen will, um mir die Füße zu vertreten. Dass ich auch zuhören will, was über mich gesprochen wird, sage ich ihm aber nicht. Wieder in dem Ton, der keinen Widerspruch zulässt, befiehlt er mir, im Auto sitzen zu bleiben. So bekomme ich gar nicht richtig mit, dass Marcelin zum Hotel zurückfährt, um meinen Pass zu holen, während der Taxifahrer und Nicola weiterhin auf den Polizisten einreden. Marcelin kommt mit den Papieren zurück und zeigt sie dem Polizisten. Im Zimmer hat er bereits Schmiergeld in den Pass gelegt. Nun beruhigt sich der Polizist erstaunlich schnell, nachdem er mein Visum und das Schmiergeld gesehen hat. Er nimmt das Geld raus und gibt den Pass zurück.

Dieses mühsame Prozedere kostete uns eine ganze Stunde Zeit, und das wegen läppischen fünf Franken Schmiergeld! Der Polizist hätte uns sonst niemals gehen lassen.

Hierzu möchte ich noch etwas erklären: Leider ist die Korruption in Kamerun weit verbreitet, und es lässt sich mit solchen Dingen nicht spaßen. Man muss damit umzugehen wissen. Der Polizist hätte mich tatsächlich auf das Revier mitnehmen und dort stundenlang befragen können. Das hätte noch mehr Zeit, Geld und Nerven gekostet. So sind wir noch recht gut davongekommen. Wenn man Kamerun nicht kennt, ist es schon eine große Hilfe, einen Führer dabeizuhaben. Dieser kann die Situation besser einschätzen und weiß, wie viel man bezahlen muss. Um unsere aufgewühlten Gemüter zu beruhigen, trinken wir noch etwas im Hotel und gehen dann zu Bett.

Kapitel 6

Bangangté

Am nächsten Morgen geht es nun nach Bangangté, und ich bin ziemlich gespannt, was mich dort erwartet. Nachdem wir gefrühstückt haben, packen wir alle unsere Sachen zusammen und warten auf dem Hotelparkplatz auf den bestellten Kleinbus. Wir warten und warten, weit und breit ist kein Bus in Sicht. Langsam werden wir nervös. Marcelin ruft bei der Busfirma an und erkundigt sich, wo das Fahrzeug bleibt. Man sagt ihm, dass es bedauerlicherweise unterwegs eine Panne gegeben habe, das Ersatzfahrzeug aber bereits unterwegs sei.

Mit fast drei Stunden Verspätung können wir endlich losfahren. Es ist Sonntag und daher wenig Verkehr auf den Straßen. Die Fahrt ist lang, für die dreihundert Kilometer benötigt man im Normalfall fast sechs Stunden, und sie führt an vielen Kaffee- und Bananenplantagen vorbei. Wir halten unterwegs an einem Verkaufsstand an und kaufen Früchte ein. Gleich daneben gibt es eine Art Gärtnerei. Marcelin nutzt diese Gelegenheit und kauft gleich ein paar Bäume für unser Grundstück. Ich bin müde und schlafe ein wenig, mein Kopf ruht auf seinem Schoß. So bekomme ich kaum etwas mit von der Umgebung.

Endlich in Bangangté angekommen, fahren wir, nachdem Herr Bäni im Hotel eingecheckt hat, gleich zu unserer Mietwohnung, auf die ich sehr gespannt bin. Dort werden wir bereits von vielen Menschen erwartet, die uns einen großen Empfang bereiten. Marcelin hat Tänzer, Sänger und Trommler engagiert. Auch ein Tänzer in Bastrock und mit einer traditionellen Maske mischt sich unter die Gruppe. Solchen Formationen werde ich im Laufe der Zeit bei verschiedenen Anlässen immer wieder begegnen.

Die Herzlichkeit dieser Begrüßung überwältigt mich. Alle umarmen und küssen mich, als ob ich schon seit Jahren dazugehören würde. Ich komme mir fast vor wie eine verlorene Tochter, die wieder nach Hause zurückgekehrt ist. Ein unbeschreibliches Gefühl. Man tanzt für mich und lädt mich ein, auch mitzutanzen. Ich lasse mich von der Fröhlichkeit dieser Menschen mitreißen. Wie unendlich gut es tut, sich vom ersten Augenblick an in der neuen Gemeinschaft aufgenommen zu fühlen.

Nach dem Begrüßungsfest führt mich Marcelin durch unsere erste gemeinsame Wohnung, die wir für dreißig Franken im Monat mieten können. Außen ist das Häuschen in einem rötlichen Ton gestrichen, innen in einem wunderschönen – hellblau, meiner Lieblingsfarbe. Dass diese teilweise bereits abgebröckelt ist, nehme ich gelassen hin. Die Böden sind dunkelrot. Die Einrichtung ist allerdings noch sehr spartanisch. Marcelin wollte nichts kaufen ohne mich, deshalb werden wir einen einfachen Tisch und zwei Stühle gemeinsam anschaffen. Ein Gaskocher ist vorhanden, aber nur eine Flamme funktioniert. Er steht auf einem Holzstuhl in einer Ecke des Wohnzimmers und stellt unsere Küche dar.

An der einen Wand hängt das Foto von mir, das ich Marcelin seinerzeit geschickt habe, links und rechts flankiert von Muschelsträngen, die auf einem Jutesack aufgenäht sind. Diese Säcke werden jeweils unterhalb des Knies an die Beine gebunden und zu traditionellen Tänzen der Bamiléké getragen. Solche hatten vorhin auch die Tänzer beim Begrüßungsfest für mich an. Ferner hängt da auch noch ein Poster von »Bush Doctor« Peter Tosh.

Dann gibt es in der Wohnung noch ein Badezimmer mit WC und Dusche, aber kein fließendes Wasser, eine Vorratskammer ohne Fenster und das Schlafzimmer.

Als Kleiderstange dient uns ein langer Holzstab, der an beiden Enden mit je einer Schnur an der Decke befestigt ist. Das ist sehr praktisch. So sieht man die Kleiderauswahl stets auf einen Blick, und sie werden auch noch gut durchlüftet. Wir werden uns auch noch zwei dieser typisch kamerunischen Hocker kaufen, die enorm praktisch und sehr stabil sind. Sie werden aus lauter gleich dicken und langen geschnittenen Bambusstäben ohne Nägel kunstvoll zusammengesteckt.

Nach dem Rundgang setzen wir uns aufs Bett und Marcelin singt ein Lied für mich, dass er selber komponiert und getextet hat. Er nennt es »Reine Katharina«. Ein sehr bewegender Augenblick für mich. Ich möchte am liebsten die Zeit anhalten, ein wahnsinniges Glücksgefühl durchströmt mich.

Das Lied ist wunderschön. Er singt es in seinem Dialekt, sodass ich leider nur die letzte Strophe verstehen kann.

»Ma chérie, si je pouvais ouvrir mon cœur pour que tu lises, que je t'aime, je le ferais sans regret puisque je t'aime.«

(Mein Schatz, wenn ich mein Herz öffnen könnte, dass du drin lesen könntest: ich liebe Dich, so würde ich es ohne Reue tun.)

Abends gehen wir auswärts essen, da der Gaskocher noch nicht angeschlossen ist. So einfach und bescheiden beginnt unser gemeinsames Leben in unserer kleinen Mietwohnung.

Bevor wir am nächsten Tag zu unserem Grundstück fahren, auf dem später einmal unser Haus stehen soll, kaufen wir noch Baumaterial. Das Grundstück befindet sich ungefähr neun Kilometer außerhalb von Bangangté, ganz in der Nähe der Chefferie Bametcha. Dieses kleine Dorf hat um die zweihundert Einwohner. Es gibt dort auch einen kleinen Laden, wo man sich das Notwendigste wie Zucker, Reis, Streichhölzer, Zigaretten, Öl, Mais und Seife besorgen kann. Hier sind wir wirklich auf dem Lande, genauer gesagt in der Steppe. Die »Migros« vermisse ich schon ein bisschen. Alles an einem Ort einkaufen zu können ist doch praktisch.

So ist es nun mal, man lernt vieles erst so richtig zu schätzen, wenn man es nicht mehr hat.

Genau das trifft auch auf das schnelle Kochen zu. Da wir noch keinen Strom haben, haben wir auch noch keinen Kühlschrank. Und man kann tatsächlich ohne Kühlschrank leben! Wenn mir jemand vor einem Jahr gesagt hätte, ich würde mal längere Zeit ohne Kühlschrank leben, den hätte ich für verrückt erklärt.

Auf Produkte wie Joghurt und frische Milch verzichten wir ganz. Wir haben Kondensmilch, Kuhmilch gibt es hier nicht. Die Margarine ist auch gut haltbar bei Zimmertemperatur. Eier werden hier prinzipiell nicht gekühlt. Ich glaube, Salmonellen gibt es hier nicht, ich habe jedenfalls noch nie gehört, dass jemand daran erkrankt ist.

Fleisch kaufen wir nur ein, wenn es am gleichen Tag zubereitet werden kann. Gekochtes Fleisch ist auch ungekühlt ein bis zwei Tage haltbar.

Wenn von einer Mahlzeit etwas übrig bleibt und wir es nicht sofort essen, wird es spätestens am nächsten Tag aufgewärmt. Natürlich ist mir bewusst, dass man kein Tartar oder blutiges Fleisch einfach so roh essen kann, denn auf dem Markt wird das Fleisch auch ungekühlt verkauft.

Eine Mahlzeit wird hier von Grund auf frisch zubereitet, da es weder Tiefkühlprodukte noch Fertiggerichte gibt. So koche ich beispielsweise auch Spaghetti Napoli mit frisch zubereiteter Tomatensauce. Natürlich dauert das länger, als einfach eine Dose oder ein Glas mit Fertigsauce zu öffnen.

Aber man kann sich tatsächlich wieder an die aufwendigere Arbeit gewöhnen, eine Mahlzeit ganz frisch zuzubereiten. Ich finde, so schätzt man das Essen auch mehr.

Die richtigen kamerunischen Mahlzeiten sind sehr aufwendig zu kochen. Es gibt Gerichte, deren Zubereitung bis zu fünf Stunden dauert. Marcelins Mutter lässt sie die ganze Nacht auf dem Feuer stehen. Beispielsweise Kwi zuzubereiten dauert fast drei Stunden. Alle afrikanischen Frauen kochen auf diese Weise. Selbst wenn sie vier Kinder haben, zweimal die Woche auf den Markt gehen sowie Haushalt und Garten besorgen müssen. Das Hauptnahrungsmittel in Kamerun ist Mais. Je nach Verarbeitung kann man daraus bis zu zweihundert verschiedene Gerichte kochen. Die kamerunische Küche ist enorm vielfältig und abwechslungsreich.

In dem vom »Beobachter« veröffentlichten Ratgeber »Ab ins Ausland« lautete eine Testfrage, ob man geduldig ist und Neues annehmen und akzeptieren kann. Das ist eine sehr wichtige Frage, die ich noch heute voll und ganz mit »JA« beantworten kann.

Und nun kommt der große Augenblick, auf den ich ganz besonders gespannt bin: Endlich werde ich den Platz sehen, auf dem unser Haus einst stehen wird.

»Wow«, entfährt es mir im ersten Moment, und ich kann nur noch staunen.

Die Aussicht und die Umgebung sind umwerfend, ich kann mich fast nicht sattsehen und bin absolut sprachlos von der Schönheit, Ruhe und Weite der Landschaft. Ich finde, Marcelin hat das schönste Fleckchen Erde in ganz Westkamerun für unser neues Zuhause ausgewählt. Dieser Meinung bin ich auch heute noch. Oft sitzen wir abends gemeinsam draußen und genießen die Ruhe und die Landschaft, als säßen wir zum ersten Mal vor unserem Haus.

Der Grundriss des Hauses ist schon mit Holzlatten abgesteckt. So wie es aussieht, wird es riesig. Mit der Terrasse misst es 18 x 18 m, das Haus selber ist 11 x 14 m groß. Allein die Terrasse vor dem Haus wird zweiundsiebzig Quadratmeter groß, fast so groß wie seinerzeit meine gesamte Dreizimmerwohnung in Moosseedorf!

Als erstes pflanzen wir die Bäume an, die wir auf dem Weg nach Bangangté gekauft haben. Da es allerdings schon Ende September ist und die Trockenzeit beginnt, vertrocknen leider einige davon. Im Laufe der Monate haben wir viele verschiedene Bäume gepflanzt. Dabei sind mir wieder, wie schon bei unserer ersten Begegnung, Marcelins große, kräftige Hände aufgefallen. Hände, die anpacken, aber auch beschützen können!

Als Grenze und Windschutz dienen uns die hohen und schmalen Eukalyptusbäume. Außerdem wachsen bei uns viele verschiedene Bananensorten: Koch- und Gemüsebananen, die man allerdings auch kochen kann, und kleine, süße Bananen, die unter dem Namen Apfelbananen bekannt sind. Es gibt aber auch noch kleinere, dickere Essbananen. Da wir so viele verschiedene Bananenarten haben, werden wir das ganze Jahr über Bananen aus unserem Garten essen können, da sie zu unterschiedlichen Zeiten blühen.

Dann haben wir auch Avocado- und Mangobäume. Letztere sehen ausgewachsen wie riesige Apfelbäume aus.

Besonders interessant sind die Papayabäume. Baum ist eigentlich gar nicht der richtige Ausdruck dafür, denn es ist ein Stamm von ungefähr drei Metern Höhe, an dem die Papayafrüchte direkt wachsen. Dieser Stamm hat kurze Äste mit wenigen, aber größeren Blättern.

Direkt beim Hauseingang steht ein Guavebaum.

Aber auch Zitronen und Orangen wachsen bei uns, also alles, was das Herz begehrt.

Nachdem die ersten Bäume gepflanzt sind, schlägt Marcelin vor, wir könnten nun eigentlich einen Besuch in der Chefferie machen.

Natürlich bin ich einverstanden. Zu Fuß sind es vielleicht zehn Minuten bis dorthin. Marcelin geht voraus und tritt dort direkt ins Haus der Chefferie ein. So stehen wir schon mitten im Wohnzimmer des Chefs, einfach so, ohne Anmeldung.

Ich fühle mich überhaupt nicht wohl, weil ich ziemlich schmutzige Turnschuhe habe. Auf dem Hinweg begann es nämlich leicht zu regnen, und die Straße ist eine Naturstraße. Schon nach kurzer Zeit hatte ich riesige Absätze von Lehmmatsch an den Schuhen. Es war so, als würde man in Europa bei Regen über ein frisch gepflügtes Feld laufen. So bin ich also ins Wohnzimmer des Chefs eingetreten, ohne vorher die schmutzigen Schuhe reinigen zu können!

Der Chef begrüßt uns alle sehr freundlich und bittet uns, Platz zu nehmen.

Ich wage kaum, die Füße zu bewegen. Der nasse rote Lehmmatsch hat überall Spuren hinterlassen, es ist ganz einfach grässlich für mich.

Herr Bäni vom Schweizer Fernsehen ist auch mit dabei und verlangt ausgerechnet jetzt von mir, dass ich aufstehen soll, – damit mir der Chef etwas über die an der Wand hängenden Fotos berichten kann, während er die Szene filmt.

Wie peinlich!

Ich würde am liebsten im Boden versinken. Ich weigere mich aufzustehen, und zeige auf die total verschmutzten Schuhe. Doch der Chef versichert mir, das sei kein Problem. Ich zögere immer noch und stehe erst nach seiner zweiten Aufforderung auf. Er zeigt uns mit sichtlichem Stolz seine Bilder. Auf einem der Fotos sieht man ihn in traditioneller Kleidung, auf den anderen stellt er uns einen Teil seiner großen Familie vor. Er erzählt uns viele interessante Geschichten über Bangangté. Ich erfahre durch seine weiteren Erklärungen, dass Marcelin tatsächlich ein Prinz ist.

Als wir die Chefferie verlassen, kommt uns noch die Schwester des Chefs entgegen, um mich zu begrüßen. Sie und Marcelin erklären mir, dass sie beide zum Stamm der Bamiléké gehören.

»Wir sind eine sehr einflussreiche und vor allem im Handel tätige Gemeinschaft, tanzen gerne und lieben die Gesellschaft«, erfahre ich von den beiden weiter.

Der Stamm zählt um die vier Millionen Angehörige, was in etwa 19 % der Bevölkerung Kameruns entspricht. Woher die Bezeichnung Bamiléké kommt, darüber ist man sich auch heute noch nicht ganz einig. Angefangen hatte der Disput darüber anlässlich des ersten nationalen Kunst- und Kulturfestivals 1988 in Douala. Zwei voneinander unabhängige Forscher präsentierten jeweils ihre Version. Prinz Mbou unterstützte die These, dass die Herkunft aus der Zeit der deutschen Kolonialherrschaft stamme, und zwar auf einen Einwohner Doualas namens Elame zurückzuführen sei, der die Bevölkerung Westkameruns *»Ba boté ba leke«* nannte, was so viel heißt wie Gesichtsmaskenträger.

Justin Mouafo, provinzieller Delegierter der Kultur Westkameruns, stützte seine Recherchen auf eine Geschichte, die ihm erzählt wurde. Danach habe ein weißer Besucher gefragt, wie man denn die Leute in jenem Gebiet nenne. Die bildliche Antwort sei *»Pe me lekeu«* gewesen, also die Bewohner der Berge und der Schluchten. Der Besucher notierte sich dann das Wort so, wie er es verstanden hatte, nämlich Bamiléké.

Auch an den folgenden Festivals wurde munter weitergestritten und argumentiert. Für das Kolloquium Ebolowa kehrte Prinz Mbou als Referent zurück, seinen Gegner hingegen »vergaß« man einzuladen. Justin Mouafo berichtete, dass er sich habe verkleiden müssen, um in den Saal gelassen zu werden. Siegessicher, dass er nun keinen Kontrahenten mehr hatte, wiederholte Prinz Mbou seine These nochmals. Doch Justin Mouafo tauchte plötzlich hinten im Saal auf und schrieb sich unter falschem Namen ein. Er unterbreitete nochmals seine Version, unterstützt vom Rektor der Freien Universität Bruxelles, der ebenfalls am Kolloquium teilnahm. Dieser wies darauf hin, dass phonethisch *»Pe me lekeu«* näher beim Wort Bamiléké stehe als *»Ba boté ba léké«* und zudem die Masken nur für eine gewisse Kategorie Personen reserviert seien. Schlussendlich wurde Justin Mouafo recht gegeben.

In Kamerun gibt es weit über zweihundert verschiedene Volkstämme.

Die Bamiléké sind auch, wie man sagt, ein Volk von Geschichtenerzählern, was ich später immer wieder selbst erlebt habe.

Eine Eigenschaft der Bamiléké ist, keine Fragen zu stellen nach dem Weshalb, Warum, Wieso. Es kann dann passieren, dass man zur Antwort bekommt:

»Lerne selber zu beobachten, dann kannst du die Frage selber beantworten.«

In meinem speziellen Fall jedoch zeigt man sich sehr gnädig und erklärt mir vieles.

Von Marcelin erfahre ich auch, dass die Menschen hier sehr genügsam sind und wenig Geld benötigen, da sie größtenteils Selbstversorger sind.

Während unserer Unterhaltung sorgen einige Männer für Aufregung, die mit einer großen toten Viper auftauchen. Noch auf dem Platz wird sie gehäutet. Das Schlangenfleisch und auch die Haut sollen uns als Geschenk überreicht werden. Marcelin nimmt diese Gabe dankend an und packt sie ein, um sie mit nach Hause zu nehmen. Wir verabschieden uns und gehen zu unserem Grundstück zurück. Dort steigen wir dann ins Auto, das uns wieder nach Bangangté zurückbringt.

An diesem Abend habe ich zum ersten Mal in meinem Leben Schlangenfleisch gegessen. Wenn man nicht weiß, dass es Schlange ist, könnte man es glatt mit Hühnchen verwechseln. Das Fleisch ist genauso weiß und der Geschmack und die Konsistenz sind sehr ähnlich.

In Bangangté herrscht noch das ursprüngliche afrikanische Leben. Es ist ein typisches afrikanisches Dorf, in dem noch nichts auf den Tourismus ausgerichtet ist. Ein Tourist ohne Begleitung wäre hier völlig überfordert. Es gibt keine Wegweiser, da sie für die Bewohner auch nicht notwendig sind, jeder weiß, wo was zu finden ist. Die beiden Hotels am Ort werden hauptsächlich von einheimischen Reisenden genutzt. Viele der Häuser sind mit aus Lehm gefüllten Bambusstäben umzäunt. Da ich in Douala keine schönen Ansichtskarten gefunden hatte, wollte ich mir hier in Bangangté welche besorgen. Doch im ganzen Dorf war kein einziger Ständer mit Ansichtskarten zu finden.

Die einzigen Touristen, die ab und zu auftauchen, sind solche, welche die französische Autorin Claude Njiké-Bergeret besuchen wollen oder ganz einfach wissen möchten, wo sie lebt.

Das auf 1500 Meter gelegene Dorf hat immerhin um die 8000 Einwohner. Doch muss ich vieles, was mein europäisches Herz begehrt, im einhundert Kilometer entfernten Bafoussam einkaufen, wie beispielsweise Ketchup, Pfefferminztee, Wurstwaren (Schinken und Salami), Apfel- oder Traubensaft.

Es gibt weder ein Kino noch ein Theater oder Museum und auch keinen öffentlichen Park. Von einem Schwimmbad ganz zu schweigen, aber das fehlt mir auch nicht. Mitten im Dorf steht das Verwaltungsgebäude, dann gibt es zwei Spitäler, ein Parteizentrum und einen Fußballplatz, denn Fußball spielt in Kamerun eine sehr wichtige Rolle. Unvergesslich bleibt, wie sich die »unzähmbaren Löwen« anlässlich der Fußballweltmeisterschaft 1990 weltweit in die Herzen der Zuschauer gespielt haben und man es bedauerte, dass sie dann im Viertelfinale ausgeschieden sind. Im Jahre 2000 wurden diese Ballkünstler dann in Sydney sogar Fußball-Olympiasieger und gewannen 2002 zum vierten Mal den African Cup of Nations, 2008 belegten sie den zweiten Platz hinter Ägypten.

Auf den Verkehrsinseln hat man ganz einfach alte Autoreifen deponiert. Eigentlich würde man dort eher Blumen oder sonstige Pflanzen erwarten. Auch ist es aus europäischer Sichtweise zunächst sehr ungewöhnlich, dass um öffentliche Gebäude unter anderem Mais, Erdnüsse und Bohnen angepflanzt werden. Doch daran kann man erkennen, dass Lebensmittel in diesem armen Land sehr knapp sind und jedes grüne Fleckchen Erde genutzt werden muss.

Nachdem Hanspeter Bäni vom Schweizer Fernsehen genügend Filmmaterial zusammen hat, macht er sich für die Abreise bereit. Wir begleiten ihn zum Busbahnhof in Bangangté und können nun noch zwei Wochen ungestört genießen, ohne ständig gefilmt zu werden.

Wir verbringen nun jeden Tag auf der Baustelle und überwachen, wie unser Haus entsteht. Dies ist in Afrika leider unerlässlich. Wenn der Bauherr nicht auf dem Platz ist, wird nicht gearbeitet oder Baumaterial oder Werkzeug gestohlen, das meistens der Bauherr stellen muss. In den ersten drei Wochen werden die Grundmauern gesetzt. Da der Boden nicht waagerecht ist, sondern abfallend, wird die eine Seite für die Hausmauer einen Meter tiefer ausgegraben. Mit großer Skepsis beobachte ich die Arbeiten, denn ich kann mir nicht vorstellen, dass das gut geht. Die tiefere, abfallende Seite wird nämlich zu meinem großen Erstaunen ebenfalls mehr ausgegraben.

Wie auch immer, ich kann nichts dazu sagen.

Wie sich später herausstellt, scheint unser Haus nun tatsächlich waagerecht zu stehen. Vor meiner Abreise sind alle Gräben für die Grundmauern ausgehoben, und man sieht bereits den Grundriss vom Haus und von den Zimmern. Da es breite Gräben sind, finde ich die Zimmer etwas klein geraten.

Überhaupt scheint mir das ganze Haus plötzlich zusammenzuschrumpfen. In mir macht sich Enttäuschung breit, denn ich habe mir geschworen, wenn ich je ein Haus für mich baue, dann muss es von Anfang an groß genug sein, ich will nicht später anbauen müssen.

Doch der Eindruck täuschte: Jetzt hat unser Haus 154 Quadratmeter Wohnfläche. Zusammen mit der Terrasse rund ums Haus haben wir zweihundertfünfzig Quadratmeter. Ich denke, das ist die richtige Größe. Genug Zimmer hat es auch: eine große Küche mit einem Vorratsraum, vier Schlafräume jeweils mit Bad – darunter ein Eltern-, zwei Kinder- und ein Gästezimmer – und natürlich ein großes Wohnzimmer. Das zweite »Wohnzimmer« ist unsere große Terrasse, wo wir uns am meisten aufhalten werden, außer vielleicht in der Regenzeit, denn da wird es selbst in Afrika auf einer Höhe von 1200 Metern ungemütlich kalt.

Die normale Arbeitszeit würde bis 17 Uhr dauern. Doch je nach Arbeitsanfall, wenn beispielsweise der Zement fertig verarbeitet werden muss, bleiben wir auch schon mal bis 19 Uhr dort. Bei fehlenden Baumaterialien ist es andererseits aber auch schnell möglich, dass man früher Feierabend macht.

Jeden Abend wird besprochen, welche Arbeiten am nächsten Tag anstehen und welches Baumaterial benötigt wird: Wie viele Bausteine, die selber auf dem Platz in einer Form gegossen werden, wie viel Eisen, um den Zement zu verstärken, oder wie viele Holzlatten für den Dachstuhl oder die Fenster und Türen gebraucht werden. Auch die Menge des Wassers wird berechnet, um den Zement anzurichten oder Bausteine zu gießen, und wie viele Säcke Zement gekauft werden müssen.

Später wird dann berechnet, wie viele Rohre für die Wasserleitung benötigt werden oder um die elektrischen Leitungen ziehen zu können. Dies alles kauft Marcelin jeweils am Morgen selber ein, organisiert und bringt es zur Baustelle. Es muss auch immer überwacht werden, was und wie gearbeitet wird, sonst gibt es zu viel Ausschuss. Arbeiter, die nur herumstehen und nichts tun, werden weggeschickt. Nachdem einmal nachts drei Säcke Zement geklaut worden sind, kauft Marcelin nur noch jeweils die Menge für den Tagesbedarf ein.

Alle Baumaterialien kommen aus Kamerun. Das Wellblech für das Dach wird in Douala hergestellt. Der Sand für den Zement stammt aus einer Sandgrube der näheren Umgebung.

Das bevorzugte Holz ist Eukalyptus, das hier in Kamerun sehr oft angebaut wird, da es enorm schnell und gerade wächst. In Europa kann man beispielsweise bereits Gartenmöbel aus Eukalyptusholz kaufen. Es ist sehr hart, stabil und wetterbeständig.

Marcelins Traum wäre, eine eigene riesige Eukalyptusplantage zu besitzen, in der wir dann das Holz in zehn oder fünfzehn Jahren verkaufen könnten. Ich finde diese Idee sehr gut, um unserer Familie langfristig ein Einkommen zu sichern. Nur leider hilft uns dies nicht, die bereits angefallenen Kosten zu begleichen.

Einmal gab es, soweit ich verstanden habe, einen Aufstand der Bauarbeiter auf unserem Bauplatz. Sie wollten mehr Lohn. Marcelin zahlt den üblichen Tagessatz von tausendfünfhundert CFA-Franc, das entspricht umgerechnet nicht ganz vier Schweizer Franken. CFA-Franc (Franc de la Coopération Financière en Afrique Centrale) ist die offizielle Währung in der Zentralafrikanischen Wirtschafts- und Währungsgemeinschaft (CEMAC) und somit gesetzliches Zahlungsmittel in sämtlichen Staaten Äquatorialafrikas.

Von Weitem sehe ich zwischen den grünen Büschen etwas Buntes, Graziöses auf uns zukommen. Es ist die zweite Frau des Chefs von Bametcha, welche in unmittelbarer Nachbarschaft lebt. Sie ist sehr hübsch und trägt wie immer ein Kleid aus einem dieser wunderschönen bunten Stoffe, darunter eine lange dunkle Hose, eine rote Jacke und ein passendes Tuch auf dem Kopf. Sie bringt regelmäßig den Bauarbeitern das Essen, das sie elegant in einer großen Schüssel auf dem Kopf trägt, während sie mit den Händen noch die Getränke schleppt.

Das Essen besteht immer aus einem typischen kamerunischen Gericht, meistens Reis mit einer Beilage wie Fisch oder Fleisch. Dazu gibt es die typische scharfe Sauce in einem separaten Gefäß, damit jeder so viel davon nehmen kann, wie er will.

Was mich am meisten erstaunt: Die Portionen sind riesig, aber trotzdem isst jeder Bauarbeiter zusätzlich noch ein ganzes großes Toastbrot als Beilage. Zum Trinken gibt es meistens Wasser oder auch Palmwein. Dieser wird, wie der Name bereits sagt, aus dem Saft der hier verbreiteten Raphiapalme hergestellt. Dieses Gebräu ist nur begrenzt haltbar und schmeckt anfangs süß und aromatisch, später jedoch grässlich bitter.

Die Kameruner trinken nie zum Essen, sondern immer danach, obwohl das Essen manchmal wirklich sehr, sehr scharf ist. Ich kann jedoch bestätigen, dass man sich auch daran gewöhnen kann.

Als wir beim Mittagessen alle zusammensitzen, beginnen die Arbeiter untereinander heftig zu diskutieren. Marcelin bekommt das zwar mit, reagiert aber nicht darauf, denn er wird nicht direkt angesprochen. Nach dem Essen verlängern sie die Pause und lassen durchblicken, dass sie schlecht bezahlt würden und mehr Lohn möchten. Marcelin wechselt die Tonart vom kumpelhaften Benehmen auf die des Bauherrn und Prinzen. Er lässt keine Diskussion zu. Mit sehr kräftiger, lauter und bestimmter Stimme sagt er unmissverständlich: »Wer mit seinem Lohn nicht zufrieden ist, der fasst keine Schaufel und keinen Eimer mehr an und geht sofort nach Hause! Ich gebe euch hier Arbeit, ihr könnt euer Geld verdienen! Wem das zu wenig ist, der soll gehen! In einer Stunde kann ich zehn Leute aus dem Gefängnis holen, welche diese Arbeit besser und schneller machen als ihr!«

Etwa zwei Minuten herrscht Totenstille. Nur die Blicke der Arbeiter fliegen hin und her. Wer geht, wer bleibt? Anscheinend findet in dieser Zeit eine wortlose Kommunikation statt. Alle erheben sich und gehen schweigend wieder an ihre Arbeit zurück. An diesem Nachmittag sagen die Arbeiter kein Wort mehr.

In Bangangté, beim Stamm der Bamiléké, wird normalerweise niemals mit einem Prinzen auf diese Weise diskutiert und mit einem Bauherrn schon gar nicht.

Meistens trinken wir noch etwas in Bangangté, wenn wir auf dem Heimweg zu unserer Wohnung sind. Es kommt auch vor, dass wir im Dorf essen, weil wir zu müde sind, zu Hause noch selber zu kochen. Die Zubereitung der afrikanischen Gerichte dauert ja mindestens eine Stunde, selbst wenn es etwas Einfaches ist. Es gibt nur ein Restaurant im Dorf, wie wir es im europäischen Sinn mit Speisekarte und Bedienung kennen. Dieses lernte ich erst viel später kennen, weil dort hauptsächlich die Chefs oder höheren Angestellten von der Gemeinde essen. Es wird vom Bürgermeister betrieben. In den meisten Lokalen bekommt man nur etwas zu trinken. Aber es gibt viele Stände am Straßenrand, an denen man etwas zu essen kaufen kann.

Meist wird Fisch angeboten. Es gibt auch Fleischspieße mit ganz klein geschnittenem Fleisch. Ein Spieß kostet sechzig Rappen. Ein Fisch hingegen bis zu zwei Franken. Beides wird über dem Feuer gegrillt. Es gibt auch kleine Garküchen, wo Frauen fertige Menüs anbieten, die sie zu Hause gekocht haben. Sie sind sehr gut und sehr sauber zubereitet. Ich habe noch nie Bauchweh oder gar Durchfall davon bekommen.

Natürlich kann man auch überall Avocados, Bananen und andere Früchte kaufen. Zum Dessert gibt es sogenannte Kuchenbällchen, die schwimmend im Fett gebraten werden. Sie erinnern an Berliner, nur ohne Marmelade, und es gibt sie in einer großen oder kleinen Ausführung. Sehr gut sind auch die kleinen Maisbällchen mit Bananengeschmack. Mir läuft das Wasser im Munde zusammen, wenn ich nur an diese Köstlichkeiten denke.

Da Marcelin und ich so oft im Dorf sind, führt er mich in die dortige Gesellschaft ein. So bin ich sehr schnell bekannt und auch integriert.

Durch den regelmäßigen Tagesablauf können wir bereits eine Art Alltag miteinander erproben. Eigentlich wollten wir ursprünglich zusammen Ferien und viele Ausflüge machen. Ich hätte gerne die Chefferie von Foumbam besucht. Der Sultanspalast, der an ein mittelalterliches Schloss erinnert, aber erst Anfang des zwanzigsten Jahrhunderts vom sechzehnten Sultan erbaut wurde, ist ein beliebtes Fotomotiv. Ich kenne ihn leider nur von Postkarten. Alle Rundreisen führen dort vorbei.

Doch wir entschließen uns, in Bangangté zu bleiben. Wir sind uns einig, dass es wichtiger ist, mit unserem Hausbau voranzukommen. Diesen Ausflug können wir später immer noch nachholen.

Tatsächlich geht es mit dem Bau zügig voran. Für afrikanische Verhältnisse sogar sehr schnell, was uns noch viel Neid und Missgunst bescheren wird.

So naht mit Riesenschritten das Ende unserer ersten gemeinsamen Zeit. Mir wird es schon ganz elend, wenn ich an den Abschied denke. Es gibt nur ein kleines Trostpflaster: Wir werden uns bald wiedersehen. Was uns aber in diesem Moment bedrückt, ist die Ungewissheit, wann das genau sein wird, denn zuerst muss ich meine Wohnung räumen und einen Container organisieren, und ich habe keine Ahnung, wie viel Zeit das in Anspruch nehmen wird. Aber ich bin zuversichtlich, dass dies alles bis Dezember geschafft sein wird. Mein Ziel ist es, Weihnachten in meiner zukünftigen Heimat zu feiern.

Der Abschied fällt uns unendlich schwer. Wir haben uns schon so sehr aneinander gewöhnt, als würden wir bereits Jahre zusammenleben. Eigentlich hatten wir geplant, einen Tag früher nach Douala hinunterzufahren, um die letzte Nacht im Hotel zu verbringen, damit es für mich weniger Stress gibt. Doch wir entscheiden gemeinsam, dass wir die letzte Nacht in unseren eigenen vier Wänden und in unserem Bett verbringen wollen.

So trete ich meine Rückreise am Tag des Abflugs an. Morgens um sechs Uhr schleppen wir den riesigen Koffer zum Busbahnhof, damit wir den ersten Bus nach Douala erwischen. Doch hier gibt es keinen Fahrplan. Der Bus fährt erst, wenn er voll besetzt ist. Wir kaufen zwei Tickets in der Hoffnung, dass der Bus bald fährt. Doch es ist Donnerstag, und anscheinend wollen nicht viele Leute nach Douala. Um elf Uhr fragt Marcelin zum x-ten Mal, wann wir endlich abfahren würden. Die Busfahrt dauert mindestens sechs Stunden, und allerspätestens um neunzehn Uhr sollte ich am Flughafen sein. Marcelin erfährt, dass wir spätestens um zwölf Uhr abfahren würden.

Er wird immer nervöser. Dann erklärt er dem Chef des Busunternehmens, dass sie für die Kosten der Umbuchung aufkommen müssen, falls wir es nicht schaffen, rechtzeitig zum Abflug in Douala einzutreffen. Er nennt ihnen den Umbuchungspreis und siehe da, um 12.30 Uhr fahren wir los.

Aber auch das wird knapp. Wenn wir noch eine Panne haben, kann ich meinen Flug vergessen. Eine kritische Situation. Es ist absolut nichts besonderes, dass in Afrika ein Bus eine Panne hat, damit muss man eigentlich immer rechnen. In der letzten Stunde schauen wir alle fünf Minuten auf die Uhr.

Wir schaffen es glücklicherweise, weil wir keine Panne haben und von der Busendstation bis zum Flughafen ein teureres Direkttaxi nehmen. Um 18.30 Uhr kommen wir am Flughafen an. Ich checke direkt ein, damit ich den großen Koffer los bin. Dann gehe ich zurück zu Marcelin und wir setzen uns ins Restaurant.

Wir sprechen über die vergangenen Wochen. Dann kommt von ihm die Frage, die ich nie erwartet hätte, denn für mich war von unserem ersten Telefonat an alles klar und ist es bis jetzt geblieben: »Und, was denkst du? Hast du ein gutes Gefühl, was uns betrifft, wirst du zurückkommen?«

Diese Frage überrascht mich total. Ich dachte, wir hätten in der letzten Zeit genug darüber geredet. Erst viel später begriff ich, dass er eine Bestätigung hören wollte, dass ich dasselbe wünschte wie er. An meiner Reaktion merkt er, dass ich niemals an Trennung dachte. Er lächelt mich glücklich an, wir sind uns einig und sprechen von etwas anderem.

Die letzten gemeinsamen Stunden vergehen viel zu schnell, der Abschied fällt uns beiden sehr schwer. Wir wissen zwar beide, dass wir spätestens im Dezember wieder vereint sind, aber bis zu diesem Zeitpunkt trennen uns nicht nur Welten, sondern es erwarten uns auch viele einsame, sehnsuchtsvolle Nächte, und in der Zwischenzeit kann so viel passieren. Man darf gar nicht dran denken. Jeder Tag und jede Nacht ohne ihn ist für mich verlorene Zeit.

Er versucht, die Situation herunterzuspielen, um mir Mut zu machen, aber es gelingt ihm nur schlecht. Es lässt sich nicht mehr länger aufschieben, wir müssen uns verabschieden, und ich nehme den beschwerlichen Weg durch den Zoll bis zum Flugzeug in Angriff. Noch bevor ich das Flugzeug erreiche und einsteigen kann, kommt die erste SMS von ihm: »Du fehlst mir jetzt schon, ohne dich fühle ich mich allein und einsam.«

Trotz des Abschieds muss ich lächeln. Es geht mir genauso.

Kapitel 7

Zurück in der Schweiz

Der Rückflug verläuft ruhig und normal, und ich kann sogar ein wenig schlafen, weil es ein Nachtflug ist. Pünktlich um 6.30 Uhr lande ich in Zürich.

Meine Zürcher Freundin Susanne hat mir versprochen, schnell am Flughafen vorbeizukommen, um mich zu sehen und zu hören, wie es mir ergangen ist. Im Restaurant warte ich eine Weile auf sie. Wir freuen uns über das Wiedersehen. Im Schnelldurchlauf erzähle ich ihr, was in den letzten drei Wochen alles passiert ist, wie ich mich fühle und wie Marcelin und ich nun zueinander stehen.

Susanne hat Mühe mit meiner Entscheidung, nach Kamerun auszuwandern. Nicht mit der Entscheidung an sich, nur damit, dass ich sie so spontan und schnell getroffen habe. Aber sie akzeptiert es, und ihre Offenheit tut unserer Freundschaft keinen Abbruch. Im Gegenteil! Sie gehört zu den wenigen Freunden, die jetzt, wo ich in Kamerun lebe, sich des Öfteren nach meinem Befinden erkundigen.

Ich ziehe Leute vor, die klar Stellung zu etwas beziehen. Susanne spricht Klartext mit mir, und von ihr akzeptiere ich das auch. Sie erklärt mir, dass sie sich nie so schnell und spontan für etwas derart Wichtiges entscheiden könnte, versucht aber auch nicht, mich umzustimmen. Das ist wahre Freundschaft. Das schätze ich sehr, und irgendwie verstehe ich ihre Bedenken ja auch. Mir ist bewusst, dass ich niemals jemandem erklären kann, was Marcelin und mich verbindet, warum und wieso wir uns so schnell sicher waren mit unseren Gefühlen. Wer so was nicht selbst erlebt hat, kann es nicht verstehen. Ich wünsche mir, dass jeder Mensch diese wunderbare Erfahrung einmal in seinem Leben machen darf.

Ein weiterer Grund, weshalb Susanne zum Flughafen gekommen ist, ist der, dass ich ihr »Pument« mitgebracht habe. Dieses Gemüse sieht aus wie eine Art Miniaturpeperoni. Es gibt sie auch in rot, grün und gelb, und sie sind ungefähr fünf Zentimeter groß und unheimlich scharf. Die roten Chili-Schoten, die wir in der Schweiz kennen und als scharf bezeichnen, sind nichts gegen diese Dinger. Kalt zerdrückt und mit anderem Gemüse wie Zwiebeln, Knoblauch, Tomaten, Lauch und Sellerie gekocht, brennt es selbst für Einheimische wie Feuer.

Wenn es nicht zu stark ist, kann ich es inzwischen auch manchmal essen. Wenn es ein Eintopfgericht mit »Pument« gibt, ist es problematisch. Normalerweise kocht man nur das Fleisch in einer solchen Sauce und die Beilage schmeckt normal bis sogar fad. Dann kann man zuerst ein Stück Fleisch auf die Gabel schieben und dann vorne auf die Spitze das Neutrale, wie z. B. Banane, Kartoffel oder Maisbrei aufspießen.

Der Trick bei der Sache ist, dass zuerst das neutrale Nahrungsmittel die Zunge berührt, dann lässt es sich aushalten. Die stärkste Version, die ich je gegessen habe, hatte den gleichen Effekt wie eine Betäubungsspritze beim Zahnarzt. Also alles andere als angenehm. Für zwanzig bis dreißig Minuten war der Mund wie betäubt. Übrigens: Wasser trinken oder Brot essen verhindert dieses Gefühl nicht und neutralisiert auch nicht.

Nachdem ich Susanne relativ ausführlich von den Ferien und allem drum und dran berichtet habe, begebe ich mich langsam zum Zug, denn ich möchte noch vor Mittag in Bern sein. Martina, meine Nachmieterin, hat mir versprochen, mich in Bern abzuholen. Sie wartet auch schon auf mich, als der Zug in Bern einfährt. Wir fahren zusammen aus der Stadt raus. In Zollikofen gehen wir etwas essen und ich kann ihr den Ferienbericht abliefern, auf den auch sie so gespannt gewartet hat.

Klar, dass sie mich ebenfalls mit Fragen nur so löchert. Wir lassen uns Zeit und plaudern bis in den Nachmittag hinein. Weil sich langsam die Müdigkeit bemerkbar macht, möchte ich bald nach Hause, was sie sehr gut versteht. Ich habe für diesen Tag nur noch den Wunsch zu duschen, mit Auspacken anzufangen und mich telefonisch bei meinen Eltern zurückzumelden. Martina bringt mich nach Hause, und wir legen noch den Termin für unseren nächsten Pizzaabend fest. Wir haben eine ganz kleine und einfache Pizzeria in Jegenstorf entdeckt, dort würde ich am liebsten jeden Tag Pizza essen.

Das Wochenende steht vor der Tür und ich nehme mir vor, mir diese Zeit noch zum Ausspannen zu gönnen und am Montag dann alles in Angriff zu nehmen. Es wird für eine Weile mein letztes freies Wochenende sein, denn nun kommt ziemlich viel auf mich zu. Die Wohnung muss bis Ende des Monats geräumt sein, dafür bleiben mir nur drei Wochen Zeit. Ich muss auch einen Umzugscontainer organisieren, und ich habe keine Ahnung, wie man das macht. Na ja, übers Wochenende kann ich das Internet durchforsten, ob ich da fündig werde. Dann muss ich mich auch noch um die Abmeldung bei der Gemeinde kümmern, damit ich die Pensionskassengelder beantragen kann. Es wartet also noch eine Menge Arbeit auf mich.

Viel mehr als ich gedacht habe und, wie sich später herausstellen wird, fast mehr als ich verkraften kann. Es werden sehr stressige Wochen, meine Nerven liegen blank, aber ich schaffe es. Normalerweise hat man bis zu einem Jahr Zeit, um eine Auswanderung zu organisieren. Ich habe es in zwei Monaten geschafft.

Am 7. Oktober bin ich von Kamerun zurückgekommen, und am 13. Dezember werde ich in meine neue Heimat fliegen. Alles ordentlich abgemeldet, alles bezahlt, und der Container verlässt am 8. Dezember die Schweiz Richtung Rotterdam-Kamerun.

Ich bin stolz auf meine Leistung, obwohl ich heute absolut keine Erinnerungen mehr an die Details habe, wie ich das alles in so kurzer Zeit geschafft habe. Meine geliebten Eltern waren mir vor allem bei der Räumung der Wohnung enorm behilflich, haben eingepackt, herumgeschleppt und aussortiert.

Mutter findet, dass das, was ich mir vorgenommen habe, ein sehr gewagter Schritt sei und ich zu viel aufgebe, aber sie akzeptiert meinen Entschluss. Mein Vater äußert sich dazu eher zurückhaltend und meint nur, ich sei ja alt genug, um zu wissen, auf was ich mich da einlasse.

Der Stress und der Druck waren eine starke nervliche Belastung für mich. Ich würde niemandem raten, so auszuwandern, wie ich es gemacht habe. Da alles schnell gehen musste, wurde es insgesamt auch teurer, weil ich schlicht nicht die Möglichkeit und die Zeit hatte, die Preise zu vergleichen, was ich hätte tun sollen.

Den Container konnte ich erst Anfang Dezember organisieren. So musste ich meinen ganzen Hausrat für einen Monat anderweitig unterbringen. Da die Wohnung noch renoviert wurde, hatte ich wenigstens da noch ein bisschen mehr Zeit. Die restlichen Tage bis zum 13. Dezember wohnte ich noch bei meinen Eltern. Selbst da gab es bis zum letzten Moment noch einiges einzupacken.

Eigentlich hätte ich gerne noch eine kleine Abschiedsparty gegeben, doch es wurde mir schnell klar, dass dies aus finanziellen, zeitlichen und auch nervlichen Gründen nicht mehr möglich war. Das ganze Organisieren hatte mich mehr geschafft, als ich erwartet hatte. Schon allein der Gedanke daran, nochmals etwas organisieren zu müssen, versetzte mich fast in Panik. So verabschiedete ich mich, soweit dies noch möglich war, im kleinen Rahmen und einzeln bei all den Menschen, die mir etwas bedeuteten.

Kapitel 8

Endlich in Kamerun

Am Vorabend meiner Abreise durfte ich mir zu Hause bei meinen Eltern noch ein Abschiedsessen wünschen. Ich wünschte mir Rösti, Kalbsbratwurst und Salat. Meine Mutter macht die besten Rösti der Welt! Wahrscheinlich wird es das in Kamerun nicht so schnell geben. Ich glaube, Bratwurst kennt man dort gar nicht. So lasse ich mir dieses Menü ganz besonders schmecken.

Aus schlechter Erfahrung wird man klug: Diesmal habe ich die Zeit bis zum Flughafen großzügiger berechnet, sodass ich nicht wieder riskiere, das Flugzeug zu verpassen. Meine Eltern begleiten mich zum Bahnhof Interlaken-Ost. Durch Vaters Pünktlichkeit sind wir viel zu früh am Bahnhof und haben deshalb genug Zeit, uns zu verabschieden. Eigentlich wollte ich ja nicht heulen, als mir mein Vater jedoch zum Abschied noch sagte: »Ich wünsche dir von ganzem Herzen, dass du das in Afrika findest, was du suchst«, konnte ich mich nicht mehr beherrschen und die Tränen flossen ungehemmt. Da er sonst eher zurückhaltend ist, hatte ich alles andere erwartet als diesen Beweis, dass er sich so viele Gedanken um mich macht. Natürlich wünschte mir auch meine Mutter alles Glück der Welt.

Ich steige in den Zug. Für lange Zeit ist das die letzte Fahrt Richtung Zürich-Flughafen!

Nachdem ich es mir in der Bahn gemütlich gemacht habe, fühle ich, wie eine Erkältung in mir hochsteigt, die ich die letzten Tage durch den Stress unterdrückt habe. Eigentlich wollte ich mich per SMS überall verabschieden, doch ich werde sehr müde, bekomme Kopfschmerzen und kann mich nicht aufs

Schreiben konzentrieren. So verzichte ich auf das Schreiben und versuche stattdessen, ein wenig zu entspannen.

Da ich an einem Dienstag fliege und alle arbeiten müssen, sind keine Freunde oder Kollegen am Flughafen. Einerseits bin ich froh darüber, dass mir dadurch ein weiterer tränenreicher Abschied am Flughafen erspart bleibt, aber andererseits hätte ich mich doch ein bisschen gefreut, wenn jemand da gewesen wäre.

Da ich bereits am Vortag eingecheckt habe, muss ich nur noch durch den Zoll und anschließend ins Flugzeug steigen. Die Erkältung wird zum Glück nicht ganz so schlimm, wie ich befürchtet hatte, sodass ich den Flug doch ein bisschen genießen kann. Mir geht durch den Kopf, dass ich ab jetzt in einem Land leben werde, das flächenmäßig zehnmal größer ist als die Schweiz und mehr als doppelt so viele Einwohner hat.

Diesmal habe ich einen Fensterplatz und bald sehe ich unter mir den 4095 Meter hohen Kamerunberg. Mein Herz schlägt heftiger, denn nun bin ich fast am Ziel. Dieser imposante Vulkan, auch Fako genannt, ist im Jahr 2000 zum letzten Mal ausgebrochen. Er wird jedes Jahr von tausenden von Touristen bestiegen. Es ist aber kaum anzunehmen, dass auch uns dieser Berg zu sportlichen Leistungen herausfordern wird. Möglicherweise ergibt sich mal eine Gelegenheit, den geschichtsträchtigen Ort Buea, der auf 1000 Meter Höhe auf dem Plateau des Fako liegt, zu besuchen. Buea ist am stärksten von der gemeinsamen Geschichte mit Deutschland geprägt. Davon zeugen noch heute Plätze und Gebäude, wie beispielsweise der Gouverneurspalast, einst Regierungssitz der Deutschen, heute die Residenz des Präsidenten der Republik Kamerun. Dort gibt es sogar noch einen Bismarckbrunnen. Auch die Eisenbahnlinie zählt zu den Errungenschaften aus der Zeit der deutschen Kolonialherren.

Ich habe nicht nur einen herrlichen Blick auf den Regenwald, sondern sehe auch das Delta des Wouri, des größten Flusses in Kamerun.

Irgendwo im Hinterland des Bamiléké-Graslandes liegt Bangangté, wo ich fortan leben werde.

Doch im Moment interessiert mich nur eines: möglichst schnell zu Marcelin zu kommen.

Natürlich erwartet er mich am Flughafen in Douala. Die Gepäckabfertigung dauert wieder sehr lange. Doch als wir uns nach zweimonatiger Trennung wieder in den Armen liegen, ist dies ein wunderbares Gefühl.

Wir fahren zum Hotel »Foyer du Marin« und essen dort noch eine Kleinigkeit. In der Schweiz ist es jetzt Winter, und wir sitzen hier um 23 Uhr noch draußen und genießen den Abend. Ich rufe noch ganz kurz meine Eltern an, um ihnen zu sagen, dass ich gut angekommen bin.

Das Hotel »Foyer du Marin« gehört der Deutschen Seemannsmission. Dieses Haus ist sehr sauber, klein und einfach und für das, was es bietet, auch nicht zu teuer. Es wird von der deutschen Kirche geleitet. Ich gehe immer sehr gerne dorthin. Mit seinem schönen Garten ist es eine kleine Oase mitten in der Stadt.

Am nächsten Tag müssen wir noch meinen Koffer abholen, den ich leider aus Unkenntnis per Frachtgut aufgegeben habe. Frachtgut und Container kann ich für Kamerun prinzipiell nicht empfehlen. Da Kamerun zu den korruptesten Ländern gehört, wird hier alles sehr teuer. (2005 war Kamerun auf Platz zwei der Weltrangliste der korruptesten Länder.)

Um den Koffer auszulösen, brauchen wir zwei Tage und müssen über hundert Franken dafür bezahlen. Nachdem der Koffer endlich ausgelöst ist, sagt uns der zuständige Beamte, dass wir eigentlich nur zehn Franken hätten bezahlen müssen! Schön, das jetzt erst zu erfahren. Wir schlucken den Ärger herunter. In solchen Dingen heißt es einfach: Augen zu und durch! Über die Korruption ärgert sich sogar Marcelin. Aber leider sitzen die anderen am längeren Hebel. Das haben wir besonders mit dem Container zu spüren bekommen.

Am dritten Tag fahren wir nach Hause, nach Bangangté.

Endlich!

Ich kann es kaum erwarten und freue mich riesig auf das Leben in meiner neuen Heimat Afrika!

Kapitel 9

Zehn Hühner und drei Hunde

Schon Wochen vor meiner Ankunft in Kamerun hatte mir Marcelin am Telefon gesagt, dass er zehn Küken gekauft hat. Sie haben zum Glück die Zeit, während Marcelin mich am Flughafen in Douala abholte, gut überstanden. Marcelin hatte genug Futter und Wasser bereitgestellt. Sie sind im Vorratsraum eingesperrt, den wir bisher noch nicht benutzt haben. Zur Wohnung gehört noch ein separates, leeres Häuschen, das eigentlich, wie hier üblich, als Küche gedacht ist. Wir haben unsere Küche jedoch in der Wohnung eingerichtet, sodass ich das Häuschen kurzerhand zum Hühnerstall umfunktioniere.

Es sind zehn große, fast weiße Küken. Auf den Flügeln haben sie hellbraune Flecken. Da Marcelin fast jeden Tag ins Dorf geht und ich nicht jeden Tag mitgehen mag, bin ich fast den ganzen Tag alleine zu Hause mit den Hühnern. Da sie noch nicht ausgewachsen sind, sitze ich oft draußen und passe auf sie auf, damit sie nicht zu weit vom Grundstück weglaufen. Unsere Wohnung steht ja mitten im Grünen in einem Wohnquartier, und unsere Hühner sollen nicht in Nachbars Garten rumpicken. Diese Tiere sind auch die einzigen, mit denen ich mich auf Berndeutsch unterhalten kann. Sie gewöhnen sich sehr schnell an mich, und wenn ich sie rufe, kommen sie tatsächlich zurück. Die Erinnerung an diese anfänglichen Gespräche mit den Hühnern finde ich immer sehr lustig.

Einige Zeit später gibt es noch eine Überraschung: Marcelin kommt ausnahmsweise am frühen Nachmittag nach Hause. Dann sehe ich, warum: Er trägt ein kleines, schwarzes Knäuel auf dem Arm. Als er näherkommt, sehe ich, dass es ein ganz kleiner Hund ist. Auf den ersten Blick verliebe ich mich in dieses kleine, zerzauste Knäuel, das wir zuerst mal baden müssen, so schmutzig ist es.

Erst als er nass ist, bemerken wir, dass er so eine Art Sterndornen im Fell hat, die den kleinen Hund anscheinend fürchterlich stechen, denn er heult erbärmlich beim Waschen. »Da muss er nun mal durch«, meint Marcelin entschieden, »sonst bekommen wir die Dornen nicht raus.«

Gewaschen und sauber sieht er richtig süß aus. Wir füttern ihn und nun scheint es, als fühle er sich wie im Paradies. Deshalb nennen wir ihn gleich französisch Paradis.

Am Abend jedoch, als wir schlafen gehen wollen, fühlt er sich gar nicht mehr wie im Paradies. Wir lassen ihn alleine im Wohnzimmer, weil unserer Meinung nach Tiere nichts im Schlafzimmer zu suchen haben. Da es seine allererste Nacht ist, die er ganz alleine verbringen muss, beginnt er herzzerreißend zu weinen wie ein Baby. Es zerbricht mir fast das Herz. Trotzdem nehmen wir ihn nicht mit ins Schlafzimmer, denn er ist auch noch nicht sauber. Ich gehe raus und lege ein getragenes T-Shirt von mir an seinen Platz, aber das beruhigt ihn auch nicht wirklich.

Die zweite Nacht weint er schon weniger, und ab der dritten Nacht ist er ruhig. Er wird unser kleiner Sonnenschein. Er gehorcht schon ein bisschen und bleibt beim Haus, immer in meiner Nähe. In der ersten Woche baden wir ihn jeden Tag, damit wir die Flöhe aus seinem Fell bekommen. Ein Flohhalsband ist hier in Afrika absoluter Luxus.

Die Tierhaltung ist hier grundsätzlich anders. Es gibt keine Luxustiere, keine Schoßhunde oder Schmusekatzen. Tiere werden gehalten, um ihren eigentlichen Zweck zu erfüllen: Hunde haben das Haus zu bewachen und leben und schlafen prinzipiell außerhalb des Hauses. Katzen müssen Mäuse fangen, sie werden deshalb im Haus geduldet, aber sicher nicht verwöhnt. Sie werden auch sehr selten gefüttert, damit sie nicht zu faul sind zum Jagen. Hühner sind dazu da, Eier zu legen oder Küken auszubrüten und Kühe geben Milch, um nur ein paar Beispiele zu nennen.

Ungefähr zwei Wochen später bin ich am Nachmittag wieder alleine zu Hause. Marcelin ist wie immer auf der Baustelle. Da besucht mich plötzlich ein fremdes Mädchen, das ich bisher noch nie gesehen habe. Ich schätze, es wird etwa zwölf Jahre alt sein. Es hat eine große Tasche bei sich und läuft, ohne viel zu sagen, an mir vorbei und betritt die Wohnung. Dort kniet es sich auf den Boden und leert seine Tasche aus. Es kullern zwei Hunde heraus, die wie dicke Wollknäuel aussehen. Einer ganz in hellbraun, der andere schön gezeichnet mit drei Farben, nämlich weiß, schwarz und hellbraun wie der andere.

Dieses Mal ist es keine Liebe auf den ersten Blick, ganz im Gegenteil. Ich finde sie sogar hässlich wie eine dicke Wurst auf viel zu kurzen Beinen, und ihr Gesichtsausdruck scheint mir sogar böse zu sein.

Ich bin mir nicht sicher, ob sie sich mit Paradis vertragen würden. Fälschlicherweise nehme ich zunächst an, dass sie etwas älter sind als Paradis. Ich bin froh, dass Marcelin nach Hause kommt, denn mit diesen Hunden kann ich mich gar nicht anfreunden. Ich will sie nicht mal anfassen, da ich ihnen nicht über den Weg traue. Später muss ich selber über mich lachen. Es sind nämlich auch Hundebabys, wie Paradis es war, nur gehören sie zu einer größeren und schwereren Rasse. Einige Tage später verliebe ich mich doch in die zwei kleinen Racker und schließe sie in mein Herz. Die Hellbraune ist eine Hündin und der Dreifarbige ihr Bruder, wir taufen sie Lady und Rex. Natürlich müssen wir auch diese zwei baden, damit wir sie sauber bekommen. Anfangs sind Rex und Lady auch leicht zu halten, genauso wie es Paradis war, doch bald machen sie nur noch Unsinn, den sie auch Paradis beibringen. Paradis war von Anfang an ein Musterhund, lieb und folgsam, doch das haben ihm die anderen zwei rasch ausgetrieben. Er lernt von ihnen zum Beispiel herumzustreunen, wo Paradis doch vorher immer beim Haus blieb. Später wurde es so schlimm, dass wir alle drei Hunde anleinen mussten.

So haben wir nun also zehn Hühner und drei Hunde. Dadurch bin ich immer gut beschäftigt, denn in der kleinen Wohnung gibt es nicht viel zu tun. Ich liebe es, mit ihnen herumzutollen und kann, wie schon gesagt, den ganzen Tag mit ihnen Schweizerdeutsch reden, ohne dass sie mich fragend ansehen. Dies hat enorm dazu beigetragen, mich hier schnell einzuleben.

Kapitel 10

Eine Liebesgeschichte

Afrikaner sprechen sehr selten direkt über ihre Gefühle. Meistens erzählen sie das, was sie sagen möchten, in Form einer Geschichte. Und so erzählte mir Marcelin zu Anfang unserer Bekanntschaft folgende Geschichte, die ihm bereits seine Großmutter erzählt hatte:

Es war einmal ein junges Mädchen. Das verließ sein Dorf, um mit der Kalebasse an der weit entfernten Wasserstelle Wasser zu holen. Es lief lange und weit. Es war noch früher Morgen, und die Kälte der Nacht lag noch in der Luft. Weit am Horizont stieg langsam die Sonne auf mit ihren ersten Strahlen, die noch keine Wärme brachten. Das Mädchen lauschte den Morgengeräuschen der Tiere.

Da hörte es plötzlich ein leises, schwaches Wimmern und folgte diesem. In einem Gebüsch fand es einen kleinen Jungen, der schrecklich fror. Er trug nur eine zerrissene, dünne kurze Hose.

Es fragte ihn, was er hier mache und warum er nicht wärmer angezogen sei. Er antwortete, dass er auf der Suche nach einem neuen Zuhause sei, darum ziehe er durchs Land. Und das hier sei alles, was er besitze. Nichts, nicht mal ein T-Shirt.

Das Mädchen zog seinen Pullover aus und gab ihn ihm wortlos. Der Junge blickte ganz erstaunt auf. Er fragte: »Warum gibst du mir deinen Pullover? Dann ist dir kalt!«

Das Mädchen schüttelte den Kopf und sagte: »Du brauchst ihn dringender. Für mich ist es warm genug. Du aber frierst.«

Erstaunt nahm der Junge den Pullover entgegen und zog ihn über.

»Du bist sehr nett«, stellte der Junge fest.

»Mir war wirklich kalt. Kommst du von weit her?«, fragte er das Mädchen.

»Mein Dorf ist ein paar Kilometer von hier entfernt. Ich hole Wasser. Warum fragst du?«

»Willst du mit mir kommen?«, fragte der Junge.

»Ja«, antwortete das Mädchen.

Sie ging mit dem Jungen fort und kehrte nie mehr in ihr Dorf zurück. Sie gingen in das Dorf des Jungen und blieben zusammen. Ein Leben lang.

Nachdem mir Marcelin diese Geschichte erzählt hatte, wusste ich, dass er ein Leben lang mit mir zusammenbleiben will.

Kapitel 11

Weihnachten und Neujahr in Afrika

Nun darf ich also das erste Mal Weihnachten und Neujahr in Afrika feiern. Es ist schon ein bisschen komisch, bei strahlendem Sonnenschein und 40 Grad Außentemperatur an Weihnachten zu denken. Das »Weihnachtsfeeling« will sich bei mir nicht so recht einstellen, eher eine kleine Spannung, wie hier wohl gefeiert wird. Zuerst beschließen wir, dass wir uns gegenseitig nichts schenken, denn dazu brauchen wir keinen besonderen Anlass.

Wie ich nun erstmals miterlebe, wird hier Weihnachten eher so gefeiert wie bei uns Silvester. Man geht aus dem Haus, feiert und tanzt in Bars und Restaurants. Man ist fröhlich, sitzt mit Freunden zusammen, und wenn das Geld reicht, kauft man sich etwas Gutes zu essen in einer der vielen Garküchen oder Grills, die an diesem Tag auf Hochtouren laufen.

Wir sind natürlich auch im Dorf und treffen sofort Freunde. Heute ist hier kein Mensch alleine. Wir beginnen unsere Tour in einem unserer Lieblingsrestaurants und »arbeiten« uns durchs Dorf bis zur Partymeile, wie ich diesen Ort nenne. An diesem Platz reiht sich nämlich nicht nur Bar an Bar, sondern es gibt auch unzählige Garküchen.

Wir sitzen spätabends draußen bei immer noch gut 22 Grad, was für mich schon sehr exotisch ist, und lassen uns das Essen schmecken. Marcelin hat uns frittiertes Schweinefleisch geholt. Man sucht sich selber die ungekochten Fleischstücke aus und diese werden dann frisch frittiert. An einem anderen Stand kauft man sich dann die gewünschte Beilage oder auch Kochbananen, die immer zum Schweinefleisch angeboten werden. Wir entscheiden uns für diese Variante, da Marcelin weiß, dass ich das sehr gerne mag.

Obwohl Weihnachtsstimmung nach wie vor nicht aufkommt, fühle ich mich trotzdem sehr wohl. Es stimmt einfach alles, das gute Essen, der sternenklare Himmel und die vielen lieben Leute, die mich mögen und neugierig darauf sind, mich kennenzulernen, denn ich bin ja erst seit zwölf Tagen in Bangangté.

Ich finde es schön, dass hier lustig und fröhlich gefeiert wird, denn Weihnachten ist im ursprünglichen Sinne ja eigentlich ein freudiges Ereignis. In Europa wird das so bedächtig und im engsten Familienkreis gefeiert.

Warum feiern wir das eigentlich nicht wie in Afrika? Die Geburt Christi war doch so etwas Großartiges und Einmaliges. Damals sind alle Leute zusammengekommen und haben gefeiert und sich über die Geburt gefreut. Wenn man in Bangangté Weihnachten feiert, könnte man meinen, dieses Ereignis habe eben erst wieder stattgefunden.

An diesem Abend ist auch »Prinz Panja« in Bangangté, ein Freund von Marcelin. Er ist Lehrer in Douala und Musiker wie Marcelin. Er ist kein echter Prinz, dieser Zusatz ist nur sein Künstlername. Mit ihm führe ich ein sehr interessantes Gespräch über Gott und die vielen Arten, wie man an Gott glauben kann. Er erzählt mir, dass er in einer katholischen Schule unterrichtet hat. Er hat außer dem Koran auch die Bibel gelesen und interessiert sich sehr für den Buddhismus. Da er selber asiatische Kampfsportarten betreibt, gehört das für ihn einfach dazu. Er lebte lange nach den Regeln des Buddhismus. Aus jeder Religion hat er das Beste für sich herausgesucht und lebt nun nach seinem eigenen Glauben. Ich finde, es gibt kein besseres Gesprächsthema an Weihnachten als Gott. Von diesem Gespräch werde ich noch lange zehren.

Hier in Kamerun setzt sich heute die Bevölkerung aus ungefähr fünfzig Prozent Christen, zwanzig Prozent sunnitischen Muslimen und dreißig Prozent Anhängern der lokalen, traditionellen Religionen zusammen. Die Animisten betreiben Ahnenkult und glauben an Geister. Für sie ist Gott überall, in allen Dingen, im Feuer und im Wasser, in den Bäumen und allen Pflanzen. Deshalb gibt es so viele verschiedene heilige Stätten. Alle diese Religionen leben hier friedlich zusammen, sind äußerst tolerant gegenüber Andersdenkenden, obwohl jede behauptet, die Wahrheit zu besitzen.

Weit nach Mitternacht verabschieden wir uns, denn wir sind müde und wollen nach Hause. Wir laufen wieder an der Partymeile vorbei. Überall sind die Bars noch voll gut gelaunter, fröhlicher Menschen. Die Leute sitzen friedlich mit Freunden zusammen oder diskutieren, und irgendwo spielt eine Combo fantasievoll verwandelte Volkslieder.

Es ist für mich ein wundervolles Weihnachtsfest.

Zwischen Weihnachten und Silvester sind wir jeden Tag auf der Baustelle und überwachen die Bauarbeiten. Da mir das nicht wirklich liegt, nur dazusitzen und zuzusehen, beginne ich, mit der Machete (großes Buschmesser) den Platz neben dem Haus zu jäten. Es gelingt mir recht gut, mit diesem für mich ungewohnten Werkzeug umzugehen, und ich ernte große Annerkennung von unserem Bauleiter und den Bauarbeitern. Das erfüllt mich natürlich mit Stolz.

Silvester verläuft eigentlich genauso wie Weihnachten, alle feiern draußen. Wir gehen wieder zusammen auf die Partymeile. Zu meinem großen Bedauern ist »Prinz Panja« leider nicht mehr da, ich hätte so gerne mit ihm das interessante Gespräch fortgeführt.

Da wir tagsüber auf der Baustelle gearbeitet haben, sind wir recht müde, vor allem Marcelin. Aus diesem Grund will er schon vor Mitternacht nach Hause. Ich bin ein wenig enttäuscht, ich wollte doch sehen, wie die Bamiléké Silvester feiern. So gerne möchte ich noch die halbe Stunde bleiben, doch Marcelin ist derart müde, dass er schon fast im Stehen einschläft. Ich gebe nach und tröste mich damit, dass wir beide dann zu Hause das neue Jahr begrüßen werden.

Kurz vor Mitternacht sind wir daheim. Ich will mich ins Wohnzimmer setzen, doch zu meinem großen Erstaunen geht Marcelin direkt zu Bett.

Zehn Minuten vor Mitternacht schläft er bereits tief und fest.

Traurig und enttäuscht bleibt mir nichts anderes übrig, als auch unter die Bettdecke zu schlüpfen. Ich denke nur: Wahrlich ein toller, aufregender, erster Silvester in meiner neuen Heimat!

So schlafen wir beide ins Jahr 2006 hinüber.

Der Januar zieht ins Land, und damit beginnt unsere schwierigste Zeit. Der Rest des Pensionskassengeldes geht langsam zur Neige. Bereits Mitte Januar sind wir total pleite und haben beide kein Einkommen. Marcelin hat sich immer um den Hausbau gekümmert, was auch sehr wichtig ist, und ich war auch ohne Beschäftigung. Wo hätte ich auch etwas finden sollen?

Am 28. Januar, meinem Geburtstag, besuchen wir Nicole, eine Schwester von Marcelin, um überhaupt etwas zu essen zu bekommen. Marcelin konnte heute leider keine seiner Musikkassetten verkaufen, sodass wir völlig mittellos waren und nichts einkaufen konnten. Diese Einnahmequelle wird auch immer unsicherer, da Musik heutzutage häufig kopiert wird.

Wir sind beide nicht sehr glücklich über diese Situation und erwähnen deshalb auch nicht, dass ich Geburtstag habe. Hier ist es nämlich wie in Europa üblich, dass das Geburtstagskind eine Runde ausgibt, doch wir haben absolut kein Geld mehr. Hätten wir noch welches, würde mir Marcelin eine Cola kaufen, doch nicht mal dafür reicht es.

Nicole ist etwas kleiner als ich, bildhübsch und sieht jünger aus, als sie wohl ist. Sie hat die typischen afrikanischen Rundungen, die sie schlank erscheinen lassen.

Recht früh gehen wir nach Hause, sitzen noch ein wenig im Wohnzimmer und reden über alles Mögliche, bis es Zeit ist, zu Bett zu gehen.

Weil ich meine Abendtoilette nach Marcelin mache, komme ich erst ins Schlafzimmer, als er schon im Bett liegt. Ich ziehe mich aus, wir schlafen beide nackt. Um in meine Betthälfte an der Wand zu gelangen, muss ich über Marcelins Beine steigen. Als ich mich zudecken will, sagt er mir, ich soll mich noch einmal aufsetzen. Ich tue ihm den Gefallen und frage mich, was das wohl bedeuten soll.

Einen Augenblick lang betrachtet er mich und sagt dann: »Du bist schwanger.«

Ich schaue ihn verblüfft an und frage: »Wie willst du das wissen? Das ist unmöglich!«

Ganz ruhig erklärt er mir: »Deine Brüste haben sich verändert, du bist schwanger.«

»Was, wie sollen sich die verändert haben?«, frage ich.

»Sie haben sich gesenkt«, erhalte ich zur Antwort.

Mit einer leichten Verblüffung kläre ich ihn auf: »Du weißt aber, dass das in unseren Breitengraden gar nicht als Kompliment gilt, einer Frau zu sagen, dass sich ihre Brüste gesenkt hätten.«

Er versucht sich zu verteidigen: »Es ist aber so.«

Mit einem »Nein, die haben sich nicht verändert!« ist das Thema für mich erledigt und ich denke auch nicht mehr darüber nach.

In diesen Tagen lerne ich, das Quellwasser zu trinken wie die Einheimischen. Am ersten Tag versuche ich wirklich nur einen Schluck, um auszuprobieren, ob mein Magen es verträgt. Am nächsten Tag habe ich absolut keine Probleme. Also kann ich es auch trinken.

Doch so ganz traue ich dem Wasser nicht und will es vorsichtshalber abkochen. Der Versuch scheitert kläglich. Ich koche zwar das Wasser und fülle es nach dem Abkühlen in Flaschen um, doch den ersten Schluck spucke ich sofort wieder aus. Das Wasser riecht nach Metall, Seife und Fett. Ich weiß zwar nicht, aus welchem Material die Kochtöpfe hier bestehen, doch das Fett ist schwer zu entfernen, darum braucht man viel Seife und vom vielen Scheuern setzt sich der Metallgeschmack frei.

So entschließe ich mich, das Wasser auch ungekocht zu trinken. Ich filtere es nur durch ein Papiertaschentuch, um den groben Schmutz zu entfernen, wie zum Beispiel tote Fliegen, die kleinen roten Wasserwürmer oder ganz einfach Erde oder Sand. Seither trinke ich das Wasser immer so und hatte nie Probleme mit dem Magen. Vielleicht werde ich bereits zu einer Afrikanerin.

Kapitel 12

Mein erster Besuch beim König

Schon seit einigen Tagen redet Marcelin vom Besuch beim König in der Chefferie Supérieure und überlegt fieberhaft, was für ein Geschenk er ihm wohl mitbringen könnte. Er entscheidet sich für einen traditionellen Spazierstock aus Holz und natürlich sein neues Album »MANGAILA«, das er erst kürzlich zusammen mit seiner »Groupe Africa Sanza« aufgenommen hat.

Die Zanza (oder auch Sanza) ist ein recht interessantes, afrikanisches Instrument, das zur Gruppe der Idiophone gehört. Marcelin spielt oft darauf, wenn wir zusammen auf der Terrasse sitzen. Es besteht aus einem rechteckigen Holzbrettchen, auf dem eine Reihe abgestimmter Zungen aus Metall montiert ist. Diese Zungen sehen fast so aus wie Löffelstiele und laufen über einen Steg, sodass sie an dem einen Ende frei schwingen und gezupft werden können. Bei manchen dieser Instrumente befinden sich auf der linken Seite längere Lamellen für den Bass. Dann können auch noch Flaschendeckel (Bier oder Cola) auf einem Blechteil montiert werden, die einen scheppernden Rhythmus dazu erzeugen.

Marcelin ist aufgeregt und freut sich darauf, mir das Zuhause zu zeigen, wo er einen Teil seiner Kindheit verbracht hat. Die Aufregung verstehe ich nicht ganz. In den Ferien im letzten Herbst waren wir ja bereits zusammen in der Chefferie Bametcha, was nach meinem Empfinden nichts Besonderes war.

Nun soll es also heute zum König in die Chefferie Supérieure gehen. Was soll dort schon anders sein? Dass etwas anders sein würde, merke ich schon sehr bald.

»Wir müssen uns saubere, frische Kleider anziehen, in die Chefferie Supérieure geht man nicht mit schmutzigen Kleidern«, erklärt mir Marcelin. »Eigentlich wäre es sogar angebracht, in traditioneller Kleidung zu erscheinen.« Aber da ich noch keine besitze, ist das für mich nicht möglich. Zum Glück weiß Marcelin, dass der König diesbezüglich nicht so streng auf Etikette achtet, sich großzügig zeigt und bei ihm sowieso ein Auge zudrückt.

Bevor es also losgeht zum Königshof, bitte ich Marcelin, mir nun doch mal etwas ausführlicher über seine Ahnen zu erzählen, denn das ist gerade der richtige Augenblick dafür. »Also, hör gut zu«, beginnt Marcelin fast ein wenig feierlich, und sein Blick schweift in die Ferne, mit der rechten Hand hält er das Geschenk für den König umklammert:

»Unsere Dynastie reicht bis zum Ende des 17. Jahrhunderts zurück.

Mein Großvater Njiké II. Salmo war Anfang 1900 König in Bangangté. Bevor er 1940 verstarb, hatte er 150 Frauen, von denen allerdings 40 bereits vor ihm starben, und 380 leibliche Kinder. Für seine Nachfolge als König bestimmte er Pokam Njiké Robert, meinen leiblichen Vater.

Nun will es die Tradition der Bamiléké, dass der neue Stammesführer bestimmt, welche Frauen vom Vorgänger am Hof bleiben dürfen und welche den Hof verlassen müssen. Der neue König Njiké Pokam Robert, also mein Vater, bestimmte 1943, dass alle Frauen am Hof bleiben müssen. Dadurch wurden sie automatisch auch die Frauen meines Vaters. So kam mein Vater zu 110 Frauen. Das Bleiben am Hof sichert natürlich auch ihre Existenz, da sie ihr Haus und ihre Pflanzungen behalten können und ein Leben lang unterstützt werden.

Natürlich hatte er noch eigene Frauen dazu ausgewählt. Die erste, und somit »First Lady«, die er geheiratet hat, war meine Mutter. Sie ist eine echte Prinzessin und stammt aus der Chefferie Bametcha, wo wir heute leben. Leider war sie aber nicht die erste Frau meines Vaters, die schwanger geworden ist und ein Kind bekommen hat. Andere, später dazugekommene Frauen wurden schneller schwanger.

Obwohl ich dadurch nicht der älteste Sohn war, aber doch der Erstgeborene meiner Mutter, also der »First Lady« am Hofe, wollte mein Vater eigentlich, wie ich später erfuhr, dass ich nach ihm König würde.

Es ist nämlich so, dass der Stammesführer heimlich seinen Würdenträgern mitteilt, wen er sich später als Nachfolger wünscht. Der so Ausgewählte darf dies aber nicht erfahren, sondern soll möglichst unbeschwert aufwachsen. Dadurch ist auch gewährleistet, dass er sein Volk sehr gut kennt.

Doch es kam anders: Mein Vater Njiké Pokam Robert verstarb bereits 1974, als ich erst 14 Jahre alt war und damit zu jung, um das schwere Amt des Stammesführers zu übernehmen. Die Verantwortung wäre viel zu groß für mich gewesen.

Zu dieser Zeit besuchte ich im 180 Kilometer entfernten Ndoungue bei Nkongsamba die Schule und kam nur zur Beerdigung meines Vaters in unser Dorf zurück.

Mein Vater hinterließ ungefähr 80 Frauen und 255 leibliche Kinder.

Als zweiten Anwärter auf den Königsthron hatte er den um einige Jahre älteren Njimouluh Seidou bestimmt. Doch dieser lebte gerade in Deutschland. Da also weder ich noch Njimouluh Seidou zum neuen König ernannt werden konnte, musste vom königlichen Parlament jemand anderes bestimmt werden.

Sobald die Auswahl getroffen ist, wird der Auserwählte »gefangen genommen« und in eine Initiationshütte gebracht. Dort wird er über viele Monate unzählige Riten über sich ergehen lassen müssen, bis er dann endlich, nach ein bis drei Jahren der Vorbereitung, den Thron besteigen kann. Und zwar erst dann, wenn eine seiner Frauen ein Kind geboren hat.

1974, also nach dem Tod meines Vaters, fiel die Wahl auf meinen aus Yaoundé zurückgekehrten Bruder Njiké François (im europäischen Sinne Halbbruder, denn seine Mutter war Mamfen Ketchiamen).«

Nach einer kurzen Verschnaufpause fährt Marcelin fort:

»Doch erst drei Jahre später erfuhr ich, dass François den Platz meines Vaters eingenommen hatte. 1977 heiratete er Claude Njiké-Ber-

geret, die Französin, die hier in Bangangté geboren wurde. Ihre Eltern kamen als Missionare nach Bangangté, und sie wurde als letztes ihrer drei Kinder hier geboren. Das Land für den Bau der Mission und die Schule hatte mein Großvater den Eltern von Claude auf dem Hügel von Mfetom zur Verfügung gestellt.

Unerwartet verstarb Njiké Pokam François bereits 1987. (Pokam ist der königliche Name.) Er hinterließ 35 Frauen und 45 leibliche Kinder.

Da er nach nur 13 Jahren am Königshof völlig überraschend verstarb, hatte auch er die Nachfolge noch nicht selber bestimmt, und so musste wieder das königliche Parlament eine Entscheidung treffen.

Diesmal nun wählten sie den inzwischen aus Deutschland nach Bangangté zurückgekehrten Njimouluh Seidou. Diesem Ruf an den Königshof, das gebietet ein uralter Kodex, muss Folge geleistet werden. So ist Njimouluh Seidou Pokam nun seit 20 Jahren Stammesführer von Bangangté. Zurzeit hat er 70 Frauen und 75 Kinder.«

»Ah ja, das ist doch der, den ich im Fernsehen gesehen habe«, kann ich mich nicht zurückhalten, Marcelins fesselnde Erzählung kurz zu unterbrechen.

»Ja, das ist alles richtig.«

»Und nun werde ich ihn sogar persönlich kennenlernen, das ist wirklich sehr spannend, so etwas hätte ich mir nie träumen lassen.«

Nach dieser kurzen Pause fährt er fort und sein Gesicht nimmt einen weichen Zug an:

»Mein Vater war übrigens ein stattlicher, würdevoller Mann, gerecht und geduldig gegenüber seinem Volk, das ihn deswegen sehr liebte. Er verfügte auch über übernatürliche Kräfte. Man nannte ihn Paho. Sein Totem war der Panther, den nur der Häuptling oder seine mächtigsten Söhne wählen dürfen. Dass mein Vater, wie ich mal erzählte, insgesamt um die 800 Kinder und 150 Frauen hatte, stimmt wirklich. Jetzt muss ich aber endlich auch erklären, wie es zu dieser großen Anzahl Kinder, beziehungsweise für mich Geschwister gekommen ist.

Alle Kinder, die mein Großvater, mein Vater und dann die fol-

genden Könige zeugten, gelten als meine Geschwister. Denn hier, in der Tradition der Bamiléké, zählt nicht der direkte Verwandtschaftsgrad, sondern der Status. Alle Kinder, die am Königshof geboren wurden, sind also meine Geschwister, unabhängig davon, ob sie früher oder später geboren sind und wer der leibliche Vater ist, es sind ganz einfach alle meine Geschwister.

So wie auch der amtierende König immer mein Vater bleiben wird, auch wenn er halb so alt wäre wie ich.

Mit den Frauen ist es so, dass nicht alle stets am Königshof bleiben, einige sind nur kurze Zeit am Hof. Das heißt, sie können bei Nacht und Nebel verschwinden, so einfach ist das. Andere sterben, und immer wieder nimmt sich der Stammesführer neue Frauen dazu. Je mehr Frauen er hat, umso angesehener ist er! So variiert ihre Zahl ständig.

Übrigens können die Stammeshäuptlinge ohne weiteres auch weiterhin ihren Beruf ausüben. So findet man heute darunter auch Ärzte, Journalisten und Geschäftsleute, aber auch viele Landwirte. Die Macht des Königs ist recht groß. Er muss unter anderem geschäftlichen Streit schlichten, ist aber auch für Landzuteilungen zuständig.«

»Hast du nun verstanden, Chérie?«, fragt mich Marcelin liebevoll, nachdem er seine für mich hochinteressante Erzählung beendet hat.

»Ja, jetzt habe ich den Durchblick über eure komplizierten verwandtschaftlichen Verhältnisse, die natürlich für uns Europäer nicht leicht nachvollziehbar sind. Später einmal musst Du mir aber dann unbedingt auch noch etwas ausführlicher erzählen, was du in all den Jahren gemacht hast, als ich noch in der Schweiz lebte.«

»Sicher werden wir auch dafür einmal einen geeigneten Moment finden«, beendet Marcelin seine spannende Familiensaga und wickelt den Spazierstock für den König und seine neue Musikkassette fein säuberlich in Zeitungspapier ein, Geschenkpapier hat er nicht. Zu meinem Erstaunen benötigt er zum Zukleben eine ganze Rolle Klebestreifen. Der König wird seine Mühe haben, dieses Geschenk auszupacken!

Anschließend machen wir uns zu Fuß auf den Weg, da es

nicht weit von unserer Wohnung entfernt ist, wie Marcelin sagt. Nach einiger Zeit wage ich zu fragen, wie lange es noch dauern wird, bis wir dort sind. »Gleich da hinten«, ist seine Antwort.

Das »gleich da hinten« entpuppt sich als afrikanische Wegbeschreibung, denn wir sind bereits knapp eine Stunde unterwegs!

Wenn Sie einen Afrikaner nach einem Weg fragen und sie bekommen zur Antwort: »Gleich da hinten«, kann sich das ohne Probleme um einen Fußmarsch von dreißig Minuten handeln. Große Distanzen sind für Afrikaner kein Problem.

Kurz vor der Chefferie schwenkt Marcelin auf die andere Straßenseite. Da steht das Haus von seinem Freund aus Kindertagen. Und tatsächlich steht sein Freund vor dem Haus und erkennt Marcelin trotz Rasta auch nach vielen Jahren sofort. Er kommt freudig auf uns zugelaufen. Bevor er mich begrüßt, umarmt er Marcelin sehr herzlich und ausgiebig. Er begleitet uns auf dem Weg zur Chefferie und die beiden sprechen über vergangene Zeiten. Ich verstehe kein Wort, denn sie unterhalten sich auf Medumba, dem Dialekt der Bamiléké. Wir erreichen die Straße zur Chefferie. Oben auf dem Hügel vor dem Eingang zur Chefferie, bleibt Marcelin stehen und fragt mich: »Siehst du den Unterschied? Ist alles ein bisschen größer hier, oder?«

Ich spüre, wie es in mir vor freudiger Erwartung zu kribbeln beginnt. Nachdem ich mich wieder gefangen habe, antworte ich: »Natürlich, der Unterschied ist wirklich nicht zu übersehen.«

Und wie!

An die Straße grenzt ein großer Vorplatz. Dieser Königshof ist flächenmäßig der größte des Bamiléké-Landes. Zur Chefferie hinunter geht es zuerst durch ein riesiges Portal mit den traditionellen Bambuspyramidentürmchen, wie man sie hier vielerorts sieht. Dann stehen wir vor einer großen, hundertzwanzig Meter langen Allee, an der entlang zwei Straßen hinunterführen. Die rechte Straße ist die Einfahrt, die linke die Ausfahrt. Allerhöchstens zu Fuß darf man die »falsche« Seite benutzen. Wir laufen also auf der rechten Seite hinunter. Links und rechts der Straße stehen große Bäume, durch deren Schatten es hier richtig angenehm ist.

Hinter Palisaden aus Strauch- und Bambushecken stehen die Frauenhäuser des Königs.

Weiter unten kommt man zum Parkplatz. Dieser ist hauptsächlich für den König und auserlesene Leute bestimmt. Der normale Besucher-Parkplatz ist ganz vorne.

Vor dem Königshaus stehen zwei lebensgroße Holzstatuen früherer Könige, nämlich von Marcelins Großvater Njiké Pokam II. Salmo und seinem leiblichen Vater Njiké Pokam Robert. Das ist für mich sehr beeindruckend.

Dann stehen wir vor dem Palast, einem langen Gebäude aus schwarzem Vulkangestein.

»Ganz rechts außen«, so erklärt mir Marcelin voller Stolz, »ist das Zimmer, in dem ich geboren wurde und aufgewachsen bin!«

Wir gehen um das Haus herum auf den Hof und lassen uns anmelden. Selbst Marcelin kann hier nicht einfach so ins Haus treten, und schon gar nicht unangemeldet wie in der Chefferie Bametcha.

Auch hier finden sich überall Bambusumzäunungen mit Pyramidentürmchen, die allerdings schon bessere Zeiten gesehen haben. Aber das stört niemanden.

Da ich so mit neuen Eindrücken beschäftigt war, bemerke ich erst jetzt, das Marcelins Freund weggegangen ist.

»*Unterhalb des Palastes*«, erklärt mir Marcelin, »*befinden sich die Heiligen Wälder, die jeden Hof eines Stammesführers umgeben. Dort darf kein Holz gesammelt oder sonst etwas aufgelesen werden, deshalb geht auch niemand dorthin. Dadurch umgibt diesen Ort etwas Geheimnisvolles. Nur Geheimbünde treffen sich dort, um bestimmte Riten durchzuführen.*

Es gibt auch einen kleinen See, der einzig und allein dem Stammesführer gehört und von niemand anderem in irgendeiner Weise berührt oder betreten werden darf. Auch heilige Quellen soll es dort geben, die jedoch ohne die dichte Vegetation der Wälder längst ausgetrocknet wären.«

»Ah, wenn man das so hört, könnte man sich dort sehr gut Feen und Elfen vorstellen. Das wäre der richtige Ort, an dem sich Märchen abspielen könnten«, unterbreche ich kurz seine Erklärung.

»Auch der Friedhof meines Großvaters Tchatchoua befindet sich am Rande dieses Heiligen Waldes. Der Platz seiner Nachfolger dagegen befindet sich nahe beim kleinen Palast des Stammesführers. Es gibt übrigens auch einen kleinen Heiligen Wald der Kinder.«

Nach einer Weile fügt Marcelin mit leichtem Stolz in der Stimme noch an:

»Nur weil wir unsere Traditionen auch heute noch sehr ernst nehmen und respektieren, sind all diese Orte in ihrer ursprünglichen Art erhalten geblieben, sonst wäre alles längst abgeholzt worden. Tradition und Moderne haben sich bei uns zu einer gelungenen Synthese verbunden«, philosophiert Marcelin weiter.

Wir warten vor dem Eingang, bis wir von einem der Notabeln abgeholt und ins königliche Wohn- und Empfangszimmer geführt werden. Notabeln sind Angehörige der sozialen Oberschicht, deren Ansehen auf einem hohen Rang oder einem großen Vermögen beruht, also höhergestellte Bürger.

Das Zimmer ist sehr lang. Als wir eintreten, verschwinden hinter einer der Türen mehrere Kinderköpfe.

Im Palast gibt es, wie mir Marcelin berichtet, Strom, fließendes Wasser, Telefon und alle Dinge, die für eine Chefferie notwendig sind.

Der König sitzt erhöht an der schmalen Seite des Raumes. Kaum sind wir eingetreten, begrüßen wir das Stammesoberhaupt mit dem afrikanischen Hofknicks. Nun beginnt das Begrüßungsritual. Ich klatsche, wie Marcelin es mir gezeigt hat, zweimal in die Hände und öffne sie dann wie eine Blüte (oder wie wenn ich aus den Händen Wasser trinken würde), um darin mein Gesicht andeutungsweise zu verbergen.

Marcelin klatscht auch zweimal in die Hände, macht dann

aber mit der rechten Hand eine Faust, und mit der linken Hand hält er die rechte Faust wie auf einem Teller, anschließend hält er die Hände vor den Mund, so als möchte er in die Faust blasen. Das bedeutet, dass man den König respektiert und ihn nie beim Reden unterbricht.

Der König bittet mich, Platz zu nehmen. Ich setze mich auf einen freien Stuhl in der Nähe des Königs. Marcelin bleibt gleich bei der Tür stehen. Er darf sich auf dem ganzen Königsgelände höchstens auf den Boden setzen. Das ist die kamerunische Art der Respekterweisung ans Elternhaus und an den Königshof. Nun bittet der König Marcelin, er möge sprechen.

Marcelin erklärt, dass er gekommen sei, um ihm seine zukünftige Frau vorzustellen. Die beiden unterhalten sich. Dann fragt mich der König, aus welchem Land ich komme. Er berichtet mir, dass er auch schon in der Schweiz gewesen sei, in Utzenstorf!

»Das ist ja nicht weit entfernt von Bern«, sage ich erfreut und auch überrascht zu ihm (für afrikanische Verhältnisse gleich um die Ecke, wie ich ja inzwischen aus Erfahrung weiß).

Dann möchte er von Marcelin wissen, wie wir uns kennengelernt haben. Dazu muss ich sagen, dass Marcelin auch ein begabter Gitarrist ist. Er ist nicht nur landesweit und in Benin und Elfenbeinküste bekannt, sondern hat auch in Frankreich an einer Open-Air-Tour teilgenommen, bei der auch die Band von Rita Marley (Bob Marleys Frau) mitspielte.

Deshalb haben wir uns entschieden, dem König es so zu erklären, dass wir uns bei einem von Marcelins Konzerten in der Westschweiz kennengelernt hätten, anstatt ihm die ganze Internet-Story zu erläutern.

Der König fragt nach keinen weiteren Details. Dann erkundigt er sich, wie ich zu Marcelin stehe. Da ich leider sein Französisch schlecht verstehe, kann ich ihm nicht antworten. Er hakt nach und fragt mich, ob ich Marcelin liebe.

»Ja!«, antworte ich aus voller Überzeugung.

Diese Frage habe ich verstanden. Ob dies auch der Grund sei, warum ich hier bin?

»Ja! Und nochmals Ja! Ich liebe ihn von ganzem Herzen und will mit ihm hier leben.«

Ich kann den König von meiner ehrlichen Absicht überzeugen. Anscheinend bekommt man hier nicht einfach so einen Prinzen, denke ich für mich. So wie es aussieht, habe ich wohl die Prüfung bestanden, denn er begrüßt mich nun als neues Familienmitglied und freut sich, dass ich hier bin. Toll, ich habe es wirklich geschafft!

Er erklärt mir, dass ich jederzeit am Königshof willkommen sei und ich mich hier auf dem ganzen Gelände frei bewegen und mir auch die Häuser seiner Frauen anschauen dürfe.

Wir bedanken und verabschieden uns. Zu Marcelin sagt er, dass draußen gleich eine Gerichtsverhandlung stattfinde, bei der wir zuschauen dürften. Nach diesen Worten ist er auch schon durch die hintere Türe verschwunden. Wir gehen durch die vordere Tür hinaus. Draußen kann ich es kaum erwarten, mit Marcelin über den tollen Empfang beim König zu sprechen.

Auf dem Hofplatz sind die Leute bereits für die traditionelle Gerichtsverhandlung versammelt. Etwas davon entfernt, weil wir nichts damit zu tun haben, darf ich mich auf einen Stuhl setzen. Da die Verhandlung draußen unter freiem Himmel stattfindet, würde ich gerne eine Zigarette rauchen. Ich frage Marcelin, ob dies erlaubt sei. Er verneint. Während wichtigen Verhandlungen oder Ereignissen darf generell nicht geraucht werden, auch wenn sie draußen stattfinden. Dazu kommt, dass der König Nichtraucher ist.

In der Verhandlung geht es darum, dass einer von den zwei angeklagten Männern seinen Chef bestohlen hat. Der Chef hat um diese Verhandlung gebeten, weil er nicht weiß, welcher von beiden der Dieb ist.

Das Problem wird auf traditionelle Weise gelöst. Dabei wird viel gesprochen und vorbereitet und es folgt ein langes Prozedere. Leider sitzen wir weit weg, so dass ich nicht alles genau mitverfolgen kann. Es gibt viele Helfer und Zeugen. Der König selber spricht nicht viel. Er lässt sich das Anliegen des Chefs ganz genau erklären. Die Protokollführer wissen, was zu tun ist. Als der König ein Zeichen gibt, beginnen sie mit dem Ritual.

Dann sehe ich nur, dass die zwei Verdächtigen etwas essen oder trinken müssen. Man gibt ihnen Körner oder kleine Steine, die sie beide mit der rechten Hand, in genau vorgeschriebener Weise, so weit wie möglich über die Mauer des Königshofes werfen müssen. Beim Zurücklaufen auf den Gerichtsplatz müssen sie die Hände hoch halten und die Handflächen zeigen, damit man sieht, dass sie leer sind. Längere Zeit stehen alle Leute eng um die beiden Verdächtigen. Plötzlich öffnet sich der Kreis und es wird auf einen der Verdächtigen gezeigt. Marcelin erklärt mir später, dass er rote, schmerzende und tränende Augen hatte. Nun werden ihm die Augen ausgewaschen. Der König spricht das Urteil.

Jetzt bin ich richtig neugierig geworden und will von Marcelin wissen, was sich da genau abgespielt hat. Dies ist jedoch erst auf dem Nachhauseweg möglich, da für alle Zuschauer ein striktes Sprechverbot galt.

»Bei dieser Verhandlung wurde »Cadis« angewendet, was nur noch hier im Gebiet der Bamiléké, und zwar ausschließlich am Königshof Brauch ist. Cadis ist das Gebräu der Gerechtigkeit. Wenn jemand eines Vergehens verdächtigt wird, aber nicht gesteht, wird er vom Stammesführer aufgefordert, unverzüglich den Cadis zu trinken. Wenn er lügt, schwellen seine Augen an und werden rot. Mit dem richtigen Gegenmittel normalisiert sich der Zustand dann wieder.«

Anscheinend wird die Wahrheit tatsächlich so gefunden, denn der Dieb nahm seine Verurteilung schweigend an.

»Es gab früher auch noch andere Arten von Cadis«, erklärt mir Marcelin weiter. »Wenn beispielsweise zwei Parteien vor Gericht erscheinen müssen, bringen beide je einen Hahn mit und diesem wird Cadis verabreicht. Dem Schuldigen werden dann die Augen ausgebrannt. Dieser Cadis besteht aus Cayennepfeffer.

Man kann einen Schuldigen auch mit einer Schildkröte ermitteln. Man stellt sie dazu in die Mitte der beiden Kontrahenten auf den Boden. In der Richtung, die das Tier dann einschlägt, befindet sich der Schuldige. Angeklagter und Kläger haben vor dem Prozess einen kleinen Geldbetrag zu bezahlen. Sie können auswählen, nach welchem Verfahren vorgegangen werden soll. Selbstverständlich entscheidet dann der Stammesführer, ob er mit der Wahl einverstanden ist. Todesstrafen werden keine verhängt. Höchstens Verbannung für eine schwerwiegende Tat.«

Diese für europäische Verhältnisse doch sehr andere Art einer Gerichtsverhandlung finde ich sehr spannend.

Zuerst hatte ich die ganze Audienz gar nicht so richtig ernst genommen und gedacht, das sei nicht zu vergleichen mit europäischen Fürstenhöfen. Nein, es ist wirklich nicht zu vergleichen (natürlich, ich war noch nie bei Prinz Charles im Buckingham Palast…), aber es gibt auch hier für alles ein Protokoll und eben auch Protokollführer, die für dessen Einhaltung sorgen. Die traditionelle Umgangsform wird hier strikt befolgt und geachtet.

Jede Gemeinde hat eine sogenannte Chefferie. Das Bamiléké-Land ist in insgesamt 80 Chefferien eingeteilt. Dorthin kann man sich IMMER wenden, wenn es irgendwelche Probleme gibt. Sei es mit dem Grundstück, wegen Streitigkeiten, Diebstahl, Scheidungen, einer Hochzeit oder gesundheitlichen Problemen. Eine Chefferie ist also Gericht, Schlichtungsstelle, Gemeindeverwaltung, Grundbuchamt und Infostelle in einem.

Nun kenne ich den Unterschied zwischen einer normalen Chefferie und einer Chefferie Supérieure. Ich bin sehr stolz, der Chefferie Supérieure und der Chefferie Bametcha anzugehören. Weshalb ich zu beiden gehöre, will ich gerne erklären. Marcelins Mutter ist an der Chefferie Bametcha als erste Tochter, und somit als Prinzessin aufgewachsen. Sie verliebte sich in Marcelins Vater, den König der Chefferie Supérieure. So wurde seine Mutter First Lady von Bangangté, ohne die Rechte und den Einfluss an Bametcha zu verlieren.

Belle femme

Je vais vous raconter une histoire.
Je sortais avec une fille qui ma raconté des boubardes,
les vraies boubardes.
Que si jamais elle me quitte que je voulais plus de femme,
de femme, de belle femme
Je me suis décidé, ho
Je suis parti au Congo il y a que de belles femmes.
Je reviens ou Cameroun il y a que de belles femmes.

Il y a que des belles femmes, il y a que de belles femmes

Je monte au Sénegal il y a que de belles femmes
Je reviens à Bamako il y a que de belles femmes
Je décends en Côte d'Ivoire il y a que de belles femmes
Je monte à Marcory il y a que de belles femmes
Je reviens à Trechville il y a que de belles femmes

Il y a que des belles femmes, il y a que de belles femmes

Il faut donner ton cœur, ma chérie à celui qui connait ta valeur
la vraie générosité envers l'avenir
Consiste à tout donner au présent comme ma maman ha…ha

Il n y a que de belles femmes, il n y a que de belles femmes.

Text und Musik von »Pokouma«

Kapitel 13

Unendliches Warten auf den Container

Am 14. Januar sollte das Schiff mit meinem Container ankommen. Wir rufen deshalb am Hafen von Douala an, um uns nach dem Standort des Schiffes zu erkundigen. Damit beginnt eine sehr lange Misere. Uns wird mitgeteilt, dass das Schiff Verspätung hat und noch nicht im Hafen angelangt ist. Wir bitten, uns zu informieren, sobald das Schiff eingetroffen ist. Mit den Worten »Natürlich werden Sie umgehend angerufen, wenn das Schiff eintrifft«, werden wir beruhigt, und leider glauben wir dieser Information. Wir haben noch nie auf einen Container gewartet und daher keine Ahnung, wie viele Tage oder Wochen Verspätung so ein Schiff haben kann. Die ersten Wochen machen wir uns deshalb keine Sorgen, es wurde uns ja versichert, dass wir sofort informiert würden, wenn das Schiff ankommt.

Wir warten und warten, aber es tut sich nichts.

Nachdem bereits ein Monat verstrichen ist, beginnen wir doch langsam, uns Sorgen zu machen. Regelmäßig versuchen wir, am Hafen anzurufen. Doch wir schaffen es während der ganzen Woche nicht einmal, mit einer zuständigen Person zu telefonieren. Was wir auch nicht wussten: In Afrika sind der Bürobetrieb und die damit verbundenen Telefonanrufe nicht so wichtig. Vielleicht ist die dafür verantwortliche Person gerade in den Ferien und es gibt keinen Stellvertreter, das stört dort niemanden, man findet sich damit ab.

In der Zwischenzeit versuchen wir, das notwendige Geld aufzutreiben. Wir hoffen, bei der Bank mit Diamant-Ohrringen als Garantie einen Kredit zu bekommen. Diese Ohrringe bekam ich von meiner guten Freundin Bea als Abschiedsgeschenk vor meiner Auswanderung. Klar, dass ich mich deshalb nur ungern davon trennen würde. Aber im Notfall muss es eben sein.

Leider müssen wir feststellen, dass wertvoller Schmuck als Garantie in ganz Afrika und besonders hier in Kamerun nicht bekannt ist. Das bedeutet für uns: keine Schmuckkenntnisse, keinen Kredit!

Wir versuchen es bei Verwandten von Marcelin, doch so viel Geld kann uns keiner leihen. Wir überlegen uns auch, Land zu verkaufen. Marcelin besitzt zwar viel Land, aber die Bodenpreise sind hier viel niedriger als in Europa. Bei dieser Variante hätten wir einerseits das Land nicht mehr, aber andererseits würde der Erlös auch nicht ausreichen, um den Container auszulösen. Dann frage ich Marcelin: »Wie wäre es, wenn wir Pierre um eine Kredit bitten und das Haus als Garantie geben?« Pierre ist ein reicher Kameruner aus Bangangté, der durch zwielichtige Regierungsgeschäfte zu viel Geld gekommen ist. Zurzeit lässt er ein vierstöckiges Hotel in Bangangté bauen. Marcelin klärt mich über die üblichen Geschäftspraktiken in Bangangté auf:

»Ja, wir kämen sicher mit ihm ins Geschäft, wahrscheinlich würde er uns das Geld auch geben, aber das würde bedeuten, sobald wir ihm das Haus als Sicherheit anbieten, würde er uns zwei Wochen nach der Vertragsunterzeichnung das Haus in jedem Fall wegnehmen, egal, ob wir den Kredit zurückbezahlen können oder nicht. So läuft das. Und das Haus will ich niemals aufs Spiel setzen.«

»Ja, da hast du recht, das ist sehr vernünftig.«

Ich weiß mir keinen Rat mehr, wir haben alle Möglichkeiten ausgeschöpft. Es bleibt mir nichts anderes mehr übrig, als meine Familie um Geld zu bitten.

Meine Eltern leben von der Rente und haben selber nur das Nötigste zum Leben. Ich frage meinen Bruder Ruedi. Am Telefon erkläre ich ihm sehr ausführlich, wie dringend wir das Geld brauchen und wir bereits alle Möglichkeiten ausgeschöpft haben. Er ist unsere allerletzte Hoffnung. Nach langem Zögern hat er doch Verständnis und schickt uns achthundert Franken, wofür wir ihm sehr dankbar sind. Wir hoffen, dass dieser Betrag reichen wird, denn wir haben keine Ahnung, was es kosten wird, den Container auszulösen.

Aber zunächst geht die Warterei weiter.

Marcelin wird nun doch langsam unruhig und traut der Sache nicht mehr. Ende Februar fährt er nach Douala, um sich vor Ort über den Stand der Dinge zu erkundigen. Am Nachmittag kommt er dort an. Es ist schon zu spät, um noch zum Hafen zu fahren, deshalb übernachtet er bei seinem Cousin, der in Douala lebt. Nachdem er den nächsten Tag im Hafen verbracht hat, ruft er mich am späteren Nachmittag an und bittet mich, unbedingt nach Douala zu kommen.

»Da die Papiere auf unser beider Namen lauten, musst du auch vor Ort sein«, erklärt er mir.

»O.K., und was mache ich mit den Hunden? Die können nicht alleine bleiben! Wer füttert sie?«, frage ich ihn etwas ratlos.

»Du kochst Reis für drei Tage vor und gehst zu meinem Schwager Jacques. Eines seiner Kinder soll die Hunde zweimal pro Tag füttern. Ich werde Jacques auch noch anrufen und ihn bitten, dass er dich morgen zum Bus bringt.«

Dann berichtet er mir noch, dass das Schiff bereits seit dem 16. Januar im Hafen ist! Man hat uns ganz einfach nicht informiert, obwohl wir immer wieder dort angerufen haben.

»Das gibt ja tolle Standgebühren«, sage ich mit einem tiefen Seufzer, denn Herr Schweizer von der Firma Transcargo hatte mir erklärt, dass für jeden Tag, den der Container im Hafen steht, eine Standgebühr erhoben wird.

Aber bevor ich mir den Kopf zermartere, koche ich den Reis und gehe zu Jacques. Marcelin hat ihn bereits informiert. Seine Frau Nicole, Marcelins Schwester, und die Kinder werden sich abwechselnd um die Hunde kümmern. Wir verabreden uns für zehn Uhr am nächsten Tag, damit ich den Bus noch vormittags erwische. Ich gehe wieder nach Hause und verbringe den Abend alleine mit den Hunden. Zu viele Gedanken mache ich mir nicht, wir müssen abwarten, was auf uns zukommt.

Nachdem ich die Hunde am Morgen versorgt habe, gehe ich zur verabredeten Uhrzeit zu Jacques. Wir marschieren zusammen zum Busbahnhof, wo ich mir ein Ticket nach Douala kaufe. Während Jacques sich nach der Abfahrtszeit erkundigt, betrachte ich ihn heimlich von der Seite. Er ist groß und kräftig und sein Gesichtsausdruck lässt darauf schließen, dass er ein gutmütiger Mensch ist. Der Busfahrer erklärt ihm, dass die Abfahrt frühestens um 14 Uhr sein wird.

Der Bus, der seit sechs Uhr morgens bereitsteht, ist noch nicht voll, und sie fahren erst, wenn alle Plätze besetzt sind. Das ist eben Afrika. Wir entschließen uns, im nächsten Restaurant etwas zu trinken. Wir sprechen nicht viel, und so hänge ich meinen Gedanken nach. Marcelin sagte mir gestern noch am Telefon, ich solle die Ohrringe mitbringen. Wenn das Geld nicht reichen sollte, könnten wir sie in Douala einer Bank als Garantie anbieten und würden vielleicht dafür einen Kredit bekommen.

Die Ohrringe habe ich dabei, aber – mir wird heiß und kalt – das Zertifikat nicht, das sie als echt ausweisen würde. Daran habe ich nicht gedacht.

Jacques sieht meine Reaktion und fragt mich direkt, was ich vergessen hätte. In Panik antworte ich ihm nur: »Ich muss ganz dringend nach Hause zurück, ich habe etwas ganz Wichtiges vergessen.« Details will ich ihm keine erklären. Ich blicke auf die Uhr, will so schnell wie möglich meine Cola austrinken und schaue mich schon nach einem Mototaxi um. In diesem Moment sagt Jacques zu mir:

»Zu spät, da kommt schon dein Bus. War es etwas Wichtiges?«

»Ja, sehr wichtig, aber jetzt muss es auch ohne gehen«, antworte ich seufzend.

Einen besonderen Service bieten die afrikanischen Busse allerdings: Sie halten überall! Jacques hatte dem Chauffeur vorher erklärt, in welchem Restaurant wir sitzen würden. So hält der Bus direkt vor dem Restaurant und ich kann einsteigen, nachdem ich mich von Jacques verabschiedet habe. Das ist schon sehr komfortabel.

Jacques hat mich zum Bus begleitet, weil es hier eine wunderschöne Tradition gibt: Wenn ein wichtiges weibliches Familienmitglied das Haus verlässt, wird es möglichst immer von einem Mann begleitet. Nicht zur Überwachung, sondern ganz einfach als Bodyguard. Weibliche Familienmitglieder werden geschätzt und behütet.

Berline, eine weitere Schwester von Marcelin, wohnt nur zweihundert Meter von unserer Wohnung entfernt in einer breiten, übersichtlichen und geraden Quartierstraße, die wir von unserem Haus aus sehen können. Trotzdem hat sie mir jedes Mal ihren ältesten Sohn als Begleitung mit nach Hause geschickt, nachdem ich sie besucht hatte.

Gleichberechtigung nach europäischer Vorstellung ist der Mentalität der Bamiléké fremd. Eine Frau hat nicht denselben Status wie ein Mann, was aber nicht heißt, dass sie von ihm ausgenutzt wird. In der Gesellschaft hat sie immer noch wenig Rechte und besitzt kein Eigentum in der Ehe.

Aber im Alltag sind die Frauen den Männern gleichgestellt, wenn sie sich einbringen. So sind sie beispielsweise sehr geübte Händlerinnen, die es verstehen, ihre Ware gut zu verkaufen. Auch existiert kein einziger Tanz, bei dem die Frauen ausgeschlossen wären.

Der Mann sucht sich hier in erster Linie eine Frau, die ihm beisteht und für die Kinder eine gute Mutter ist. Ist sie dazu eine Schönheit, sagt keiner nein, obwohl die Bamiléké sagen, das Äußere sei nicht wichtig, sondern die Fähigkeit zu lieben und zu arbeiten.

Während der Busfahrt rufe ich Marcelin an, um ihm zu sagen, dass ich zwar die Ohrringe mitgenommen, aber das Zertifikat vergessen habe. Das Telefongespräch ist etwas schwierig, da ich ihm, als einzige Weiße im Bus, nicht lauthals erklären kann, dass ich wertvolle Ohrringe bei mir trage. Marcelin versteht meine verschlüsselten Anspielungen sofort. Er lacht nur und sagt, dass er das Zertifikat vorsichtshalber bereits mitgenommen habe und alles somit in Ordnung sei.

Ich versuche, mich auf der langen Fahrt ein bisschen zu entspannen. Es ist fast Abend, als ich in Douala ankomme. Ich kenne Douala überhaupt nicht. Aber auch hier hat Jacques die Bodyguardpflichten dem Chauffeur übertragen und ihm erklärt, wo ich aussteigen müsse. So komme ich wohlbehalten an und Marcelin kann mich gleich in Empfang nehmen.

Inzwischen ist es Abend geworden und leider zu spät, um noch zum Hafen zu fahren. Es bleibt uns nichts anderes übrig, als zu Marcelins Cousin nach Hause zu fahren, um dann am Morgen früh zum Hafen zu gehen. So lerne ich endlich auch den Cousin Martin und seine Familie kennen, von dem mir Marcelin schon viel erzählt hatte.

Zusammen mit Martin begeben wir uns am nächsten Morgen zu einem Transiteur. Ohne diesen wichtigen Mann kommt man nicht aus. Transiteure besitzen besondere Ausweise, um in bestimmte Büros des Hafens vorgelassen zu werden, wo sie die Verwaltungsarbeiten erledigen können. Gewöhnliche Leute kommen dort nicht hinein. Zuerst erklärt er uns, wie viele Gebühren auf uns zukommen. Allein für den Vermittler ist eine hohe Summe zu bezahlen. Dann gehen wir ins erste Büro, um abzuklären, mit welchen Gesamtkosten wir rechnen müssen. Marcelin würde am liebsten alles hinschmeißen und den Container dort stehen lassen, wo er ist. Die achthundert Franken reichen gerade mal für ein oder zwei Bewilligungen, aber wir brauchen mehr! So gehen wir früh Mittag essen, um zu besprechen, was wir tun wollen. Marcelin beruhigt sich wieder. Nachmittags können wir auch nicht mehr viel erreichen.

So beschließen wir, nochmals den Versuch zu wagen, mit den Ohrringen als Pfand bei Banken in Douala einen Kredit zu bekommen. Bereits die erste Bank nimmt uns alle Hoffnungen, bei irgendeiner Bank einen Kredit aufnehmen zu können. Schmuck als Garantie kennt man hier nun mal nicht. Dann versuchen wir es eben bei den Juwelieren, das ist unser letzter Hoffnungsschimmer. Nachdem wir schon bei mehreren Geschäften vergeblich angeklopft haben, schicken sie uns ins Stadtzentrum zu einem Schweizer Juwelier. Ich schöpfe wieder Hoffnung. Wir Schweizer kennen den Wert von Schmuck! Ich gebe mich als Schweizerin zu erkennen. Die Chefin kommt ursprünglich aus Vevey. Ich erkläre ihr die Situation. Leider kann auch sie nichts für uns tun. Sie kaufen weder unseren Schmuck noch geben sie uns einen Kredit.

Trotz allem sind wir weiterhin zuversichtlich. Am nächsten Morgen holen wir uns diejenigen Bewilligungen, die mit den achthundert Franken möglich sind.

Am Nachmittag beschließt Marcelin, dass ich mit dem Nachtbus nach Bangangté zurückkehren soll. Wir fahren durch die Stadt, um am Busbahnhof ein Ticket für den Abend zu besorgen.

Bei jeder Apotheke, an der wir vorbeikommen, nerve ich ihn damit, dass ich einen Schwangerschaftstest kaufen möchte. Meine Menstruation ist schon vierzig Tage überfällig und ich will wissen, was los ist. Nun habe ich ihm damit den ganzen Tag so sehr in den Ohren gelegen, dass er endlich nachgibt und einen Test kauft, bevor wir zu Marcelins Cousin zurückfahren. Den Abend verbringen wir bei Martin und seiner Familie. Gegen 22 Uhr bringt mich Marcelin zum Busbahnhof, doch der Bus fährt erst gegen Mitternacht. Marcelin will noch in Douala bleiben, obwohl es Freitag ist. Er will die Fahrkosten sparen, um dann nicht am Montag nochmals nach Douala fahren zu müssen.

»Wann willst du den Test machen?«, fragt mich Marcelin unterwegs.

»Vielleicht gleich am Morgen, wenn ich zu Hause ankomme. Aber dafür darf ich nicht nervös sein, damit ich keinen Fehler mache«, erkläre ich ihm, als wir uns verabschieden.

Am Samstagmorgen komme ich in Bangangté an. Ich schlendere über den Markt, um das Nötigste für mich zu kaufen. Bevor ich nach Hause gehe, schaue ich bei Jacques und Nicole vorbei, um ihnen zu sagen, dass ich zurück bin. Sidouane, die jüngste Tochter, wollte sich gerade auf den Weg machen, um die Hunde zu füttern. Einerseits freut sie sich, dass ich zurück bin, aber andererseits wäre sie auch gerne weiterhin zu den Hunden gegangen.

Zu Hause erwartet mich eine schlimme Bescherung. Ich weiß nicht, wie oft sie die Hunde gefüttert haben, geputzt haben sie jedenfalls nie! Da die Hunde in der Wohnung eingesperrt waren, haben sie ihr Geschäft natürlich auch auf dem Betonboden erledigt. Ich bin einem Schreikrampf nahe, lasse als erstes die Hunde raus und gebe ihnen draußen zu fressen.

Dann beginne ich aufzuräumen und gründlich zu putzen. Da ich aufgrund der nächtlichen Busfahrt sehr müde bin, brauche ich viel mehr Zeit als sonst. Im Laufe des Morgens ruft mich Marcelin an, um zu fragen, ob ich gut nach Hause gekommen sei und ob ich den Test schon gemacht hätte.

»Nein, ich bin noch nicht dazugekommen«, gestehe ich ihm und berichte, welches Chaos ich vorgefunden habe.

Eigentlich hätte ich mich gerne ein wenig hingelegt, doch es ist schon Mittag, als ich mit der Putzerei endlich fertig bin. Ich will zuerst noch in aller Ruhe etwas essen. Zum Dessert gibt es eine riesengroße Überraschung: Marcelin kommt schon früher nach Hause, er hat mir extra nichts davon gesagt.

Kapitel 14

Der Schwangerschaftstest

Seine erste Frage nach der innigen Begrüßung ist, ob ich den Test nun inzwischen gemacht hätte. »Nein, ich hatte noch nicht die Ruhe dazu«, antworte ich ihm.

»Nun hast du mich in der Stadt so lange damit genervt, jetzt mach ihn endlich«, befiehlt Marcelin.

Wir setzen uns zusammen an den Tisch. Um keinen Fehler zu machen, lese ich die Beschreibung mehrmals genau durch. Schließlich schickt mich Marcelin ungeduldig ins Bad.

»Mach den Test endlich!«, sagt er recht energisch zu mir, denn auch er ist natürlich sehr gespannt auf das Ergebnis.

Ich passe unheimlich auf, dass ich nichts falsch mache. Obwohl der Test eigentlich sehr einfach ist, bin ich total nervös. Gebannt warte ich die Reaktionszeit ab, um das Ergebnis schnellstmöglich zu sehen. Als ich dann zwei blaue Streifen erkenne, realisiere ich auch langsam, was das heißt: Ich bin schwanger!!!

Ich renne ins Wohnzimmer, wo Marcelin mit seiner Gitarre sitzt und spielt. Wie ein kleines Kind hüpfe ich vor ihm auf und ab und kreische halb hysterisch: »Ich bin schwanger, ich bin schwanger, ich bin schwanger.«

Wieder renne ich ins Bad, dann ins Wohnzimmer und umarme ihn überschwänglich. Nochmals renne ich ins Bad, schaue auf den Test und juble: »Ich bin tatsächlich schwanger, ich glaube es einfach nicht!!!«

Weil ICH es nicht glauben kann, schicke ich Marcelin ins Bad, er soll sich das Testergebnis auch anschauen. Erst jetzt, wo ich mit ihm wieder normal rede, sagt er mir, ich solle mich ein bisschen beruhigen und nicht so schreien, sonst höre es die ganze Nachbarschaft. Ganz gemütlich und sorgfältig stellt er die Gitarre weg und geht ins Bad. Ich bin so aufgeregt und nervös, dass ich nicht fähig bin, ihm zu folgen. Als er aus dem Bad kommt, frage ich ihn nur ganz aufgeregt: »Hast du es gesehen, mon amour, hast du es gesehen?«

Wir umarmen uns nur schweigend. Das ist wirklich der bisher glücklichste Moment in meinem Leben. Nach einer Weile schiebt er mich ein bisschen von sich weg, lässt mich aber nicht los. Er schaut mir in die Augen und sagt: »Chérie, wie oft habe ich dir schon gesagt, dass du schwanger bist? Ich habe es dir schon am Geburtstag gesagt. Glaubst du es jetzt?«

Ich umarme und küsse ihn, zu einer Antwort bin ich noch nicht fähig. Nach einer Weile setzen wir uns wieder an den Tisch. Ich versuche, ihm zu erklären, was das für mich bedeutet. Für mich ist es einfach nur ein riesengroßes Wunder. Seit Dezember 1997 habe ich nicht mehr verhütet. Doch ich bin nie schwanger geworden.

Bei jeder Beziehung habe ich gehofft, schwanger zu werden, denn jedes Mal dachte ich, es wäre eine Beziehung für immer, der Mann fürs Leben. Aber es hat nie geklappt, auch mit meinem zweiten Mann Nuruddin nicht. Als ich ihn damals in Kenia heiratete, bin ich sechs Monate in Kenia geblieben. Wir hatten jeden Tag Sex, aber ich wurde nicht schwanger. Ich hatte schon befürchtet, es liege an mir. Als ich danach wieder in der Schweiz war, ging ich zum Frauenarzt und ließ mich gründlich untersuchen. Der Frauenarzt stellte fest, dass ein Eileiter verschlossen ist. Von einer Operation riet er mir ab, da durch die Operationsnarben die Chance nicht viel besser sein würde. Körperlich stellte er sonst keine Probleme fest. Er schickte mich zu einem Hormonspezialisten, der mir auch bestätigte, das alles in Ordnung sei. Ich war verzweifelt.

Dann fand ich nur noch eine Lösung: Meine Gebete. Immer hatte ich dafür gebetet, eines Tages Mutter zu werden. Aber ich hatte meine eigene Bedingung vergessen, denn ich betete jahrelang: »Lieber Gott, ich möchte ein Kind, aber nur mit dem Mann, mit dem ich auch ein Leben lang zusammenbleiben werde und der ein guter Vater sein wird.«

Plötzlich erinnerte ich mich wieder daran. Auf einmal

wurde mir bewusst, es war mir eben bisher noch nicht der richtige Mann begegnet, ich musste noch auf ihn warten. Mit dieser Einsicht fand ich dann meinen Glauben und meine Zuversicht wieder.

Dass ich nun schwanger bin bedeutet, dass Marcelin der richtige Mann für mich ist, für ein ganzes Leben. Ich bin Gott unendlich dankbar, dass ich nicht vorher schwanger geworden bin. Heute könnte ich mir mit keinem meiner Verflossenen ein gemeinsames Leben mehr vorstellen.

Und jetzt bin ich nach zwei Monaten schon schwanger! Das ist für mich ein Wunder, ein Zeichen des Himmels. Ich hatte zwar die Hoffnung nie aufgegeben, aber dass ich jetzt schon nach zwei Monaten ein Kind erwarte, macht mich zum glücklichsten Menschen der Welt!

Nun beginnen wir zu rechnen: Meine letzte Menstruation hatte ich am 19. Januar, plus vierzig Wochen, das ergibt einen ungefähren Geburtstermin am 25. Oktober 2006. Ich kann es noch immer nicht glauben, denn ich fühle mich so gar nicht schwanger. Na ja, ich bin ja erst in der siebten Woche. Ich tanze in der Wohnung herum und rufe immer wieder: »Ein Wunder, ein Wunder, hört alle her, ich bin schwanger!«

Sogar unseren Hunden und Hühnern teile ich dies auf Berndeutsch mit. Sie schauen mich jedoch nur fragend an und denken wohl, was hat sie nur, warum rennt sie so wild herum, so kennen wir sie ja gar nicht.

Ich setze mich auf einen Stuhl und danke Gott innigst dafür, dass er mich nie verlassen hat und mir nun meinen größten Wunsch erfüllt.

Am Montag fährt Marcelin wieder nach Douala, um sich um den Container zu kümmern.

Inzwischen haben mir meine Eltern das von ihnen angebotene Geld geschickt, damit wir den Container auslösen können. Ohne ihre Hilfe wäre dies unmöglich gewesen. Wie schon erwähnt, gehört Kamerun leider zu den korruptesten Ländern Afrikas, und das bekommen wir hier nun voll und ganz zu spüren. Es gibt keine Fixpreise, um einen Container auszulösen, aber dafür einen riesigen Papierkrieg. Auf die meisten Papiere gehören zwei Unterschriften, eine vom Sachbearbeiter und eine vom Chef. Jeder will dabei seinen besonderen Lohn für seine Mitarbeit kassieren. Wenn man nicht bereit ist zu bezahlen, unterschreiben sie nicht, und ohne diese Unterschriften bekommt man den Container nicht ausgehändigt.

Marcelin hat mir nicht allzu viele Details über das erzählt, was er alles durchgemacht hat. Nur einige Beispiele: Wenn man alle Papiere hat, muss man zu einem Zollbeamten, um die Ware zu verzollen und endgültig auszulösen. Also geht man in das Büro eines Zollbeamten und fragt ihn, ob er so nett wäre, den Container zu verzollen. Dieser schaut Marcelin nur lange an und sagt:

»Wenn du willst, dass ich deinen Container verzolle, muss ich dafür extra mein Büro verlassen und runter aufs Hafengelände kommen, das kostet dich fünfhundert Franken.« Man hat keine andere Wahl, als zähneknirschend zu bezahlen. In Begleitung des Zollbeamten muss man vor seinen Augen den ganzen Container selber umladen, damit er die Ware kontrollieren und schätzen kann. Es gibt keine Richtlinien dafür, was wie viel kostet. Der Zollpreis hängt zu hundert Prozent von der Laune des Beamten ab. Zum Glück kann Marcelin nicht lügen. Schon vorher habe ich ihm erklärt, dass die Waschmaschine das einzige neue Gerät ist. Ich habe ihm geraten, er solle doch sagen, dass es eine alte Maschine sei, nur von der Umzugsfirma gut verpackt. Prompt fragt der Zollbeamte Marcelin, ob es eine neue Waschmaschine sei. Er antwortet wahrheitsgemäß mit ja. Da sagt der Zollbeamte zu ihm: »Na, da hast du Glück gehabt, dass du die Wahrheit gesagt hast. Wenn du gelogen hättest, hätte ich vom GESAMTPREIS (von den ganzen Zollkosten) das Doppelte verlangt.«

Auch das ist möglich, man ist der Willkür und Laune des Zollbeamten völlig ausgeliefert. Hier wird auch nicht über den Preis diskutiert, denn wenn man seine Unterschrift, die letzte, nicht hat, verlässt der Container das Hafengelände nicht.

Nach drei langen Wochen hatte Marcelin es also endlich geschafft. Er ruft mich von unterwegs aus an, dass er mit all meinen Sachen so gegen halb sechs Uhr morgens zu Hause ankommen wird.

Marcelin hat früher einmal als Lastwagenfahrer in Douala gearbeitet. Aus jener Zeit hat er einen ehemaligen Arbeitskollegen und Freund gefunden, der bereit war, ihm mit einem Zügelwagen für den Transport meiner Sachen nach Bangangté zu helfen.

Fünf Minuten, nachdem er mit dem Lastwagen angekommen ist, stehen bestimmt schon zehn Helfer auf dem Platz, die beim Abladen helfen wollen. Wie viele Leute würde man wohl in Europa zusammenkriegen, wenn man morgens um fünf Uhr anruft und sagt: »Ich brauche sofort deine Hilfe, um einen Lastwagen abzuladen?« In solchen Dingen kann man sich in Afrika zu hundert Prozent auf die Nachbarschaftshilfe verlassen, was wir sehr zu schätzen wissen.

Marcelin verbietet mir, auch nur eine Kiste zu tragen, denn schließlich bin ich schon fast im dritten Monat schwanger. Da wir die Schwangerschaft noch nicht offiziell bekannt gegeben haben, sind sicher einige darüber verwundert, dass ich nicht helfe, sondern mich nur hinsetze und die Leute herumkommandiere, wo was hingehört. So ganz wohl ist mir nicht dabei. Ich bin es gewohnt, mit anzupacken. Da Marcelin ein Prinz ist, werden keine solchen Fragen an ihn gestellt, und schon gar nicht so private, warum seine Frau nicht mithilft. Das verbietet sein Status. Das Gleiche gilt für seine Frau, wenn er dabei ist. In kürzester Zeit ist alles vom Lastwagen abgeladen und in unsere kleine Wohnung eingeräumt.

Kapitel 15

Grippehühner und Igelratten

Ende März beginnt die Regenzeit, was sich als Problem für unsere Hühner herausstellt. Im Sommer vertrocknet alles, es gibt kein frisches Gras. Sobald der erste richtige Regen fällt, sprießt auch das Gras wieder, man könnte meinen über Nacht. Aber genau dieses Gras ist für die Hühner sehr verhängnisvoll. Wenn sie davon fressen, erkranken sie an der afrikanischen Vogelgrippe und sterben. Diese Vogelgrippe ist nicht so gefährlich und übertragbar wie diejenige, die Asien und Europa immer wieder in Atem hält und sich auch bis nach Nigeria, unserem Nachbarland, ausgebreitet hat.

Wir haben es leider versäumt, unsere Hühner einzusperren, damit sie das frische Gras nicht fressen, und so hat es sie erwischt. Nicht alle gleichzeitig, sondern schön der Reihe nach.

In Afrika wird alles verwertet. So kocht Marcelin das erste Huhn, das an dieser Grippe gestorben ist. Während er es kocht, sage ich ihm klipp und klar, dass ich kein Huhn essen werde, das an einer Krankheit gestorben ist, zumal ich schwanger bin. Ich will doch nichts riskieren! Nein, davon esse ich nichts!

Er erwidert: »O.K., du brauchst nichts zu essen, was du nicht willst.«

Nachdem er es angerichtet hat, schaue ich ihm mit ein bisschen Ekel zu, wie er das kranke Huhn isst.

»Und, wie schmeckt es?«, frage ich ihn.

»Es schmeckt herrlich wie immer«, erwidert Marcelin lachend.

Ich denke nur an mein Kind und will deshalb absolut nichts riskieren, obwohl ich auch Appetit hätte. Außerdem bin ich sehr skeptisch, ob er das Huhn auch verträgt. Ich bin davon überzeugt, dass er am nächsten Tag mindestens Durchfall haben muss, wenn nicht sogar wegen einer schlimmen Magenverstimmung im Spital landen wird.

Doch am nächsten Tag erfreut er sich bester Gesundheit ohne irgendwelche der von mir vorausgesagten Beschwerden.

Tage später stirbt das nächste Huhn. Marcelin kocht es; wiederum nehme ich mir fest vor, nichts davon zu essen. Er kocht einen köstlichen Eintopf mit Kartoffeln, viel Sauce und eben dem Huhn. Die Kartoffeln schmecken bestens. Doch er lobt auch sein Huhn über alle Maßen. Ich bin überzeugt davon, dass man schmeckt, dass es krank war.

»Schmeckt es denn wirklich normal?«, frage ich ihn sehr misstrauisch.

»Natürlich, sogar sehr gut«, findet er.

Meine Neugierde nimmt überhand und ich nehme das kleine Stück Fleisch, das er mir anbietet. Ganz vorsichtig kaue ich es so, als ob es heiß wäre oder ich sofort merken würde, wenn es stinkt. Doch es schmeckt gut. Man riecht wirklich nicht, dass das Huhn krank war. Aus Sicherheitsgründen belasse ich es bei dem einen kleinen Fleischbissen. Zuerst will ich wissen, wie mein Magen darauf reagiert.

Am nächsten Tag habe ich auch keine Probleme und keinen Durchfall. Die nächsten Hühner esse ich dann ganz normal mit. Wir amüsieren uns köstlich. Wenn das zu Hause jemand wüsste, dass ich in meinem Zustand kranke Hühner esse! Ich sage ihm noch, dass ich das auf keinen Fall meiner Mutter erzählen dürfe, sonst sterbe sie vor Sorge. Ich werde ihr erst nach der Geburt des Kindes beichten, dass ich kranke Hühner gegessen habe.

Obwohl ich bei jedem Telefongespräch mit ihr daran denken muss, sage ich nichts. Heute können wir darüber herzlich lachen.

Es ist ein wunderschöner sonniger Tag im März 2006 und ich sitze draußen vor unserer kleinen Wohnung in Bangangté. Die Wohnung habe ich schon geputzt und das Geschirr abgewaschen, wie üblich mit kaltem, aber wenigstens fließendem Wasser, denn vor der Wohnung haben wir ein Waschbecken mit Wasserhahn.

Wie so oft schweift mein Blick zum blauen Himmel, an dem leichte Schleierwolken vorbeiziehen. Direkt vor mir, im Garten, steht ein großer Avocadobaum. Auf der anderen Straßenseite spielen die Kinder aus der Nachbarschaft. Sie vertrödeln die Zeit an der Quelle, wo die meisten Nachbarn ihr Trink- und Kochwasser holen. Andere Kinder spielen mit einem ausgedienten Fahrradreifen, den sie mit einem Stock in Bewegung halten. Die Schulkinder in ihren Uniformen mit den blauen langen Hosen und dem rosa Hemd, die jeden Tag an unserem Haus vorbeikommen, um nach Hause zu gehen, sind schon längst daheim.

Unsere restlichen Hühner scharren zufrieden futtersuchend im Garten umher. Marcelin bringt am frühen Nachmittag aus dem Dorf eine Igelratte mit, die er auf einen der Bambushocker legt. Nicht nur ich, auch die Hunde haben ein solches Tier noch nie gesehen und gehen ganz vorsichtig heran, um zu schauen, was es da zu schnuppern gibt. Marcelin macht einen Schritt zurück und stößt zufällig das tote Tier an. Die Hunde erschrecken so sehr, dass sie unter Gebell die Flucht ergreifen. Wir müssen sehr lachen. Die Hunde nähern sich noch einmal ganz vorsichtig und langsam. Marcelin wartet, bis sie nahe genug sind, dann stupst er das Tier noch mal an. Alle ergreifen wieder die Flucht außer Rex. Rex greift an und beißt ihm den Schwanz ab. Wir lachen Tränen.

Nach einiger Zeit des Spielens beginnt Marcelin, das Tier zu zerlegen. Zuerst kocht er Wasser, um das ganze Tier kurz zu überbrühen, damit er die Borsten wie bei einem Schwein abschaben kann. Was er nicht abschaben kann, brennt er weg. Danach beginnt er, das sechs Kilo schwere Tier zu zerlegen. Rohes Fleisch wird in Afrika prinzipiell immer gewaschen, auch wenn man es selber zerlegt. Gespannt schaue ich ihm bei der Arbeit zu, wie er mit sicheren und schnellen Handgriffen das Tier zerschneidet und putzt. Das wäre keine Arbeit für mich, mich schaudert schon beim Gedanken daran.

Nach einer Stunde landet es im Kochtopf. Marcelin kocht

es in einer feinen Sauce. Zum Nachtessen gibt es das Fleisch mit Reis. Es schmeckt sehr gut, ähnlich wie Wild. Man könnte es in etwa mit Hirsch vergleichen.

Nach dem Essen besprechen wir den nächsten Tag und sind uns einig, dass wir auf unsere Baustelle gehen wollen. Zwar haben wir nicht mehr viel Geld, um wirklich noch etwas zu machen, aber die Grassteppe ums Haus muss geschnitten werden. Kleinere Arbeiten finden sich ja immer, und wir sind einfach gerne auf unserem Grundstück. Das Dach konnten wir auch nicht fertig decken, da die Firma, welche die Wellbleche herstellt, den Betrieb seit Januar eingestellt hat, um die Preise nach oben zu schrauben. Nur in der Trockenzeit können Dächer gemacht, geflickt und ersetzt werden. Doch in ganz Westkamerun, wenn nicht im ganzen Land, gibt es keine Wellbleche mehr.

Wir beschließen, die Hunde mitzunehmen, da wir den ganzen Tag bleiben wollen. Diese jungen Tiere können wir nicht so lange alleine lassen. Sie sind noch so klein, dass wir Rex und Lady in einer Tasche transportieren können. Paradis nehme ich auf den Arm, da er der Ruhigste ist. Wir laufen bei der Post vorbei, um noch einen Blick ins Postfach zu werfen. Wie meistens ist nichts für uns angekommen. Von dort aus nehmen wir ein Mototaxi. Man stelle sich das vor: Drei Personen und drei Hunde auf einem 125 ccm Motorrad!

Zuerst fahren wir durch Bangangté, außerhalb gibt es vorerst noch geteerte Straßen, doch bald folgt ein großes Stück über Naturstraßen. Nach gut zwanzig Minuten kommen wir bei unserem Grundstück an. Als Verpflegung haben wir unser Igelfleisch mitgenommen. Sogar die Hunde bekommen davon etwas ab.

Da wir sechs Kilo Igelratte haben, gibt es jeden Tag Fleisch, sogar für die Hunde. Nach vier Tagen ist es auch den Hunden zu viel. Morgens, mittags und abends immer dasselbe Fressen. Auch wir haben schon langsam genug davon, doch das Fleisch muss gegessen werden. Nach fünf Tagen haben wir es geschafft. Die folgenden Wochen können wir kein Fleisch mehr sehen. In der nächsten Zeit werden wir auch kein Igelfleisch mehr kaufen. Doch an diese Geschichte erinnern wir uns immer wieder gerne.

Wilde Tiere habe ich bei uns noch nicht gesehen, obwohl wir eigentlich mitten im Busch leben. Auch aus diesem Grund wird der Busch weiträumig um das Haus herum gerodet, damit sie nicht bis zum Haus kommen. Marcelin erzählte mir einmal, dass er eine Gazelle am Rande unseres Grundstückes beobachtet habe.

Leider gibt es hier gefährliche Schlangen. Hauptsächlich die sehr giftigen Vipern. Marcelin fand einmal beim Roden des Steppengrases eine Viper ganz nahe beim Haus. Ein Vipernbiss ist normalerweise tödlich, denn es gibt theoretisch kein Gegengift. Als ich das meiner Mutter erzählte, hat sie sich in der Schweiz informiert und erfahren, dass man aus Viperngift das Gegengift gewinnen kann. Das Problem ist aber, dass das Gegengift nur ein paar Tage lang haltbar ist, deshalb wird es, außer vielleicht in Südafrika, nicht mehr hergestellt. Wegen der kurzen Haltbarkeit ist auch ein längerer Transport ausgeschlossen. Es ist unmöglich, innerhalb von Stunden das Gegengift aus Südafrika zu bekommen.

Am meisten Probleme haben wir mit Raubvögeln. Diese stehlen uns die Küken fast vor der Nase weg. Wir mussten sie deshalb in der noch nicht benötigten Vorratskammer einsperren.

Probleme gibt es auch mit Termiten. Unser Grundstück ist davon verseucht, man kann ihre Spuren im Garten immer wieder erkennen. Sie fressen auch das Holz, das wir als Feuerholz verwenden könnten. Zu Anfang lockten sie solche Delikatessen wie meine Umzugskartons durch den Boden oder durch die Ritzen in den Mauern ins Haus. Auf ihrem Speiseplan standen auch Fotoalben, Schallplattenhüllen, einfach alles aus Papier oder Karton.

Kapitel 16

Umzugsstress und Hochzeitspläne

Kaum ist das Problem mit dem Container gelöst, kommt automatisch schon das nächste. Ich frage Marcelin, ob es nicht Fragen aufwerfe, wenn ich schwanger sei, ohne dass wir verheiratet sind. Und wieder einmal erklärt er mir, dass man ihm keine Fragen stellen darf, und schon gar nicht so private. Es ist mir aber klar, dass die Leute zwar nicht direkt fragen, aber es wird sie interessieren, weshalb wir nicht heiraten. Eigentlich wollten wir mit der Hochzeit warten, bis ich in der Schweiz von meinem kenianischen Noch-Ehemann geschieden werde. Das hätte ich gerne in diesem Sommer hinter mich gebracht. Doch jetzt ist die unerwartete Schwangerschaft dazwischengekommen, und ich habe auch gar nicht das Geld, um in die Schweiz fliegen zu können. Somit ist die Situation jetzt etwas anders.

Nach langem Diskutieren beschließen wir, traditionell zu heiraten. Hier in Bangangté weiß außer Marcelin niemand, dass ich in der Schweiz noch verheiratet bin. Mit einer traditionellen Hochzeit wird unsere Beziehung auch bei den Bamiléké gesellschaftlich anerkannt. Außerdem bringt sie mich nicht in Gefahr, wegen Bigamie angeklagt zu werden. Eine traditionelle Hochzeit ist weder in Kamerun noch in der Schweiz staatlich anerkannt. Nach meiner Scheidung wollen wir dann standesamtlich und kirchlich heiraten. Wobei kirchlich nicht ganz der richtige Begriff ist für uns. Wir, besonders ich, möchten mit einem Pfarrer vor Gott heiraten, aber das muss nicht unbedingt in einer Kirche sein. Ich fände es schön, wenn es draußen in der Natur wäre.

Nun geht es als erstes darum, das Hochzeitsdatum festzulegen. Eigentlich möchten wir gerne den 16. Mai, unseren Jahrestag, als Hochzeitstag wählen, doch das ist zu kurzfristig. Außerdem sind wir noch immer pleite. Da wir vom König getraut werden, wird dieser, wie hier üblich, das Datum festsetzen. Jedoch bei der ersten Audienz, die Marcelin wegen unserer Hochzeit bei ihm hatte, gestattete ihm der König, das Datum selber festzulegen. Dies ist ein riesiges Privileg. Ich denke, der König ist sich bewusst, dass eigentlich Marcelin rechtmäßig auf seinem Thron sitzen würde, wenn sein Vater nicht so früh gestorben wäre. Deshalb wird uns wohl diese bevorzugte Behandlung zuteil, die bisher am Hof nicht üblich war.

Wir entscheiden uns für den 24. Juni 2006, in der Hoffnung, dass wir bis dahin etwas Geld auftreiben können. Zudem beginnt eine Woche nach der Hochzeit das Open-Air-Festival von Bangangté, bei dem auch Marcelin als Musiker »Pokouma« auftreten soll.

Ich freue mich riesig, dass sich meine Eltern entschlossen haben, an unserer Hochzeit teilzunehmen. So sehe ich sie schon nach sechs Monaten der Trennung wieder und kann ihnen mein geliebtes Afrika zeigen. Außerdem lernen sie dabei endlich ihren Schwiegersohn kennen. Ich finde sehr wichtig, dass sie sich selber ein Bild machen können, wie und wo ich hier lebe, denn meine Mutter macht sich verständlicherweise unendliche Sorgen um ihre Tochter. Sicher sorgt sich auch mein Vater, aber er zeigt es nicht so. Und so werden die beiden mit eigenen Augen sehen und miterleben können, wie glücklich ich hier bin.

Doch meine Eltern machen mir klar, dass sie sich unmöglich drei Wochen lang ein Hotel leisten können. Was nun?

Wir beraten hin und her und kommen zu dem Ergebnis, dass uns nichts anderes übrig bleibt, als ins unfertige Haus zu ziehen. Allerdings sind wir pleite und unser Haus ist noch im Rohbau. »Wie sollen wir das schaffen?«, frage ich Marcelin ganz entsetzt. »Irgendwie wird das schon gehen«, verspricht mir Marcelin. »Wir sind doch beide Optimisten«, fügt er lächelnd hinzu, obwohl er bestimmt in diesem Moment auch noch keine Ahnung hat, wie er das zustande bringen soll.

Und siehe da, Marcelin kriegt den Rohbau so weit hin, dass wir am 17. Juni umziehen können.

Man stelle sich vor: Meine schönen Möbel, das ganze Geschirr und alles andere wurden zuerst auf einem Zügelwagen stundenlang von Douala nach Bangangté gefahren und müssen nun auch noch über die holprige Sandpiste nach Bametcha transportiert werden. An voraussichtliche Transportschäden darf man da gar nicht denken. Man muss froh sein, wenn alles irgendwie gut ankommt.

Und es kommt auch alles heil an.

Natürlich durfte ich nichts Schweres tragen, nur vorbereiten, einpacken und bereitstellen.

Und dann stehen sie auf einmal da, meine Sachen aus der Schweiz, hier in Afrika, in einem unfertigen Haus: der Tisch samt gemütlicher Eckbank, auch die Bar mit den Barhockern und die Wohnwand. Es ist schon irgendwie komisch, aber ich finde es trotzdem ganz gemütlich, nachdem wir uns einigermaßen eingerichtet haben. Die Bilder hängen wir einfach so an die rohen Wände. Das bringt auch schon ein bisschen Atmosphäre. Auch der praktische, hübsche Gewürzständer meines Vaters wird gleich montiert. In der letzten Woche, bevor ich ausgewandert bin, hatte er ihn extra für mich geschreinert.

Was sich aber als sehr frustrierend herausstellt, ist die Tatsache, dass das Dach aufgrund eines heftigen Sturms ein Loch hat. Die Zimmer haben nämlich auch noch keine Decken. So müssen wir bei heftigem Regen oft die Möbel herumrücken, damit nicht alles nass wird. Auf diese Weise bekommen wir fließendes Wasser frei Haus geliefert – direkt vom Himmel und mitten in die Wohnstube!

Vom Dachbalken hängt eine kahle Glühbirne herunter. Wir brauchen keine Lampen zu montieren, solange wir keinen Strom haben.

Es fehlt auch noch an Schränken, um die Wäsche unterzubringen, alles muss irgendwo gestapelt oder in Koffern verstaut werden. Bevor das Haus fertig ist, wollen wir jedoch keine weiteren Möbelstücke anschaffen.

Es stellt sich heraus, dass der europäische Leim für hiesige Verhältnisse nicht tauglich ist. Eines Tages fällt nämlich an einem Schränkchen das Türchen einfach auseinander, die verleimte Stelle hatte sich gelöst.

Auch Abstauben ist zwecklos, denn bei Sandsturm überzieht sich alles in der Wohnung mit dem feinen rötlichen Sand. Aber selbst das wird eines Tages behoben sein, und dann können wir darüber nur noch lachen.

Kapitel 17

Meine Eltern reisen an

Schlussendlich hatten wir nur gerade einen Tag Zeit, um das Haus einigermaßen einzurichten und etwas bewohnbar zu machen, bis wir nach Douala fahren, um meine Eltern vom Flughafen abzuholen. Die Busfahrt bringen wir glücklicherweise wieder ohne irgendwelche Pannen hinter uns, denn wir wollen möglichst nicht zu spät ankommen.

Gegen 18 Uhr sind wir in Douala. Die Wartezeit verbringen wir bei Marcelins Cousin Martin. Das Flugzeug landet pünktlich. Die Wiedersehensfreude ist riesig und ich bin glücklich, meine Eltern wieder in die Arme schließen zu können.

Endlich sehen sie Marcelin, diesen außergewöhnlichen Mann, der es geschafft hat, dass ihre Tochter zu ihm nach Kamerun ausgewandert ist, zum ersten Mal persönlich.

»Doch, doch, er macht einen sehr sympathischen Eindruck«, flüstert mir meine Mutter zu. Das freut mich riesig, und es entsteht sofort eine herzliche Verbindung zwischen meinen Eltern und Marcelin.

Ich bin auch unheimlich stolz auf ihn. Er trägt heute sein allerschönstes elfenbeinfarbiges Prinzengewand aus einem festeren Stoff mit einem Muster, das wie mit Goldfaden aufgestickt wirkt.

Als ich ihn darin zum ersten Mal sah, war ich sprachlos vor Staunen. Er sah darin aus wie der wahr gewordene Traum eines Märchenprinzen!

Marcelin freut sich auch sichtlich, seine Schwiegereltern kennenzulernen.

Als er dann noch zu meiner Mutter sagt: »Ihre Tochter ist

für mich ein Geschenk Gottes«, hat er ihre Herzen endgültig erobert.

Die erste Nacht verbringen wir in einem Hotel in Douala. Die direkte Rückfahrt nach Bangangté wäre für meine Eltern zu anstrengend gewesen. Da das »Foyer du Marin« ausgebucht ist, fragen wir den Taxifahrer nach einer günstigen Unterkunft. Das Hotel stellt sich dann zwar als günstig heraus, aber auch mehr als einfach. Es gibt nicht einmal ein Bettlaken zum Zudecken. Ich beschwere mich und verlange ausdrücklich zwei Decken, eine für meine Eltern und eine für uns. Wir selber bekommen das Gewünschte, aber leider meine Eltern nicht, und ich habe nicht noch einmal bei ihnen nachgefragt, ob sie sie auch wirklich bekommen haben. Beim Warten sind die beiden dann ohne Decke eingeschlafen.

In diesem Hotel werden meine Eltern und ich unglücklicherweise von einer Fliege gestochen, die uns ein schönes Andenken hinterlässt: Gut drei Wochen später haben wir Maden unter der Haut, die sich wie Pickel ausdrücken lassen. Das ist zwar sehr unangenehm, aber zum Glück nicht gefährlich. Mein Vater erwischt zwei auf dem Bauch, meine Mutter zwei am rechten Oberschenkel und ich eine unter der Brust.

Am nächsten Morgen fahren wir mit dem Bus nach Bangangté. Für meine Eltern ist es das erste Mal, mit einem Bus durch Afrika zu fahren. Schon das Warten, bis dieser endlich losfährt, gibt meinem Vater Anlass, seinen Unmut laut kundzutun. Und als er bemerkt, in welch schlechtem Zustand sich der Bus befindet, fehlen ihm beinahe die Worte. Er macht sich bestimmt seine Gedanken darüber, was ihn wohl noch alles erwarten wird.

Mir fallen solche Dinge schon gar nicht mehr auf, denn wenn man sich an etwas gewöhnt hat, sieht man es mit anderen Augen. Ein Prunkstück ist der Bus wahrlich nicht, das muss ich auch gestehen: Mehrere Sitze sind zerschlissen, hier fehlt eine Armlehne, dort ein Plastikpolster, auf dem man in kürzester Zeit erbärmlich schwitzt, sogar eine Stahlfeder guckt irgendwo raus. Die Windschutzscheibe vorne ist auch zerschlagen. Hoffentlich sind die Reifen noch in Ordnung! Teilweise zwängen sich gleich zwei Personen auf einen Sitz. Papa entfährt nur immer wieder ein: »Ei, ei, ei, wie ist das möglich, damit dürfte man in der Schweiz schon lange nicht mehr herumfahren.«

Da hat er allerdings recht. Der lebensgefährliche Fahrstil des Buschauffeurs weckt auch nicht gerade sein Vertrauen. Zudem ist fast die Hälfte der Strecke von Douala nach Bangangté sehr kurvenreich und teilweise auch steil. Am besten: Augen zu und durch! Und was da alles mittransportiert wird, ist unglaublich. Es werden Koffer jeder Größe, Säcke mit Getreide, Kartoffeln, Bananenstauden, aber auch lebende Tiere, wie Ziegen und Hühner, einfach auf dem Dach mitgenommen. Einmal hörte ich schon von Weitem ein Gequietsche und Gegrunze, ein richtiges Höllenspektakel. Da wurden doch tatsächlich zwei Schweine, die Füße zusammengebunden, einfach zwischen die Koffer gestopft, als wären sie irgendein gewöhnliches Gepäckstück. Da kann man tatsächlich sagen: »Die armen Schweine!« Doch als die rasante Fahrt losging, verging sogar den Schweinen das Grunzen.

Diese Fahrten kann man schon als Abenteuer bezeichnen. Man weiß ja auch nie, wann man am Ziel ankommt. Schaut man sich einen Bus etwas näher an und ist guter Dinge, dass mit einer pannenfreien Expedition gerechnet werden könnte, kann man sich auch getäuscht haben, wenn plötzlich mitten auf der Strecke der Motor seinen Geist aufgibt. Das kann dann lange dauern, bis ein anderer Bus vorbeikommt und wenigstens einen Teil der Passagiere mitnehmen kann.

Es ist auch selbstverständlich, dass alle Mitreisenden bei einer Panne Hand anlegen, schieben, stoßen, Tipps geben oder den Wagen aus der schlammigen Sandpiste befreien und beim Reifenwechseln helfen. Dass dabei die Kleider oft auch Schaden nehmen, daran stört sich kaum jemand. Hauptsache, man ist unterwegs und wird irgendwann ankommen.

Den Begriff Zeit kann man in Kamerun auch nicht mit westlichen Vorstellungen vergleichen. Es gibt eigentlich kein Zuspätkommen, da man mit der Natur lebt und sich nach Sonne, Mond und Sternen und Tag und Nacht richtet. So braucht man kaum Uhren. Nur dann beispielsweise, wenn man einen Flug erreichen will!

Dass sich auch ein großer Teil der Personenwagen, die stinkend und lärmend herumfahren, in einem Zustand befindet, bei dem man denken könnte, sie kämen direkt von einem Schrottplatz, versteht sich von selbst. Aber solange man damit noch vorwärts kommt, stört sich niemand daran.

Fahrräder sieht man in unserer Gegend nur sehr selten, und wenn ausnahmsweise doch einmal, dann kann es sich eigentlich nur um Touristen handeln, die mühsam versuchen, sich damit durch die Sandpisten zu quälen. Ein völlig ungeeignetes Fortbewegungsmittel.

Unterwegs beim Früchtemarkt hat Marcelin wie meistens verschiedene Früchte gekauft, woraus wir später einen herrlichen frischen Obstsalat machen wollen.

»Ei, ei, ei, das ist ja nun wirklich nur noch ein ausgewaschenes Bachbett und kann nicht als Straße bezeichnet werden«, kommentiert mein Vater den letzten Teil der Strecke.

Wir kommen ohne Zwischenfälle ans Ziel, und trotz des ungewohnten Klimas geht es meinen Eltern glücklicherweise gut, worüber ich sehr erleichtert bin.

Zu Hause werden wir mit einem riesigen Empfang überrascht, mit dem selbst ich nicht gerechnet habe. Über vierzig Personen sind gekommen, um meine Eltern zu begrüßen. Die Leute sitzen sich auf der Terrasse auf zwei langen Holzbänken gegenüber. Für meine Eltern stellen wir am Ende der beiden Bankreihen zwei Stühle in die Mitte, damit sie das Begrüßungsfest voll und ganz genießen können.

Sobald sie sich gesetzt haben, steht eine Person auf und beginnt Medumba zu singen und zu tanzen, und sogleich stehen alle andern auch auf und singen und tanzen fröhlich mit.

Wie ich damals bei meiner Ankunft, sind jetzt meine Eltern sprachlos und tief von der Herzlichkeit und Offenheit der Leute berührt. Der Reihe nach werden sie von allen mit einem Handschlag höflich begrüßt.

Für die Menschen hier ist es etwas ganz besonderes, dass meine Eltern nach Bangangté gekommen sind, und für mich der offizielle Segen, dass sie mit meinem Leben hier einverstanden sind. Genau das schätzen die Kameruner sehr.

Eltern und alte Menschen werden hier in Afrika sehr geschätzt und respektiert.

Schon bald gehen die ersten Tänzer und Sänger nach Hause, da viele noch einen langen Fußweg vor sich haben und noch bei Tageslicht daheim sein wollen. Hier in Kamerun geht die Sonne immer am frühen Abend gegen 18.30 Uhr unter.

Dann ist es wirklich stockdunkel, rabenschwarze Nacht, da stört kein städtisches Lichtermeer die Idylle, und man kann ungetrübt den wundervollen Sternenhimmel betrachten. Der ideale Ort für Sterngucker!

Da wir keinen Strom haben und nicht bereits mit den Hühnern zu Bett gehen wollen, haben wir als einzige Lichtquelle Öllampen, wie man sie zu Gotthelfs Zeiten benutzte, wenn man abends noch in den Stall musste. Sie sind für uns enorm praktisch.

Die Eltern schlafen in unserem Zimmer und wir im Gästezimmer. Im Gästezimmer steht das schmale afrikanische Bett, welches wir vorher in der gemieteten Wohnung benutzt hatten. Das ist für meine Eltern zu schmal, das will ich ihnen nicht zumuten.

Ich kann sogar ihre alten Matratzen auf unser Bett legen, die ich in dem Container mitgenommen hatte. Wir richten alles notdürftig ein, sodass wir wenigstens zu Bett gehen können. Wir essen noch etwas, plaudern ein wenig, dann gehen wir früh schlafen, da wir alle von der langen Busreise und von der Aufregung müde sind. So geht der erste gemeinsame Tag zu Ende. Vor dem Einschlafen flüstert mir Marcelin noch zu: »Unsere Kinder können später stolz sein auf ihr Zuhause.«

Ich stimme ihm überglücklich zu.

Da unser Haus noch im Rohbau ist, sieht mein Vater eine Menge zu tun, und so macht er sich gleich am ersten Tag mit Marcelin an die Arbeit.

Die zwei geben ein lustiges Team ab: Marcelin spricht absolut kein Deutsch, versteht aber noch ein ganz klein wenig von der Schule her. Hier in Kamerun wird Deutsch an der Schule unterrichtet. Mein Vater spricht nur ganz wenig Französisch, und dies mischt er anfangs noch mit Italienisch. Aber sie verstehen sich trotzdem prima, auch wenn sie sich mit Händen und Füßen verständigen müssen.

Nach diesen drei Wochen hat mein Vater sein Französisch schon um einiges aufgefrischt. Sogar so viel, dass er mit Marcelin eine kleine Buschtour unternimmt. Marcelin zeigt meinem Vater unser Grundstück auf der anderen Straßenseite mit dem Familiengarten, dem kleinen Bach und der Quelle.

An einem anderen Tag darf er Manuel, den Jäger und Forstaufseher, auf die Jagd begleiten. Als passioniertem Jäger sollte das für Papa ein besonderes Erlebnis werden. Er erklärt dem Jäger, dass man sich bei ihm zu Hause »Weidmanns Heil« wünscht. Das jedoch mithilfe von Händen und Füßen auf Französisch zu erklären, ist für ihn dann doch etwas zu kompliziert.

Wir warten inzwischen gespannt darauf, was die beiden wohl für den Kochtopf nach Hause schleppen werden. Einen Vogel? Oder sogar einen Affen? Doch leider sehen wir schon von Weitem, dass sie mit leeren Händen zurückkommen, und auch aus dem Rucksack zaubert Papa rein gar nichts hervor.

Papa berichtet uns von Manuels vergeblichen Schießversuchen. Deshalb habe er dann die Sache selber in die Hand nehmen wollen und dabei festgestellt, dass die Flinte gar nicht losgehen konnte, da ärgerlicherweise die Zündstifte zu kurz seien.

Anfänglich hatte mein Vater Mühe mit der afrikanischen Arbeitsmentalität. Doch später hat er selber eingesehen, dass es in dieser Hitze unmöglich ist, schnell zu arbeiten, und man deshalb über Mittag eine große Pause machen muss.

Vater und Marcelin haben zusammen auch eine Dachrinne gebaut. Das ist sehr praktisch, so können wir nun das Regenwasser direkt in einer großen Plastiktonne auffangen. Manchmal stellen wir uns einfach unter die Dachrinne und lassen das Regenwasser direkt in Petflaschen laufen.

Als nächstes haben die beiden zusammen die Böden betoniert. Die Fenster ohne Glas werden mit verzierten schmiedeeisernen Gittern versehen, was recht gut aussieht.

Papa arbeitet sehr gerne mit Holz und beklagt immer wieder die fehlenden Maschinen von zu Hause, die ihm hier die Arbeit erleichtert hätten.

Für meinen Bruder hatte er seinerzeit einen ganz besonderen Schreibtisch angefertigt und für mein Patenkind ein sehr originelles Schuhgestell.

Am Ende der Ferien gelingt es meinem Vater sogar, mit der Machete ein Holzbrett zu hobeln.

Kapitel 18

Heirat am Königshof

Der Tag unserer Hochzeit ist endlich da! Ich bin erstaunlicherweise ruhig, bis zu dem Moment, wo Marcelin etwas zu mir sagt und ich ihn falsch verstehe. Seit ich schwanger bin, bin ich sehr sensibel geworden. Das nervt mich selber, zumal ich es nicht kontrollieren kann, und es braucht nicht viel, schon heule ich los. Da genügt schon ein falscher Blick von ihm. Auch Vater nervt mit seiner Ungeduld. Er hat sich für meine Hochzeit fein angezogen und trägt eine beige Hose und ein passendes Hemd. Für Jacke und Krawatte ist es ihm trotz des feierlichen Anlasses verständlicherweise doch zu heiß. Er sitzt draußen und wartet ungeduldig darauf, dass auch die Frauen endlich bereit sind und es losgehen kann.

»Immer dasselbe, immer müssen wir Männer warten«, kommentiert er die lästige Warterei. Marcelin gelingt es auch diesmal, mich wieder zu beruhigen.

Die Geduld der Kinder und Erwachsenen hier erstaunt mich immer wieder. Nie höre ich irgendwo Klagen, wenn mal wieder gewartet werden muss. Kein Kind nervt im Bus mit der ewigen Fragerei: »Wann sind wir endlich da?«

Man nimmt es gelassen hin. Die Kinder sind sehr diszipliniert, was mir schon oft aufgefallen ist.

Ich ziehe das traditionelle hübsche Kleid in hellbraunem Stoff an, das mir Marcelin geschenkt hat. Damals, als er es für mich gekauft hatte, war es nicht als Hochzeitskleid gedacht gewesen. Aber wir haben kein Geld, um ein anderes zu kaufen, und ich finde, es passt eigentlich sehr gut zu diesem Anlass.

Marcelin trägt seine weiße Gandura. Ich verstehe nicht, dass er für diesen Anlass nicht sein schönstes Prinzengewand angezogen hat. Als oben auch noch ein farbiges T-Shirt herausguckt, bin ich schon etwas verärgert.

Mutter hat sich das in Österreich gekaufte hübsche Dirndl und den dazugehörigen Schal angezogen und ich finde, dies steht ihr sehr gut.

Endlich fahren wir erwartungsvoll mit dem bestellten Taxi los. Unterwegs bekommen wir einen Anruf aus dem Königshaus. Aufgrund unserer Verspätung sei der König schon ungeduldig und er wolle die Hochzeit platzen lassen, wenn wir uns nicht beeilen. Wir erklären, dass wir bereits unterwegs sind und in Kürze am Hof eintreffen werden. Verständlich, dass wir alle wie auf heißen Kohlen sitzen.

Obwohl die Stadt immer näher an das recht große Gebiet des Königshofes heranrückt, wirkt es immer noch sehr majestätisch und imposant.

Eigentlich hätten wir außerhalb parken müssen, doch da Marcelin hier geboren ist, dürfen wir direkt zum Hof vorfahren. Der Taxifahrer wird sehr unruhig, denn er weiß, dass man das normalerweise nicht darf. Er hatte bisher noch nie einen Fahrgast aus der königlichen Familie zum Hof chauffiert.

Wir werden von zwei Notabeln empfangen und ins Traualzimmer geführt. In diesem Raum befinden sich ein großer Tisch und ein wunderschön geschnitzter Hocker. Dieses Prunkstück ist ausschließlich für den König bestimmt und darf von niemand anderem benutzt werden.

Dieses schlichte, nüchterne Zimmer dient gleichzeitig auch als Gerichtssaal, wenn Streitigkeiten und Probleme auf traditionelle Weise gelöst werden müssen. Ich erinnere mich daran, dass anlässlich meines allerersten Besuches beim König die Gerichtsverhandlung der Hitze wegen draußen stattfand. Wenn das Zimmer frei ist, wird es von den Kindern seiner siebzig Frauen als Aufgabenzimmer genutzt.

Nun sitzen wir also da und warten gespannt auf den König, der nach knapp zehn Minuten eintrifft.

Er trägt ein traditionelles Gewand in türkisblau und dazu eine sehr auffällige orangefarbige Kopfbedeckung.

Das Tragen von bestimmten Mützen ist hier sehr streng reglementiert, es gibt solche, die nicht jedermann tragen darf und nur für den König und den Chef bestimmt sind.

Ein Bamiléké-Stammeshäuptling darf sich nie ohne Kopfbedeckung in der Öffentlichkeit zeigen.

Da gibt es beispielsweise eine für meine Begriffe besonders lustig aussehende Mütze mit vielen Troddeln dran, die nur von den höhergestellten Persönlichkeiten getragen werden darf, wie vom König, den Chefs oder Notabeln. Als Prinz ist es Marcelin auch erlaubt, sie aufzusetzen.

So erkennt man gleich, dass der Träger eine höhere Persönlichkeit ist, welche dadurch in der Öffentlichkeit den entsprechenden Respekt erhält.

Marcelin hat sich kürzlich so eine Troddelmütze gekauft und sie gleich angezogen, als wir nach Bangangté gingen. In einem Restaurant tranken wir etwas, als plötzlich unser Chef von Bametcha ins Lokal kam. In diesem Moment hat Marcelin die Mütze aus Respekt vor ihm sofort ausgezogen. Hätte er sie nicht abgesetzt, wäre dies einem Machtkampf gleichgekommen.

Doch nun zurück zur Hochzeit: Ich glaube, ein Lächeln über das Gesicht des Königs huschen zu sehen, als er mich sieht.

Wir werden von den Protokollführern aufgefordert, den König zu begrüßen. Zum Glück haben wir dies vorher mit meinen Eltern geübt und der König übersieht großzügig, dass dies leider doch nicht so ganz perfekt gelingt, selbst bei mir nicht. Ich bin so auf meine Eltern konzentriert, dass es bei mir eine Mischung aus männlicher und weiblicher Begrüßung wird. Von einem König getraut zu werden, lässt einen ja auch nicht so einfach kalt. Er gibt mir zu verstehen, dass ich alles, was er sagt, für meine Eltern übersetzen kann.

Zuerst entschuldigt er sich, dass für unsere Hochzeit nicht die üblichen Vorbereitungen getroffen werden konnten. Nachdem Marcelin erst gestern den definitiven Termin dem König mitgeteilt hatte, war dafür keine Zeit mehr. Eigentlich hätte das Zimmer geschmückt werden sollen und Tänzer und Musiker eingeladen werden. Doch dazu sei es zu spät gewesen.

Nun richtet er das Wort an meine Eltern und erklärt ihnen, dass sie mit dieser Hochzeit nun auch zur königlichen Familie gehören und er sich darüber sehr freue und stolz sei. Wenn sie das nächste Mal nach Bangangté kämen, seien sie keine Touristen mehr, sondern Mitglieder der Königsfamilie, und daher jederzeit herzlich willkommen, sowohl in Bangangté als auch im Königshaus.

Dann klärt er uns darüber auf, wie die Trauung ablaufen wird. Marcelin und ich müssen im Türrahmen stehen und die Schuhe ausziehen. Dann muss ich meinen nackten Fuß auf Marcelins Fuß stellen, und danach wird Wasser darüber gegossen. Das Wasser symbolisiert das Leben, die Füße den einzuschlagenden Weg, der friedvoll sein möge.

Doch dies stellt sich als nicht so einfach heraus, denn für die symbolische Verbindung müssen die Füße nach Protokoll in einem ganz bestimmten Winkel aufeinanderstehen. Aber schlussendlich kriegen die Protokollführer auch das hin, und so wird das Wasser feierlich über unsere Füße geleert. Dann darf geklatscht werden und damit ist die Trauung auch schon vollzogen.

Übrigens OHNE Kuss, denn selbst bei diesem Zeremoniell ist dies nicht üblich.

Danach werden wir von den Protokollführern für das Erinnerungsfoto in den Hof geführt und zwischen den Statuen von Marcelins Vater und Großvater platziert. Sobald alles für die Aufnahme ins rechte Licht gerückt ist, kommt der König auch dazu und stellt sich in die Mitte.

Selbst hier ist es etwas ganz Außergewöhnliches und nicht für jedermann möglich, vom König persönlich getraut zu werden. Ich bin sehr stolz darauf, dass mir diese Ehre gewährt wurde.

Wir gehen zurück ins Trauzimmer. Papa spaziert herum und bleibt vor dem königlichen Hocker stehen, der schon vor der Trauung sein Interesse geweckt hatte. Marcelin bekommt einen Riesenschrecken und fleht mich an, meinen Vater sofort darüber aufzuklären, dass er um Himmels Willen den Stuhl weder anfassen noch sich draufsetzen darf. Das hat Papa sogleich verstanden. Da er gerne mit Holz arbeitet, wollte er sich das kleine Kunstwerk nur mal aus der Nähe anschauen.

Dann gibt es für alle Bier, leider nur Bier, denn ich mag dieses Getränk absolut nicht. So kann ich nicht mal auf meine Hochzeit anstoßen. Bier ist nun mal hier so etwas wie das Nationalgetränk.

Nach dem kurzen Umtrunk spazieren wir langsam zur Straße hinauf, um auf unser Taxi zu warten. Wir machen noch Fotos am Eingang vor dem Löwen der Chefferie. Nur die Chefferie Supérieure, also das Königshaus, hat den Löwen in Lebensgröße. Bei den anderen Chefferien ist er kleiner und meist nur an die Wand gemalt.

Dann nimmt Marcelin meine Eltern zur Seite und erklärt ihnen, dass meine Mutter nun eine Königinmutter ist und mein Vater den Rang eines Generals bekommen hat, was ihn irgendwie schon beeindruckt.

Mit dem Taxi fahren wir zurück ins Dorf, wo wir in unserem Lieblingsrestaurant noch etwas trinken. Die Gäste warten inzwischen zu Hause und kochen gemeinsam für uns das Hochzeitsessen. Es sind nicht allzu viele Leute eingeladen, weil wir selbst zurzeit knapp bei Kasse sind und meine Eltern großzügigerweise wieder mal aushelfen. Wir wollen ihnen nicht mit einer großen Gesellschaft zusätzliche Kosten aufbürden. Es stört mich schon so genug, dass wir die Hilfe meiner Eltern benötigen.

Nachdem wir uns etwas erfrischt haben, machen wir uns auf den Heimweg und sind sehr gespannt, wer alles gekommen ist. Es freut mich besonders, dass Nicole und Jacques gekommen sind, um zu gratulieren. Eigentlich waren sie auch zur Trauung eingeladen, aber wegen eines Todesfalls in ihrer Familie mussten sie sich entschuldigen.

Das Essen schmeckt vorzüglich. Es gibt Reis mit Fleischgulasch. Ich genieße unser Hochzeitsfest und freue mich mit allen, die gekommen sind.

Ich merke auch, wie stolz Marcelin auf mich ist und wie viel ihm diese Hochzeit bedeutet, mehr als die standesamtliche oder die kirchliche Trauung. Ich denke, für ihn ist die Welt in diesem Moment vollkommen. Er kann vor unserem eigenen Haus sitzen, ist verheiratet und seine Frau erwartet von ihm ein Kind.

Auch mein Wunsch hat sich erfüllt: eines Tages ein eigenes Haus zu haben, einen Mann zu heiraten, der mich liebt und sich unheimlich auf unser Kind freut. Was will ich mehr? Für mich ist ein großer Traum wahr geworden.

Ich finde es wichtig, auch den seelischen Reichtum zu haben. Für mich heißt das zu schätzen, was man hat, und damit zufrieden zu sein. Ich finde, einen lieben Ehemann und gesunde Kinder zu haben, ist sehr viel wert im Leben. Unser Alltag ist so schnelllebig, dass wir das oft nicht mehr sehen. Manchmal tut es sehr gut, sich zehn Minuten hinzusetzen und mit offenem Herzen darüber nachzudenken, wie gut es einem geht.

Eine Wohnung oder ein Haus zu haben, genug zu essen, Gesundheit, Freunde, Familie, ein Haustier, das einem Freude macht, ein Hobby, das einen ausfüllt und Freude bereitet. In solchen Momenten durchströmt mich große Dankbarkeit und Zufriedenheit und ich danke Gott, dass es mir gut geht und dass ich in diesem Moment so glücklich sein darf.

Der Tag unserer Hochzeit ist ein solcher Moment für mich, der mich tief im Innern sehr berührt hat.

Nun bleiben uns noch zwei Wochen mit meinen Eltern. Leider wird meine Mutter krank. Sie fängt sich eine Erkältung ein, denn im Haus zieht es überall. Einen ganzen Tag liegt sie im Bett, isst und trinkt nichts. Mein Vater und ich beschließen, sie am nächsten Tag ins Spital zu bringen, sollte sich ihr Zustand nicht gebessert haben. Generell ist es hier in Afrika gefährlich, wenn man einen ganzen Tag nichts isst und trinkt. Erst recht für meine Mutter, die nächstes Jahr achtzig Jahre alt wird.

Da es ihr bereits am nächsten Tag besser geht, ist der Spitalbesuch glücklicherweise nicht mehr nötig.

Mutter klagt auch über schwere Beine, die ihr zu schaffen machen, aber Marcelin weiß Rat. Er bereitet für sie einen Sud aus bestimmten Fruchtstückchen zu, den sie trinken muss. Er schmeckt leider bitter. Am dritten Tag sogar so schrecklich bit-

Katharina Hänni auf der Münsterplattform in Bern.
Am Abend erfährt sie, dass ihr Marcelin ein Prinz ist.

Ihre große Liebe: Prinz Marcelin Paholo

Ihre erste Umarmung am Flughafen Douala in Kamerun

Marcelin vor ihrer ersten Wohnung in Bangangté

Die Küchenecke in ihrer Wohnung in Bangangté

Der Markt in Douala

Blick über Bangangté

Der Chef von Bametcha

Hier entsteht ihr Haus in Bametcha

Die zweite Frau vom Chef
und Katharina vor dem Grundstück

Das fertiggestellte Haus im März 2007

So sammelt Katharina Trinkwasser

La Reine Katharina im traditionellen Hochzeitskleid
mit dem Messer des Heilers und der Prinzenkette

Prinz Marcelin in der ganzen Prinzentracht
mit Hut, Gandura und Halskette

Marcelin bewirtschaftet die Felder
und gräbt Süßkartoffeln aus.

Katharina mit den Hunden Paradis,
Lady und Kelly

Die Eltern Rudolf und Margaritha Hänni
werden mit Tanz und Gesang begrüßt.

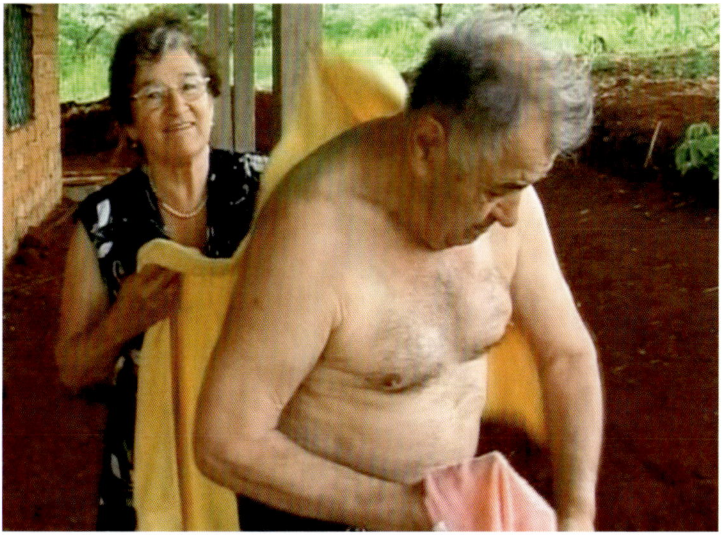

Vater Rudolf bei der Morgentoilette

Katharinas Schwiegermutter und Marcelins Schwester Marie
kochen hinter dem Haus an der Feuerstelle Kwi,
ein kamerunisches Gericht.

Die traditionelle Hochzeit im Palast mit dem König
in der Mitte

Das Sonntagstreffen von Bametcha

Marcelin mit dem Prinzen Bangoulap

Katharina und ihr Sohn Sky im Krankenhaus Bangangté

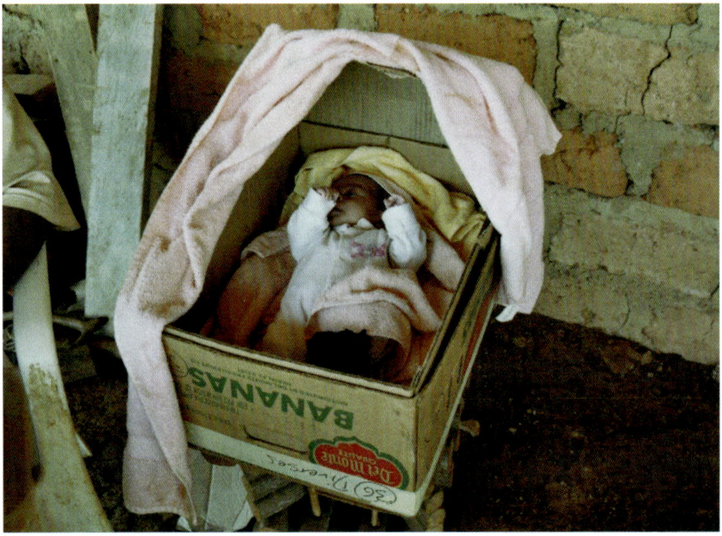

Das erste Bettchen von Prinz Rudolf Tatchi Sky

Der stolze Vater Marcelin mit Sohn Sky

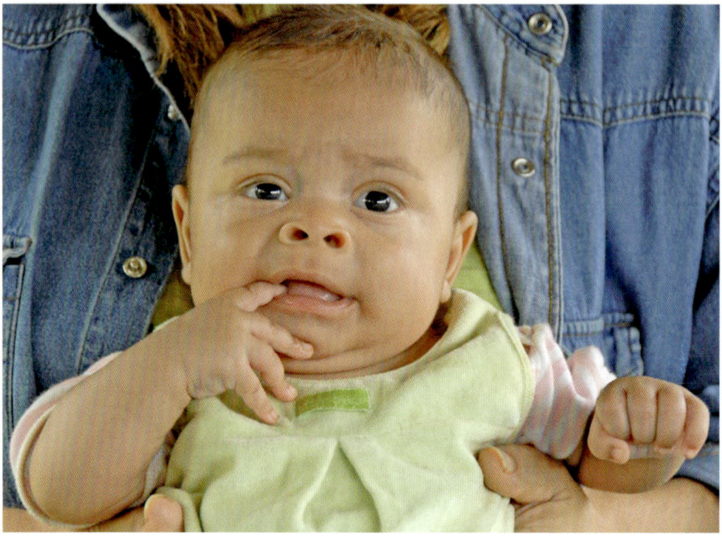

Katharinas und Marcelins »Sonnenschein«
Rudolf Tatchi Sky

Die stolze Familie Paholo

ter, dass sie ihn nicht mehr trinken kann. Aber der Trank hat ihr geholfen, die Krämpfe sind tatsächlich weg!

Ausgerechnet jetzt, wo wir kaum für uns selber genug zu essen haben, tauchen auch noch Gäste auf. Damit muss man hier immer rechnen, zu allen möglichen Tageszeiten. Sie kommen einfach so, ohne Anmeldung, sooft sie wollen und bleiben auch so lange, wie sie wollen. Vielleicht möchten sie sich für etwas bedanken oder haben irgendeinen Wunsch oder wollen ganz einfach einen Besuch abstatten. Dann sitzen sie da und schauen zu, was wir machen. Wenn es ihnen reicht, gehen sie ganz einfach wieder. Die meisten kommen von weit her und haben kein Telefon, um ihren Besuch anzumelden. Sie wollen auch keinesfalls stören, man muss sich nicht mal mit ihnen unterhalten. Das war für mich schon eine neue Art von Gastfreundschaft, an die man sich erst gewöhnen muss.

Es ist ein heiliges Gesetz in Bangangté, dass jeder Besucher verköstigt werden muss. Ausgerechnet dieses Gesetz müssen wir an diesem Tag brechen, aber es bleibt uns nichts anderes übrig, denn wir haben rein gar nichts anzubieten. Das tut mir sehr leid. Wir werden das aber bestimmt einmal nachholen können.

Die letzten Teigwaren, die uns geblieben sind, kochen wir derart lange, dass sie fast um das Doppelte aufgehen, damit sie für uns alle reichen.

Meine Eltern haben uns sechzig Kilo alte Kleider mitgebracht, die sie gesammelt haben. Diese wollen wir auf dem Markt verkaufen, um unsere Finanzen wieder etwas aufzubessern.

Da wir kein Geld haben, können wir meinen Eltern auch keine Sehenswürdigkeiten zeigen. Wir hätten gerne die Chefferie von Foumbam besucht, die wir selbst immer noch nicht gesehen haben, aber die Fahrt bis dorthin ist nicht gratis. Mit einem Taxi wäre es zu teuer und mit den öffentlichen Verkehrsmitteln etwas zu mühsam für meine Eltern. So fahren wir nur am letzten Samstag vor ihrer Abreise, als es meiner Mutter wieder besser geht, nach Bangangté auf den Markt. Mein Vater hat sich das gewünscht, um meine neue Heimat doch noch etwas näher kennenzulernen.

Mit dem Taxi fahren wir zum Haus von Nicole und Jacques. Meine Eltern sollen auch ein richtiges afrikanisches Haus mit einem gut eingerichteten Haushalt zu sehen bekommen. Es gibt Strom und Fernsehen im Haus. Die Küche befindet sich in einem separaten Gebäude mit Feuerstelle. Trotz Strom haben sie keinen elektrischen Kochherd. Dusche und WC sind auch draußen, es sind zwei gemauerte Boxen mit Vorhängen als Türen. Diese Art ist hier am meisten verbreitet. Die Häuser weiter außerhalb des Dorfes haben keinen Strom. Die beiden sind seit einigen Jahren auch dabei, sich ein eigenes Haus zu bauen. Jacques ist Heiler und verdient für hiesige Verhältnisse nicht schlecht. Aber immer noch nicht genug, um endlich das Haus fertigzustellen. Jacques ist eine starke Persönlichkeit, er ist Präsident der Familienversammlung.

Gleich hinter dem Haus von Nicole und Jacques beginnt der Markt, der jeden Mittwoch und Samstag bei jedem Wetter im Freien stattfindet. Dort beginnt unser Dorfrundgang, wobei »Dorf« eine für europäische Verhältnisse nicht ganz die passende Bezeichnung ist.

Optisch ist es ein Dorf, aber Bangangté hat immerhin 8000 Einwohner. Der Markt ist ein riesiger Platz, wo man alles bekommt, was das einheimische Herz begehrt. Es herrscht ein faszinierendes buntes Treiben. Meine Eltern bewundern alles mit großen Augen. Sie bestaunen die riesige Auswahl an Früchten wie Ananas, Papaya, Mango, Orangen, Zitronen, viele verschiedene Sorten von Bananen, Äpfel, Mandarinen, Wassermelonen und Avocados. Vieles wird auf einer Unterlage aus Bambus und Palmblättern am Boden angeboten, anderes auf Holzgestellen schön präsentiert. Es ist eine wahre Augenweide. Aber man sieht auch vieles, das ganz einfach in hässlichen farbigen Plastikeimern angeboten wird, was dann das Bild leider etwas trübt.

Die verführerischen Düfte der unzähligen Gewürze und Kräuter berauschen die Sinne und verlocken zum Kauf!

Auch Zigaretten und Flaschenbier werden angeboten, ebenso Schuhe und Kleider jeglicher Art. Viele der Händler tragen Plastiksandalen oder auch Flip-Flops. Einer balanciert sogar einen Stapel Handtaschen auf seinem Kopf, die Henkel tanzen bei jedem Schritt lustig herum. Das sieht schon irgendwie verrückt aus. Ein anderer kommt mit verschiedenen, schön zusammengefalteten Pullovern auf dem Kopf daherstolziert.

Schön drapierte Polstermöbel stehen mitten auf der Wiese und warten auf Käufer.

Selbstverständlich wird alles lautstark angeboten. Es wird geschrien, gesungen und aus einer Ecke erklingt aus einem Lautsprecher Makossa-Musik oder sonst irgendein neuer Hit.

Außerhalb des Marktes befinden sich Boutiquen und andere Läden.

Nachdem wir uns sattgesehen haben, laufen wir um den Marktplatz herum, machen einen Bogen und nehmen die Steigung auf der anderen Seite in Angriff. Bangangté ist ein sehr hügeliges Dorf. An den Hängen gibt es Wohnsiedlungen und auch ein paar mehrstöckige Häuser.

Von der Post aus bietet sich ein atemberaubendes Panorama. Das Bamiléké-Land besteht aus unzähligen ineinanderfließenden, rundlichen und teilweise bewaldeten Hügeln, aber es gibt auch stolz aufragende Berge. Ebenso findet man karge Steilhänge und Täler mit ruhig dahinziehenden Flüssen. Und immer und überall begegnet einem diese rote Lateriterde, die bei heftigem Wind einfach alles mit einer Ockerschicht überzieht.

Etwas weiter oben kommen wir zur Fleischhalle. Das ist ein Haus mit acht Boxen, wo in jeder ein Händler sein Rindfleisch verkauft. Die Aufteilung des Hauses erinnert mit seinen ungefähr ein Meter fünfzig hohen Trennwänden an einen Pferdestall. Das Haus ist nicht gekühlt und es gibt kein Wasser, um einmal ein Messer abzuwaschen oder einen Tisch zu reinigen. Die Tische bestehen aus weißen Kacheln, die vielerorts schon zersprungen sind und nun der nackte Beton hervorschaut. Wir kaufen unser Fleisch immer dort, und ich hatte bisher noch nie gesundheitliche Probleme.

Etwas von dieser Halle entfernt gibt es einen überdachten Platz mit einfachen Holztischen, auf denen das andere Fleisch angeboten wird: Schwein, Kalb, Ziege, Schaf, Wild und auch Pferd. Meine Eltern wollen Fleisch kaufen, doch sie merken schnell, dass sie das wegen der Verständigungsprobleme und der Preisverhandlung nicht selber können. Deshalb geben sie Marcelin das Geld, damit er für sie das Gewünschte einkauft. Dann gehen wir am Kleidermarkt vorbei zum Lebendmarkt. Hier gibt es Hühner, Küken, Enten, Gänse, Ziegen und Schafe lebend zu kaufen, darum ist es auch ziemlich laut. Hier hört man Gequieke, dort wird um die Wette geschnattert und daneben gemeckert und gegackert.

Das Kamerunschaf ist übrigens in Deutschland ein ganz besonders beliebter Fleischlieferant. Diese kurzhaarige Rasse mit kastanienfarbenem Rücken und schwarzem Bauch muss nicht geschoren werden.

Nach dem Marktbesuch legen wir unterwegs noch eine kleine Pause ein, bevor wir in unserem Lieblingsrestaurant noch etwas trinken.

Meine Mutter probiert die pikanten kleinen Kuchen, die von fliegenden Händlern, meistens Kindern, angeboten werden. Zu unserem Erstaunen schmeckt ihr dieses doch sehr scharfe Gebäck gut.

Wir schlendern auch gemütlich zum Festivalgelände, wo Marcelin eigentlich vor ein paar Tagen hätte auftreten sollen. Er hatte abgesagt, weil die Gage zu gering war und er die Auftritte auch zeitlich nicht hätte wahrnehmen können. Ich fühlte mich zu diesem Zeitpunkt nicht gut und so war es ihm wichtiger, an meiner Seite zu bleiben.

Dieses jährlich stattfindende Festival hat einen sehr hohen Stellenwert bei der Bevölkerung, reisen dafür doch Bamiléké aus allen Teilen der Welt an, um wirtschaftliche und traditionelle künstlerische Aktivitäten zu pflegen.

Unterwegs entdeckt meine Mutter eine Schmiedewerkstatt, die ihr besonderes Interesse weckt. Da sitzt ein Mann ganz einfach friedlich auf dem nackten Fußboden seiner Werkstatt und schmiedet sehr exakt und konzentriert mit einfachsten

Mitteln einen Gegenstand. Ohne Schutzbrille oder Lederschürze. Es ist faszinierend, ihm bei diesem Handwerk zuzuschauen.

Inzwischen sind meine Eltern von all den neuen Eindrücken müde geworden und möchten nach Hause. Marcelin ruft ein Taxi. Mein Vater wird schon nervös, denn er will pünktlich zum Abendessen zu Hause sein.

Wir drei fahren ohne Marcelin zurück. Er geht noch einmal auf den Markt, um das Fleisch einzukaufen, das sich meine Eltern gewünscht haben, und kommt dann mit dem Mototaxi nach.

In Bangangté gibt es viele Mototaxis. Das sind 125 ccm Motorräder, und es ist die einfachste und billigste Art, von einem Ort zum anderen zu kommen – vorausgesetzt, es regnet nicht und man hat nicht allzu viel Gepäck. Bei Regen fahren sie nicht, weil sowohl der Fahrer als auch der Kunde klitschnass würden und die Naturstraßen sowieso nicht passiert werden können.

Erstaunlicherweise kann man aber sehr viel mit so einem Mototaxi transportieren. Eine große Gasflasche nimmt der Fahrer vorne auf den Tank und klemmt sie mit den Armen und Beinen ein. Große Einkaufstaschen werden auch so verstaut. Den Rest kann man noch zwischen sich und dem Fahrer einklemmen oder behält es in den Händen, wenn es nicht zu schwer ist. Marcelin gab mir mal ein drei Meter großes, zusammengerolltes Blechdach mit auf den Schoß, eingeklemmt zwischen mir und dem Fahrer. Anfangs hatte ich fast Panik und war überzeugt, das würde nicht gut gehen, doch wir erreichten unbeschadet das Ziel.

Kapitel 19

Abschied in Douala

Jetzt, wo es meiner Mutter glücklicherweise wieder besser geht, fühle ich mich müde und krank. Nach dem Mittagessen lege ich mich aufs Bett, um ein wenig auszuruhen. Ich beginne plötzlich zu frieren, trotz mehreren Decken wird es nicht besser. Als meine Mutter nach mir schaut, stellt sie fest, dass ich Fieber habe. Am Abend fühle ich mich etwas besser, stehe auf und esse eine Kleinigkeit. Trotzdem verdirbt mir dieses Fieber den Abreisetag meiner Eltern. Wir konnten die beiden schnell davon überzeugen, dass es besser wäre, bereits am Vortag nach Douala zu fahren, damit die ganze Reise für sie nicht zu anstrengend wird. Mein Vater hat die Koffer schon am Sonntagabend gepackt. So können wir am Montagmorgen noch gemütlich zusammen frühstücken.

Damit wir uns nicht beeilen müssen, hat Marcelin bereits am Samstag die Plätze für die Busfahrt reserviert. Der Bus fährt ja sowieso nicht vor dem Mittag ab. Wegen dem vielen Gepäck nehmen wir uns zum Busbahnhof ein Taxi. Wie erwartet, ist das Fahrzeug noch nicht voll. Wir stellen unser Gepäck zum Aufladen bereit und gehen ins Restaurant, um noch etwas zu trinken und uns die Wartezeit zu verkürzen.

An diese ganze Warterei hier in Afrika hat sich mein Vater immer noch nicht gewöhnt und unsere Geduld wird oft auf eine harte Probe gestellt. Wir Europäer bewegen uns ja in einem sehr engen zeitlichen Rahmen und handeln oft sehr ziel- und zweckgebunden. Die afrikanische Mentalität dagegen ist viel offener und dadurch auch in der Lage, das Leben mit seinen jeweiligen Bedingungen gelassen so hinzunehmen, wie es nun mal ist. Diese enorme Gelassenheit brauchen die Menschen hier sehr oft im Alltag.

Auch ihr Sinn für Gemeinschaft, soziale Fantasie und ihre Improvisationskunst ist oft einzigartig, wie ich im Laufe der Zeit immer wieder staunend erfahre. Die Menschen sind enorm genügsam und geduldig.

Ich fühle mich immer noch krank, doch sehe ich im Moment keine Möglichkeit, daran etwas zu ändern. Überraschenderweise wird der Bus doch noch kurz vor Mittag voll und wir fahren los. Obwohl es Regenzeit ist, ist es ein wunderschöner und heißer Tag.

Normalerweise macht mir das Busfahren überhaupt nichts aus, doch heute fühle ich mich einfach nicht wohl. Ich weiß nicht, wie ich mich hinsetzen soll. Ich habe zwei Sitze für mich, eine Reihe vor Marcelin und meinen Eltern. Wir haben extra zwei Plätze mehr gekauft, damit es meine Eltern in dem überfüllten Bus bequemer haben.

Nach gut zwei Stunden Busfahrt spüre ich, wie das Fieber zurückkommt. Unterwegs halten wir kurz für eine Toilettenpause. Dann geht die holperige Fahrt wieder weiter.

Die Straßen stammen größtenteils noch aus der deutschen Kolonialzeit und befinden sich in einem erbärmlichen Zustand. Überall sind riesige Löcher, was die Fahrt nicht gerade angenehm und mir heute besonders zu schaffen macht. Mir wird plötzlich übel und ich kann es nicht verhindern, mich zu übergeben.

Marcelin wischt alles mühsam mit Papiertaschentüchern auf.

Ich fühle mich hundeelend und versuche, ein wenig zu schlafen, doch ich fühle mich nach wie vor sehr unwohl. Zudem tragen all die unangenehmen, penetranten Gerüche nach Erbrochenem, Schweiß und Tierausscheidungen der unfreiwilligen Fahrgäste auf dem Dach nicht gerade zum Wohlbefinden bei.

Marcelin und meine Eltern sorgen sich um meinen Zustand. Beim nächsten Halt springt Marcelin aus dem Bus über die Straße zu einer Apotheke und holt mir Tabletten. Als wir in Douala ankommen, geht es mir wieder etwas besser.

Wir fahren zum Hotel »Foyer du Marin«, der Deutschen Seemannsmission, beziehen dort zuerst unsere Zimmer und nehmen eine Dusche. Später treffen wir uns unten im Restaurant. Feine Düfte steigen mir in die Nase, sodass ich richtig Appetit bekomme. Ich bestelle mir ein Menü, und genau in diesem Moment ruft meine Schulfreundin Brigitte an. Sie möchte wissen, wie es mir geht und was wir so machen. Wir unterhalten uns angeregt miteinander, als wären wir ganz alleine im Raum.

Das hören auch die Tischnachbarn und erkennen mich durch meine Erzählungen. Sie haben den ersten »Reporter«-Film über mich im Schweizer Fernsehen gesehen. Die ganze Familie kommt zu uns an den Tisch. Sie erzählen, dass sie nach Bamenda wollen, denn sie arbeiten bei der Basler »Mission 21«, die dort stationiert ist. Ich spüre plötzlich, dass meine Kräfte nachlassen und ich mich sehr konzentrieren muss, um bei der Sache zu bleiben.

Kurz bevor das Essen aufgetragen wird, verabschiedet sich die Familie und geht wieder an den Nebentisch.

Erst viel später fällt mir auf, dass ich sie leider nicht nach ihrer Adresse gefragt habe. Ich habe sie auch nicht eingeladen, uns in Bangangté zu besuchen. Schade. Es wäre für sie nur ein kleiner Umweg gewesen.

Ich habe einen Riesenhunger und freue mich sehr über das leckere Essen, das uns serviert wird. Doch bereits nach wenigen Bissen bin ich satt und muss mehr als die Hälfte stehen lassen. Kurz nach dem Essen sind wir alle müde und wollen uns zurückziehen.

Doch zuerst muss bezahlt werden, was in Afrika auch wieder seine Zeit dauert. Nach dreißig Minuten ist auch das geregelt. Kaum im Zimmer angekommen, lasse ich mich aufs Bett fallen und schlafe ein. Marcelin weckt mich, damit ich mich ausziehe und für die Nacht fertig mache, was ich dann mit Müh und Not gerade noch schaffe.

In der Nacht erwache ich, weil ich Schmerzen habe. Ich taste die betroffene Stelle ab. Ah, da! Es fühlt sich an wie ein Pickel. Doch schon die kleinste Berührung tut weh. Ich spanne die Haut und kratze mit einem Nagel den Pickel auf. Als ich das kleine Stück Haut auf meinen Fingern spüre, gehe ich ins Bad und mache Licht. Ich will den Pickel richtig ausdrücken damit alles rauskommt. Ich stelle mich vor den Spiegel. Aha, da ist der weiße Punkt. Ich nehme die Haut zwischen die Finger und beginne langsam zu drücken. Aber statt Eiter flutscht mir eine etwa fünf Millimeter große weiße Made auf den Finger, wie man sie auch in Lebensmitteln finden kann, wenn man beispielsweise Fleisch im Kühlschrank lange Zeit vergessen hat. Das war es also! Dasselbe, was auch mein Vater und meine Mutter hatten.

Jetzt tut es nicht mehr weh und ich gehe wieder ins Bett und kann ruhig weiterschlafen.

Marcelin weckt mich früh am Morgen, weil er noch Obst für meine Eltern einkaufen will. Vati soll noch Früchte bekommen.

Ich bleibe noch ein wenig im Bett, nehme später eine Dusche und gehe dann mit meinen Eltern frühstücken. Es geht mir immer noch nicht gut. Da ich aber meine Eltern nicht beunruhigen möchte, lasse ich mir nichts anmerken. Nach dem Frühstück zeige ich ihnen die Made, die ich am Vorabend ausgedrückt und für sie aufgehoben habe. Sie wollen sie mitnehmen und zu Hause dem Tropenarzt zeigen. Zum Glück stellt sich später heraus, dass es eine harmlose Made war, die außer Narben nichts hinterlässt.

Den Vormittag verbringen wir noch gemütlich zusammen in der schönen Hotelanlage. Da das Hotel durch Hecken gut abgeschirmt ist, ist es angenehm ruhig und vom Straßenlärm kaum etwas zu hören.

Doch bei Vati kommt keine Ruhe mehr auf, er ist ungeduldig und will das Gepäck schon vor zehn Uhr aus dem Zimmer räumen. Mit einiger Anstrengung gelingt es uns, ihm klarzumachen, dass das Gepäck im Zimmer sicherer aufbewahrt ist.

Vati möchte noch raus aus dem Hotel, um sich ein wenig die Stadt anzusehen. Wir schlagen vor, in der Stadt zu Mittag zu essen. Diese Idee kommt bei meinen Eltern gut an.

Auf dem Weg zur Hauptstraße sieht man die unzähligen armseligen Wellblechhütten. Die überall sichtbare Armut begleitet einen auf Schritt und Tritt. Der Abfall wird entweder auf bereits vorhandene Müllberge oder in die offenen Abwasserkanäle geworfen. Von Müllabfuhr, geschweige denn Umweltschutz, spricht hier keiner.

Die gelben Sammeltaxis und unzähligen Mototaxis prägen das Stadtbild. Die Hafenstadt Douala ist mit ihren rund zwei Millionen Einwohnern eine typische Dritte-Welt-Stadt. Mangels genauen und aktuellen Erhebungen ist diese Zahl allerdings mit Vorsicht zu genießen. Marcelin entpuppt sich als sehr kundiger, gewandter Reiseführer. Wirkliche Sehenswürdigkeiten – im europäischen Sinne – hat Douala nicht zu bieten. Marcelin zeigt uns Hochhäuser, die von Deutschen gebaut wurden und bei besonders vornehmen Häusern erklärt er uns, wer zu welcher Zeit in diesen Häusern gewohnt hat.

Ein besonders schönes Bauwerk ist die sogenannte Pagode, eine im chinesischen Stil erbaute Residenz von King Rudolf Manga Bell, dem Enkel von King Bell, der den Schutzvertrag mit Deutschland zusammen mit King Akwa und weiteren Volksoberhäuptern am 12. Juli 1884 mit unterzeichnet hat. Sie gehört heute zum Weltkulturerbe.

Für die Vertragsunterzeichnung hatten die deutschen Firmen *Eduard Schmid* und *Jantzen & Thormählen* 27000 Mark an King Bell bezahlt, der dadurch zu einem der wohlhabendsten Afrikaner seiner Zeit wurde. King Bell wurde 1914 in Douala von den Kolonialherren exekutiert. Kamerun hat in seiner Geschichte nahezu alle europäischen Kolonialmächte erdulden müssen.

Unterwegs zeigt uns Marcelin auch noch die Grabsäule von King Akwa, eine 1936 erbaute Kathedrale, einen deutschen Friedhof und natürlich ein Sportstadion. Sehenswert ist auch das ehemalige deutsche Gouverneursgebäude, das heute als Justizpalast dient. Es gibt hier Villenviertel mit luxuriösen

Häusern, aber auch Stadtteile mit ganz einfachen Hütten. Ich finde es schade, dass die Menschen heutzutage größtenteils europäische Kleidung tragen. Es könnte durchaus passieren, dass man einem Kleidungsstück aus dem Rotkreuzsack hier auf dem Markt wiederbegegnet!

Nach diesem Rundgang durch die Stadt führt uns Marcelin in ein gutes einheimisches Restaurant, das er ausfindig gemacht hatte, als er gezwungenermaßen drei Wochen wegen des Containers in Douala verbringen musste. Er bestellt verschiedene typisch kamerunische Gerichte, Ndolé mit Maniok und Fisch mit Reis. Ndolé ist ein Gemüse, etwas gröber geschnitten als gehackter Spinat, und schmeckt leicht bitter (man muss diese Blätter für die Zubereitung unter reichlich fließendem Wasser waschen, damit sich dieser starke bittere Geschmack etwas verliert).

Der Fisch ist über dem Feuer gebraten und sehr gut gewürzt.

Meine Eltern finden es lustig, dass wir im Restaurant mit den Händen essen. Das ist in Kamerun durchaus üblich, aber man erhält auf Wunsch selbstverständlich auch Besteck. Es schmeckt alles vorzüglich und meine Eltern sind begeistert. Das Essen und die Taxifahrt sind zusammen billiger als ein Essen in unserem Hotel, obwohl die Preise dort für europäische Verhältnisse noch günstig sind. Doch leider bietet dieses Restaurant keine große Auswahl an Getränken. So beschließen wir, auf dem Rückweg noch ein anderes Restaurant aufzusuchen.

Wir finden ein schönes Straßencafé, das uns mit den großen Blumenkübeln an die Schweiz erinnert. Nach einer kurzen Rast dort stellen wir uns direkt vor dem Restaurant an den Straßenrand und warten auf eines der günstigen Sammeltaxis, das bereits nach wenigen Minuten eintrifft.

Die Taxis hier sind nicht mit unseren zu vergleichen. Wenn ein Taxi anhält, sagt man, wohin man will und wie viele Personen mitfahren möchten. Stimmt die Richtung mit der des Taxis überein, hupt der Fahrer einmal kurz, was bedeutet, dass man einsteigen darf. Ansonsten fährt er gruß- und wortlos weiter. Um diese günstigen Sammeltaxis benützen zu können, muss man sich natürlich gut in der Stadt auskennen. Und man sollte auf der richtigen Straßenseite stehen. Es sei denn, ein Taxifahrer erbarmt sich und ist bereit, die Richtung zu wechseln. Das kostet dann automatisch einen Aufpreis, der aber, gemessen an europäischen Verhältnissen, immer noch günstig ist.

Eigentlich hatten wir geplant, noch eine Kleinigkeit im Hotel zu essen, doch niemand hat Hunger. Mein Vater wird unruhig, es drängt ihn zum Flughafen. Am liebsten wäre er schon dort, bevor man überhaupt einchecken kann. Wir machen ihm klar, dass dies nicht sinnvoll ist, da das Flugzeug erst nach 22 Uhr startet. Um ihn zu beruhigen, fahren wir allerdings doch früher und erreichen den Flughafen bereits gegen Abend.

Zuerst checke ich mit meinen Eltern ein, damit wir das große Gepäck los sind. Marcelin wartet im Restaurant auf uns. Es dauert etwas länger, da ich mit meinen Eltern gleich auch die Zollformalitäten erledigen will und die Flughafentaxe bezahle. Das sind je zehntausend Franc, umgerechnet je fünfundzwanzig Franken, die bar bezahlt werden müssen. Ein Angestellter vom Flughafen hilft uns bei den ganzen Ausreiseformalitäten, füllt für meine Eltern die Ausreisedeklaration aus und lässt sie sogar schon abstempeln. So müssen sie nachher nur noch die Papiere abgeben und nicht mehr überall anstehen.

Der Abschied fällt uns sehr schwer und wir versuchen, den Trennungsschmerz zu verdrängen. Kaum sind meine Eltern hinter dem Eingang verschwunden, verlassen wir deshalb überstürzt das Flughafengebäude.

Da wir so schnell wie möglich nach Hause wollen, die Sammeltaxis aber keine Zufahrtsgenehmigung zum Flughafengelände haben, müssen wir noch ein kurzes Stück laufen. Dann bringt uns das Taxi direkt zum Bsubahnhof, wo glücklicherweise bereits ein abfahrbereiter Bus Richtung Bangangté steht.

Mir geht es immer noch nicht besser. Wir trinken noch etwas, und ich nehme die von Marcelin besorgte Medizin ein. Auf die Toilette muss ich leider auch noch, was wieder mit einigem Aufwand verbunden ist. Es gibt keine öffentlichen sanitären Anlagen wie in Europa. Wir müssen uns durchfragen, welche Restaurants ein WC haben, das wir benutzen dürfen.

Nach langem Suchen finden wir ein Restaurant, wo ich die Toilette benutzen darf.

Danach überqueren wir den Busbahnhof. Ich mag die Atmosphäre hier. Das bunte Treiben, die vielen Menschen, die irgendwohin eilen, Händler, die irgendetwas verkaufen wollen, Buspassagiere, die warten, stinkende, hupende Autos und Motorräder, die um Millimeter aneinander vorbeifahren und drängeln. Da rennt einer mit Broten unter dem Arm vorbei, dort bietet einer geräucherten Fisch an.

Immer wieder bestaune ich die wunderschönen bunten Kleider der Frauen. Oftmals tragen sie um den Kopf kunstvoll gewickelte Tücher aus demselben Stoff, was dem ganzen eine besondere Note gibt. Entweder tragen sie dazu Flip-Flops oder laufen barfuß, eher seltener trifft man auf die hier höchst unpraktischen Stöckelschuhe.

Es ist bewundernswert, was die Frauen alles mit einem Lächeln und einer Selbstsicherheit auf dem Kopf herumtragen, als wäre es federleicht. Und nie, auch wirklich nie, fällt auch nur das kleinste Stück herunter.

Der internationale Frauentag am 8. März wird hier übrigens immer sehr ernst genommen. An diesem Tag tragen alle Frauen ein Kleid aus demselben Stoff. Vorne auf der Brust, wie auf einem Medaillon, ist bei allen das Bild des Staatspräsidenten Paul Biya aufgedruckt.

Marcelin hilft mir in den Bus, damit ich mich schon ein bisschen ausruhen kann. In der Zwischenzeit besorgt er uns etwas zu essen und zu trinken. Für mich frittiertes Schweinefleisch mit Bananen und Wasser.

Da mir noch immer übel ist, organisiert Marcelin noch für alle Fälle eine Tüte. Um Mitternacht fahren wir endlich los. Leider gelingt es mir nicht einzuschlafen, da überall die Fenster offen sind und kühler Nachtwind durch meine Haare streicht. Am großen Busbahnhof Bonaberi, außerhalb Doualas, machen wir einen längeren Aufenthalt. Danach kann ich endlich schlafen. Als ich wieder aufwache, sind wir bereits kurz vor Bangangté.

Weil wir zwei Tage nicht zu Hause waren, sollten wir eigentlich noch einkaufen, und heute ist Markttag. Marcelin fragt mich, ob wir einkaufen wollen. Ich antworte, dass ich nur einen Wunsch habe, nämlich so schnell wie möglich nach Hause zu kommen. Ich sage ihm nicht, dass es mir schwindlig ist, dass ich keinen Menschen sehen will und schon gar nicht Smalltalk führen mit Bekannten, die wir unweigerlich auf dem Markt treffen würden.

So nehmen wir je ein Mototaxi, um uns nach Hause fahren zu lassen. Da es anscheinend in der Nacht geregnet hat, ist die Naturstraße zu uns hinunter sehr glitschig. Ich schaue immer nur auf die große Rinne auf der Straße und habe Panik, dass wir ausrutschen könnten. Kaum gedacht, schon geschehen, wir rutschen aus, und ich lande buchstäblich im Dreck!

Obwohl ich es kommen sah, bin ich geschockt. Ich stehe nicht sofort auf, sondern horche in meinen Bauch, ob mit dem Baby alles in Ordnung ist. Marcelin war hinter uns. Er steigt vom Motorrad ab, kommt eiligst zu mir und will mir helfen aufzustehen. Ich erkläre ihm, dass ich das nicht kann. Nach einer Weile fühle ich mich stark genug und es gelingt mir mit Marcelins Hilfe aufzustehen. Von den Kleidern tropft der Matsch, doch das stört mich in diesem Moment überhaupt nicht.

Marcelin sieht, dass die Hose an meinem linken Knie zerrissen ist und Blut heraustropft. Als ich ihm versichere, dass bis auf die Schramme an meinem Knie alles gut ist, ist er etwas beruhigt. Doch er beschimpft den Fahrer aufs Schlimmste und droht ihm, falls mir noch einmal etwas passieren sollte, hätte dies schwerwiegende Folgen für ihn.

Danach steige ich wieder aufs Motorrad und wir fahren weiter. Der Motofahrer fährt nun sehr vorsichtig, denn er weiß, wer Marcelin ist und dass seine Drohungen ernst zu nehmen sind.

Ohne weitere Stürze kommen wir zu Hause an. Erst jetzt beginnt das Knie zu schmerzen. Da die Hose schwarz ist, sieht man nicht, wie stark ich blute. Nachdem ich die Hose ausgezogen habe, setze ich mich aufs Bett und wir stellen fest, dass ich eine große Schürfwunde habe, die tief ins Fleisch geht. Marcelin reinigt die Wunde mit Betadine und verbindet anschließend mein Knie. Ich bin todmüde und will danach nur noch schlafen.

Kapitel 20

Diagnose: Malaria!

Marcelin lässt mich bis zum Mittag schlafen. Dann bin ich kurz aufgestanden, habe ein wenig gegessen und bin dann sogleich wieder ins Bett gekrochen. Mir geht es sehr schlecht und ich bin fast nicht ansprechbar, wie mir Marcelin später berichtet hat.

Gegen Abend stellt er fest, dass das Fieber sehr gestiegen ist und ich mehr oder weniger im Delirium bin.

Daraufhin hat er sofort eines der üblichen Privattaxis gerufen, um mich ins Spital bringen zu lassen. Der Taxifahrer ließ sich nicht stressen und sagte, dass er noch rasch nach Hause müsse, um zu duschen und sich umzuziehen, er komme gerade von der Arbeit, aber danach käme er gleich.

Marcelin geht in dieser Wartezeit durch die Hölle. Mein Fieber steigt und steigt und ich bin immer weniger ansprechbar. Er spürt, dass die Situation kritisch ist und ich dringend Hilfe brauche.

Doch der Taxifahrer lässt auf sich warten.

Marcelin versucht nochmals, ihn telefonisch zu erreichen, doch ohne Erfolg. Einige Zeit später unternimmt er einen weiteren Versuch, bei dem der Taxifahrer ihn mit den Worten vertröstet, dass er zuerst noch etwas essen müsse.

Für Marcelin werden Minuten zu Stunden, denn mir geht es immer schlechter. Er ist am Verzweifeln. Gegen 22 Uhr kommt das Taxi endlich. Marcelin packt das Allernötigste für mich zusammen und versucht, mich zu wecken.

»Ich habe dich gar nicht mehr richtig wach bekommen, du warst wohl schon wie in einer Art Delirium. Es war schrecklich für mich«, berichtet Marcelin sichtlich bewegt. »Auf meine Fragen hast du wie im Halbschlaf geantwortet. Beim Anziehen musste ich dir helfen. Bis zum Taxi habe ich dich mehr getragen als gestützt.«

Von dem allem weiß ich rein gar nichts mehr, nur noch, wie ich zur Haustür schwanke und aus dem Haus trete, aufs Taxi zugehe, vor diesem stehen bleibe und auf die Tasche und die Decke schaue, die hinten im Auto liegen. Ich erinnere mich, wie ich immer nur auf die Decke starre und das Bedürfnis habe, mich wieder hinzulegen und zu schlafen.

Ich steige ein und lasse mich seitwärts auf die Decke fallen.

Wie durch einen Nebel kriege ich mit, dass Marcelin und der Fahrer ständig nach hinten schauen und mich fragen, wie es mir geht. Ich habe das Gefühl, dass ich antworte, es ginge gut. Doch wie von weit her höre ich sie abwechselnd zueinander sagen, dass ich wohl schlafe, da ich nicht mehr reagiere.

Wie sie mich aus dem Auto und ins kleine Spital von Bangangté geschafft haben, weiß ich nicht. Dort angekommen, bin ich ein paar Sekunden wach. Ich sitze auf einem einfachen Holzstuhl und die Krankenschwester stellt mir Fragen, die ich meiner Meinung nach auch beantworte. Doch ich habe den Eindruck, sie fragt mich nach fünf oder zehn Minuten dasselbe noch mal und ich denke: »Lasst mich doch alle in Ruhe.«

Marcelin berichtet mir, ich hätte keinen zusammenhängenden Satz mehr gesprochen. Die Krankenschwester habe ihm auch gesagt, er solle mich festhalten, sonst würde ich vom Stuhl fallen. Sie erkennt sofort, dass die Lage sehr ernst ist. Zu meinem Mann sagt sie: »Wenn sie zwei Stunden später gekommen wären, hätte ich für ihre Frau nichts mehr tun können.«

Genau das hat Marcelin noch gefehlt. Er ruft das Taxi rechtzeitig, dieses kommt erst ganze drei Stunden später, und dann macht man ihm noch Vorwürfe.

Dann kommt die große Quizfrage: »Haben Sie Geld dabei?«, fragt die Schwester meinen Mann. »Ja«, antwortet Marcelin knapp.

Da erklärt ihm die Schwester, dass er zuerst zehntausend CFA (was etwa fünfundzwanzig Franken entspricht) für die Infusion bezahlen muss, die ich dringend benötige. Obwohl die Situation für mich lebensbedrohlich ist, muss Marcelin zuerst bezahlen, bevor sie mir eine Infusion setzen. Das ist schon unglaublich.

Wie sie mich ins Zimmer brachten und die Infusion anlegten, von all dem habe ich rein gar nichts mehr mitbekommen. In der Nacht wache ich einige Male auf und nehme wahr, dass Marcelin bei mir am Bett sitzt und der Taxifahrer sich auf dem Bett gegenüber lümmelt. Dann schlafe ich sofort wieder ein.

Einige Zeit später, es soll aber erst kurz nach Mitternacht gewesen sein, kommen Nicole und Jacques ins Spital.

Ja, richtig, ich habe mich nicht etwa verschrieben: Selbst ins Spital kommen Besucher zu jeder Tages- und Nachtzeit, das ist hier üblich. Es gibt keine sogenannten Besuchszeiten. Für die Verpflegung müssen die Angehörigen sorgen. Es ist eine heilige Pflicht, Familienangehörige zu verköstigen. Auch die Bettwäsche muss man selber mitbringen. Durch dieses ständige Kommen und Gehen von Besuchern und Begleitpersonen hat man als Patient eigentlich nie seine Ruhe, niemand nimmt Rücksicht, wie schlecht es dem Kranken auch geht. Dazu kommt noch der Geruch der verschiedenen Speisen, die mitgebracht oder gleich an Ort und Stelle zubereitet werden.

Nicole und Jacques wecken mich, um mich zu begrüßen, doch ich schlafe gleich wieder ein. Während der ganzen Nacht erwache ich immer wieder kurz und sehe dabei meinen Mann mal halb auf einem Holzstuhl, den man extra für ihn ins Zimmer gestellt hat, mal halb auf dem Bett gegenüber in sehr unbequemer Stellung liegen und schlafen. Nicole und Jacques sind inzwischen wieder gegangen.

Ich liege allein in einem Dreibettzimmer, in dem es weder Trennwände noch Vorhänge zwischen den Betten gibt, was wenigstens ein Minimum an Intimsphäre erlauben würde. Die Betten bestehen aus einem Metallgestell und einfachen, längs- und breitgespannten Metallfedern. Ich liege auf einer dünnen Schaumstoffmatratze, die mit Kunststoff oder Kunstleder geschützt ist.

Es gibt weder Nachttische noch Schränke oder ein Waschbecken. Selbstverständlich auch keine Bilder an den Wänden. Auch keine Toilette. Als ich dringend pinkeln muss, schickt man uns hinaus, wo ich mein kleines Geschäft drei Meter von der Eingangstüre entfernt neben einem Strauch erledige.

Vielleicht hätte es so etwas Ähnliches wie eine WC-Anlage mit Plumpsklo gegeben, aber um danach zu suchen, war ich zu schwach.

Am Morgen verlange ich, dass wir nach Hause fahren, was man mir auch gestattete. Wir machen jedoch zuerst bei Nicole und Jacques Halt. Daran kann ich mich wieder erinnern, weil mir der Fahrtwind auf dem Mototaxi so gut getan und das Gesicht gekühlt hat.

Ich weiß noch, dass ich dort etwas gegessen habe. Dann verliere ich jedoch wieder das Bewusstsein und eine aus dem Spital herbeigerufene Schwester legt mir nochmals eine Infusion. Da ich nicht transportfähig bin, kann ich bei Nicole und Jacques bleiben. Die meiste Zeit schlafe ich tief und fest und nehme nur hin und wieder eine Kleinigkeit zu mir. Ansonsten bin ich nicht ansprechbar und kann mich an nichts erinnern.

Am Montag wird nach langer Diskussion beschlossen, dass ich mal wieder eine Dusche nötig hätte. Da ich immer noch sehr wackelig auf den Beinen bin, muss Marcelin mich stützen, damit ich bis zur Dusche hinter dem Haus komme. Von Anfang an verlange ich einen Stuhl, denn ich kann unmöglich lange stehen. Kaum in der Dusche angekommen, lasse ich mich erschöpft auf den kleinen Holzschemel fallen, als hätte ich einen Marathonlauf hinter mir. Marcelin wäscht mich und es tut gut, wieder Wasser auf meiner Haut zu spüren. Das Waschen erschöpft mich allerdings sehr, sodass ich nach dieser Prozedur sofort total erschöpft einschlafe.

Obwohl ich nach der ersten Infusion im Spital bei Nicole sofort die zweite bekommen habe, geht es mir nicht viel besser.

Trotzdem fahren wir am nächsten Tag wieder nach Hause. Ganz langsam fühle ich mich jeden Tag ein bisschen besser, werde ein wenig selbstständiger und brauche immer weniger Hilfe. Doch die Müdigkeit bleibt. Jeden Mittag mache ich ein Mittagsschläfchen von zwei bis drei Stunden. Ich bin zuversichtlich, dass es nun bergauf geht mit mir.

Leider habe ich mich zu früh gefreut. Zwei Wochen später bekomme ich wieder leichtes Fieber. Ich fühle mich schlapp und habe keinen Hunger. Als dann ab Sonntagabend das Fieber wieder ansteigt, ist mein Mann sehr besorgt. Trotzdem wollen wir bis Montag noch warten. Ich selber fühle mich gar nicht so schlecht. Doch als am nächsten Tag immer noch keine Besserung eintritt, bringt mich Marcelin wieder ins Spital.

In Bangangté gibt es zwei kleine Krankenhäuser. Da Marcelin beim ersten Spitalbesuch gleich so rüde behandelt wurde, fahren wir diesmal zum Schwesternspital des großen Spitals von Bangwa in Bangangté.

Schon während der Fahrt verschlechtert sich mein Zustand zusehends. Mir wird schwindlig und fast schwarz vor Augen. Mit großer Anstrengung und Konzentration bemühe ich mich, das Bewusstsein nicht zu verlieren.

Fast wie im Delirium nehme ich wahr, dass der rostrot gestrichene Boden im Spital enorm schmutzig und staubig ist und überall kleine Papierfetzen herumliegen.

Im Korridor, der zugleich als Wartesaal dient, stehen einfache Holzbänke. Die Wände sind ebenfalls halbhoch mit roter Farbe gestrichen.

Marcelin bemüht sich, eine Krankenschwester zu finden, die sich meiner annimmt. Doch niemand hat Zeit, ein Arzt schon gar nicht. Wir warten eine kleine Ewigkeit. Nach langer Zeit endlich kommt doch eine Schwester und führt mich zu einer Waage, die ebenfalls im Korridor auf einer Art Rampe steht. Obwohl diese Waage nur etwa zehn Schritte von der Holzbank entfernt steht, auf der ich vorher gesessen habe, torkle ich auf dem Rückweg zu Marcelin. Er sieht es und kommt mir blitzschnell zu Hilfe, sonst wäre ich gestürzt.

Mir wird wieder schwarz vor Augen, ich will mich nur noch irgendwo hinlegen und sei es auf die harte Holzbank.

Doch nach einer Minute fühle ich mich zu unwohl und setze mich wieder auf. Nun wird mir auch noch übel. Mein Mann begleitet mich nach draußen an die frische Luft, wo ich mich neben der Eingangstreppe übergeben muss.

Wie durch eine Milchglasscheibe sehe ich nur noch verschiedene verschwommene Farben vor meinen Augen. Mein Gleichgewichtssinn lässt mich auch im Stich. Marcelin bringt mich auf die Bank zurück.

Da mein Mann das alles hilflos mitansehen muss und anscheinend niemand Zeit für mich hat, beschließt er, trotz meines schlechten Gesundheitszustandes, mit mir ins große, elf Kilometer von Bangangté entfernte Spital nach Bangwa zu fahren. Er organisiert ein Mototaxi und führt mich nach draußen. Dort setzen wir uns zusammen auf nur eines, denn Marcelin hat berechtigte Angst, dass ich herunterfalle, wenn er mich nicht festhält.

Auf dem Mototaxi geht es mir wieder ein bisschen besser. Der Fahrtwind tut gut. Wir fahren bis zur »Gare-Routiers«. Das ist so etwas Ähnliches wie ein Taxistand.

Wir haben Glück und bekommen noch Plätze im Auto nach Bangwa. Marcelin bittet den Fahrer, so rasch wie möglich zu fahren. Normalerweise fährt ein Auto erst, wenn es voll besetzt ist. Voll heißt hier, mindestens vier Personen auf der Rückbank, mindestens noch zwei Personen auf dem Beifahrersitz, und wenn es ganz hoch hergeht, teilt sich der Fahrer auch noch seinen Sitz mit einem Fahrgast!

Ausnahmsweise sind wir nur drei Personen hinten und eine Person auf dem Beifahrersitz, und die Fahrt geht los, bevor das Auto voll besetzt ist.

Nach einer für mein Empfinden unendlich langen Fahrt sind wir endlich beim Hôpital Protestant de Bangwa angekommen. Dieses Spital mit 340 Betten ist um vieles größer und komfortabler als die beiden in Bangangté und hat auch viel mehr Personal. Es ist aber auch sehr weitläufig, denn alle Abteilungen sind in nur einstöckigen Bauten untergebracht. Dieses Spital wurde in den 60er Jahren des letzten Jahrhunderts von Deutschen für Deutsche gebaut. Heute findet man dort etwa neun Prozent schwarze Patienten. Königin Claude lässt sich auch immer dort behandeln.

Beim Empfangsgebäude ist das linke Fenster vergittert, darin befindet sich die Apotheke. Beim rechten Fenster ist die Kasse, wo man die Medikamente in der Regel zuerst bezahlen muss, bevor sie einem ausgehändigt werden. Daneben befindet sich ein Zimmer mit Personal, wo die ersten einfachen Untersuchungen durchgeführt werden, sofern es sich nicht um einen Notfall handelt. Ansonsten wird man direkt auf die entsprechende Station verwiesen. Bei der ersten Schwangerschaftsuntersuchung wurde ich dort gewogen, dann wurden Blutdruck, Puls und Blutzucker gemessen. Danach musste ich das sogenannte »Schwangerschaftsset« kaufen. Dies besteht aus den Dingen, die auf der Gynäkologischen Abteilung zur Untersuchung gebraucht werden.

Als wir eintreten, kümmert sich sofort jemand um mich. Da ich schwanger bin, schicken sie uns zu der Geburtenabteilung. Wir müssen sicher zweihundert Meter laufen, bis wir dort sind. Mir erscheint es wie eine Wegstrecke von mindestens einem Kilometer!

Dort treffen wir auf eine der unzähligen Verwandten von Marcelin, nämlich eine seiner Cousinen. Während meiner Spitalaufenthalte wird sie sich rührend um mich kümmern. Auch sie erkennt sofort meinen schlechten Gesundheitszustand und bemüht sich, dass ich umgehend untersucht werde.

Man führt mich relativ schnell in ein Untersuchungszimmer, wo ein weißer Arzt bereits wartet. Ich nehme an, er ist Franzose, ich habe ihn nie danach gefragt. Er stellt mir alle möglichen Fragen zum Verlauf meiner Schwangerschaft.

Anschließend führen sie mich sofort in ein Zimmer mit fünf Betten. Auch diese Betten sind sehr einfach und wie in Bangangté mit dünnen Schaumstoffmatratzen. Aber daran habe ich mich schnell gewöhnt, denn immerhin gibt es hier zu jedem Bett einen Nachttisch mit Schublade und einem kleinen Schränkchen.

Schon nach kurzer Zeit wird mir die Infusion angelegt. Es geht mir zwar wirklich nicht gut, aber auch nicht so schlecht wie beim ersten Spitalbesuch, als ich das Bewusstsein verloren habe.

Am Nachmittag kommt der Befund aus dem Labor: Malaria und Blutarmut!

Die Malaria ist akut, die Blutarmut annehmbar. Mein Zustand verbessert sich ganz langsam. Mit den Infusionen bekämpfen sie zuerst die Malaria. Das Kind wird ständig überwacht, jeden Tag werden die Herztöne überprüft.

Gleichzeitig wird mein Mann angewiesen, einen Blutspender zu finden, der meine Blutgruppe hat und mir Blut spenden kann. Es ist zwar noch nicht lebensbedrohlich, aber trotzdem sollte ich Blut bekommen, da ich im siebten Monat schwanger bin.

Blutspenden ist hier ein großes Problem. Die meisten wissen ihre Blutgruppe nicht und haben zum Teil auch Angst vor der Blutspende.

Marcelin ist es erwartungsgemäß nicht gelungen, einen Blutspender für mich zu finden. Diejenigen, die dazu bereit gewesen wären, sind Nicole und ihr Mann Jacques. Doch Nicole hat zu diesem Zeitpunkt Malaria und Jacques hat eine andere Blutgruppe.

Obwohl Marcelin die ganze Woche sucht und bei allen Leuten anfragt, findet er niemanden. Nach einigen Tagen beginnt die Malaria abzuklingen und die Blutarmut stabilisiert sich. In der zweiten Woche meines Spitalaufenthaltes geht es mir jeden Tag ein bisschen besser.

Auch in diesem Spital sind die Wände kahl, die Farbe verblichen, und in den Ecken haben es sich Spinnen gemütlich gemacht! In der Nacht fliegen Motten und Moskitos herum. Das Fenster hat kein Moskitonetz, aber das würde auch nicht viel nützen, da die Tür den ganzen Tag offensteht.

Direkt neben diesem Zimmer befindet sich der Kreißsaal. Wenn eine Frau nachts in den Wehen liegt, ist an Schlaf nicht mehr zu denken, denn das Zimmer ist nur mit einer Schwingtür vom Kreißsaal getrennt. Doch trotz allem habe ich mich in diesem Spital immer gut aufgehoben gefühlt.

Am zwölften August darf ich wieder nach Hause. Die Malaria scheint geheilt. Nur die Blutarmut soll ich beobachten.

»Ja, das mache ich«, antworte ich.

Erst später wird mir bewusst, dass ich gar nicht weiß, was das bedeutet und was man machen kann, um die Blutbildung anzuregen. Doch Marcelin kennt sich aus und zu Hause bekomme ich von ihm dann Nahrung, die das Blut aufbauen soll und auch ein speziell gemischtes Getränk. Es schmeckt süß, ein bisschen wie Traubensaft, ist aber ein Getränk aus Kräutern.

Malaria ist leider nach wie vor eine der verbreitetsten Krankheiten und Ursache für viele Sterbefälle in Afrika. In Kamerun handelt es sich bei etwa fünfzig Prozent der Erkrankungen um diese Krankheit.

Marcelin kümmert sich sehr fürsorglich um mich. Ich darf mich ausruhen und erholen. Er kocht, wäscht, versorgt die Tiere und hält jede Anstrengung von mir fern. Er geht auch einkaufen.

Ich fühle mich zwar ein bisschen besser, aber wirklich gut geht es mir immer noch nicht, denn die Müdigkeit und der Schwindel bleiben. Dann kommt auch noch von einem Tag auf den anderen eine Blasenreizung dazu. Blasenreizungen hatte ich schon häufiger und habe sie immer ohne Arzt und Medikamente wegbekommen. Doch jetzt hat es mich richtig erwischt. Mindestens einmal pro Stunde muss ich auf die Toilette, und beim Wasserlassen habe ich wahnsinnige Schmerzen. So wird jeder Gang zur Toilette zu einer sehr schmerzhaften Tortur. Am dritten Tag übersteigt es meine Kräfte, ich halte die Schmerzen fast nicht mehr aus und will nur noch so schnell wie möglich ins Spital.

Wir bereiten alles vor, um am nächsten Morgen zum Spital in Bangwa zu fahren.

Als wir dort ankommen, machen sie gleich alle nötigen Labortests und nehmen mir auch wieder Blut ab.

Am Nachmittag wird uns das Resultat mitgeteilt: Ich habe

eine akute Blaseninfektion. Da ich schwanger bin, muss ich im Spital bleiben.

Wie ich später von meinem Mann erfahre, war das nur ein Vorwand. Ich habe auch eine sehr schwere Blutarmut. Ich brauche innerhalb von vierundzwanzig Stunden eine Bluttransfusion, sonst ist mein Leben und das unseres Kindes in Gefahr. Die Ärzte erklären dies meinem Mann sehr eindringlich, ich jedoch werde verschont, um jede Aufregung von mir fernzuhalten. Sie sagen mir zwar auch, dass ich Blut benötige, aber nicht in dieser Dringlichkeit und an welch dünnem Faden unser beider Leben hängt. Ich weiß nicht, wie ich darauf reagiert hätte, wenn ich es sofort erfahren hätte.

Nun kämpft mein Mann mit der Hiobsbotschaft, eventuell Frau und Kind zu verlieren. Er ist sehr diszipliniert. Mir gegenüber reißt er sich so sehr zusammen, dass ich nichts bemerke. Monate später erst sagte er mir, dass er vor dem Spital fast zusammengebrochen sei. Schon beim letzten Spitalaufenthalt hatte er tagelang nach einem Blutspender gesucht, und jetzt soll er jemanden in vierundzwanzig Stunden auftreiben. Auf dem ganzen Nachhauseweg habe er für mich gebetet.

Ich informiere auch meine Eltern. Ich erkläre meiner Mutter, wie schwierig es hier ist, Blutspender zu finden. Einen Tag später erfahre ich von ihr, dass auch sie inzwischen Himmel und Hölle in Bewegung gesetzt hat, um zu erfahren, ob sie von der Schweiz aus etwas tun könnte. Sie hätte erfahren, dass es in den großen Spitälern in den Städten Kameruns auch eine Blutspendezentrale vom Roten Kreuz gäbe. Das stellt sich später jedoch leider als Falschmeldung heraus. Die Blutbanken wurden schon vor längerer Zeit abgeschafft.

Nach dieser Nachricht bedrängt meine Mutter das Inselspital in Bern, um in Erfahrung zu bringen, ob man von der Schweiz aus Blutkonserven schicken könnte. Dies wäre zwar möglich, doch das lehne ich kategorisch ab, denn das könnten meine Eltern niemals bezahlen. Mutter sagt: »Das Geld ist mir ganz egal, wenn wir euer Leben retten können, dann tun wir das auch!«

Meine gute Mutter redet so, als wäre es ein Klacks für sie, das dringend benötigte Blut schicken zu lassen. Als ob sie Millionäre wären und es gar nicht darauf ankäme, was das alles kosten würde. Wenn man bedenkt, dass meine Eltern zusammen von dreitausendzweihundert Franken Rente leben müssen, kann man gar nicht glauben, was sie da sagt. Aber ich weiß, in einem Moment, in dem es um Leben und Tod geht, ist einem alles egal, man würde auch das letzte Hemd hergeben, um jemanden zu retten.

»Habt ihr denn genug Geld, um das Spital zu bezahlen?«, fragt mich Mutter besorgt.

»Nein, haben wir nicht«, muss ich ihr leider gestehen.

Das Geld, das meine Eltern uns dagelassen haben, war nach dem zweiten Spitalaufenthalt bereits aufgebraucht.

»Ich kann dir frühestens Anfang September etwas schicken wenn wir die Rente ausbezahlt bekommen.«

Ich erkläre ihr noch, dass ich das Spital nicht verlassen kann, bis die Rechnung bezahlt ist. Sie schlägt mir vor, dass ich den Ärzten sagen solle, dass meine Eltern die Garantie übernähmen und das Geld schicken und wir die Rechnung etwas später bezahlen würden. Auf diesen Deal lässt sich das Spital nicht ein, hier kommt nur raus, wer bezahlt hat.

Mein Fall geht im Spital um wie ein Lauffeuer. Sie suchen verzweifelt einen Blutspender. Zu dieser Zeit sind auch zehn Studentinnen und Studenten auf meiner Abteilung. Natürlich wollen sie meinen Fall studieren. Die Schwester, die den Stundenten meinen Fall erklärt, ermuntert sie: »Wenn jemand von euch bereit ist, darf er oder sie gerne Blut spenden.«

Aber leider wagt keiner der Studenten eine Blutspende.

Danach frage ich den weißen Arzt, ob denn das Blut auch aidsgetestet sei, wenn ich eine Direktspende bekäme.

»Selbstverständlich«, bestätigt er mir. Ich glaube ihm und bin beruhigt.

Am nächsten Tag bekomme ich eine getestete Blutspende. Natürlich teile ich dies Marcelin sofort per SMS mit. Ihm fällt ein tonnenschwerer Stein vom Herzen.

Erst vor meiner Entlassung erfahren wir, dass ein Arzt vom Spital Blut gespendet hat, weil ich wirklich akut in Gefahr war. Leider wurde mir nicht gesagt, von welchem Arzt, ich hätte mich gerne bei ihm persönlich bedankt.

Ich habe zweimal im Spital einen Aidstest machen lassen und beide Ergebnisse fielen negativ aus. Dieses Resultat wurde mir später auch in der Schweiz bestätigt. Also waren die Tests in Ordnung.

Hier muss ich noch kurz einfügen, dass viele Einheimische auch zum Buschmediziner gehen und selbst Schulmediziner holen sich dort oft einen Rat. Ich selber habe bisher noch mit keinem Buschmediziner Bekanntschaft gemacht. In den Wäldern hinter Bamenda steht, wie mir eine Mitpatientin erzählte, ein Krankenheim, das von einem Naturmediziner, auch Wunderdoktor genannt, geführt wird. Hunderte von Patienten sollen dem Ruf seiner Heilkunst folgen.

Das Spital Bangwa ist, verglichen mit europäischen Verhältnissen, recht einfach eingerichtet. Ich denke, die Spitäler hier haben das Wichtigste, was man braucht, vielleicht mit der Ausrüstung, die in Europa vor zwanzig Jahren üblich war.

Natürlich herrschen hier auch nicht so sterile Verhältnisse.

Was mich aber am meisten geschockt hat, habe ich auf der Geburtenabteilung gesehen, als ich durch die »Küche« gehen durfte. Dort, wo sich das Personal vorbereitet und es auch einen Gaskocher gibt, sah ich einen Holzwäscheständer stehen, auf dem doch tatsächlich Latexhandschuhe zum Trocknen aufgehängt wurden. Also hat man sie gewaschen, um sie nachher wieder weiterzuverwenden. Ich habe in der Schweiz in einem Pharmabetrieb gearbeitet. Wir haben unter anderem Wasserproben genommen und bei jeder Wasserstelle neue Handschuhe verwendet. Und hier im Spital werden sie gewaschen! Auch die Hygienestandards leiden eben an der Armut dieses Landes. Diese Handschuhe werden aber wohl kaum bei Operationen getragen, zumal sich der Operationstrakt in einem anderen Gebäude befindet. Ansonsten wurden aber

Einwegspritzen verwendet, die steril verpackt waren, genauso wie das Nadelbesteck für die Infusionen.

Am Nachmittag kommt Marcelin vorbei und es geht mir schon ein ganz klein wenig besser. Am nächsten Tag nehmen sie nochmals Blut ab, um zu testen, ob die Spende ausreichend war. Am vierten Tag jedoch kommt die zweite Hiobsbotschaft. Sie sagen Marcelin, ich sei noch immer in Gefahr und brauche ganz dringend eine weitere Blutspende. Marcelin ist total verzweifelt. Er hat noch immer niemanden gefunden, der bereit wäre, Blut zu spenden.

Wieder muss er um Frau und Kind bangen.

Mir teilen sie es so beiläufig wie möglich mit. »Leider reicht das Blut noch nicht ganz, Sie brauchen noch eine Bluttransfusion.«

Deshalb nehme ich nicht an, dass es noch immer akut ist und gerate auch nicht in Panik. Marcelin weiß kaum mehr, wo ihm der Kopf steht. Er weiß, wie dringend es ist, hat aber keine Ahnung, wen er noch fragen könnte. Es vergehen einige Tage, bis der liebe Gott die Gebete von Marcelin erhört. Er ist gerade bei mir zu Besuch, als eine Schwester mit der Nachricht kommt, dass es eine Blutkonserve gibt. In einer anderen Abteilung wurde ein Unfallopfer eingeliefert und die Familie hat mehr Blut gespendet, als notwendig war. Beruhigt geht Marcelin nach Hause.

Erst viel später sagte er mir, dass er auch diesmal fast zusammengebrochen sei – wenn auch vor Erleichterung. Als er das Spital verlassen habe, hätte er das erste Restaurant angesteuert und ein Bier getrunken. Er habe sich alleine in eine Ecke gesetzt und nur noch Gott gedankt, dass er unser Leben gerettet hat. Er hätte die ganze Welt umarmen können, so unvorstellbar erleichtert war er.

Gegen Abend wird mir die Bluttransfusion verabreicht. Bereits nach einer Stunde fühle ich mich schon merklich besser. Ich muss dringend auf die Toilette und melde dies einer Schwester. Ich hoffe, dass ich das Personal-WC benutzen darf, denn das hat einen Sitz und es besteht dort auch die Möglichkeit, die Transfusion aufzuhängen.

Die Schwester sagt, ich könne ruhig aufs normale WC, also aufs Plumpsklo, gehen. Ich versuche, ihr zu erklären, dass ich alleine bin und mich niemand begleiten kann, um die Blutkonserve hochzuhalten und dass, soviel ich weiß, das Blut auf keinen Fall zurücklaufen darf, was zwangsläufig geschieht, wenn ich die Flasche tiefer halten müsse. Sie ist von der Erklärung nicht beeindruckt und sagt nochmals, ich solle ruhig gehen.

Das gefällt mir gar nicht, denn ich habe Angst, dass Luftbläschen in die Vene kommen könnten. Ich mache mich auf den Weg und erledige mein Geschäft in der Nähe der Büsche. Doch wie befürchtet, muss ich dabei die Infusionsflasche tief halten. Anschließend gehe ich wieder ins Bett und beobachte mit großer Skepsis den Inhalt der Flasche. Im Schlauch haben sich Luftblasen gebildet. Ich bin sehr besorgt und versuche, mit Fingerschnippen die Luftblasen zu zerschlagen. Anfangs gelingt mir das, doch dann laufen die Blasen tiefer. Eine Schwester betritt das Zimmer. Es ist dieselbe, die mich einfach rausgeschickt hat. Ich sage ihr, dass Luftblasen im Schlauch sind. Ihre fast schnippische Antwort lautet:

»Das macht nichts, die Blasen sind zu klein, als dass etwas passieren könnte.«

Nach diesen Worten verschwindet sie unbekümmert aus dem Zimmer. Ich bleibe beunruhigt zurück in meinem Bett. Etwas später kommt eine andere Schwester. Auch sie rufe ich sofort zu mir und zeige ihr die Luftblasen, die schon gefährlich nahe bei der Nadel sind. Sie reißt den Schlauch sofort aus der Vene und lässt das Blut mit den Luftblasen in eine Schale laufen, bis der Schlauch wieder ganz mit Blut gefüllt ist.

»So sollte es gehen«, sagt sie beschwichtigend zu mir.

Das hoffe ich, doch ganz beruhigt bin ich nach wie vor nicht. Ich überlege, ob ich eine SMS in die Schweiz schreiben soll, falls ich sterbe. Damit meine Familie weiß, woran ich gestorben bin, und dass Marcelin nichts damit zu tun hat. Doch dann überlege ich mir, welche Folgen eine solche SMS hätte und warte lieber ab.

Endlich ist die Transfusion durchgelaufen. Mit der Zeit löst sich die Anspannung und ich fühle mich besser, aber so müde, dass ich sofort einschlafe. Natürlich hatte ich Marcelin per SMS noch rasch darüber informiert, dass alles in Ordnung ist und die Transfusion durchgelaufen sei. Wie immer kommt er mich auch am nächsten Tag besuchen. Man sieht mir die Genesung schon an, denn endlich habe ich wieder ein bisschen Farbe.

Nachts verfolgen mich die Latexhandschuhe im Traum. Sie haben sich vom Wäscheständer losgemacht, einer nach dem andern, und tanzen wild um mich herum. Die Papierfetzen erheben sich ebenfalls vom Boden und wirbeln durch die Luft. Ich will fliehen, doch ich bleibe wie angekettet auf dem Bett liegen und kann mich nicht bewegen. Ich will schreien. Auch das gelingt mir nicht, denn ein Handschuh legt sich blitzschnell auf meinen Mund. Die andern scheinen höhnisch zu lachen, zerren an meinen Füßen, an meinen Händen und trommeln auf meinen Bauch. Schweißgebadet erwache ich und bin erleichtert, dass es nur ein Traum war.

Anders dagegen das Problem mit den Spitalkosten. Das ist leider kein Traum und immer noch nicht gelöst. Marcelin will bei der nächsten Versammlung Geld aufnehmen. Diese regelmäßige Versammlung seiner Großfamilie hat er seinerzeit gegründet. Ihr Zweck besteht unter anderem darin, sich gegenseitig zu helfen. Es gibt auch eine Art Bankensystem, sodass man einen Kredit bekommen kann.

Bis Sonntag geht es mir schon recht gut und die Ärzte würden mich auch entlassen, wenn wir bezahlen könnten. Es dauert lange, bis Marcelin am Sonntag kommt. Meine Befürchtungen bestätigen sich. Er hat das Geld nicht bekommen. Ich bin einem Nervenzusammenbruch nahe und beginne zu weinen, da ich doch endlich nach Hause will! Ich vermisse das Haus, die Tiere, einfach alles. Er weiß nicht, wie er mit meinen Tränen umgehen soll und wie er mich beruhigen könnte. Er spricht mit mir, und seine positive, ruhige Art tut mir unendlich gut. Aber meine innere tieftraurige Stimmung verschwindet trotzdem nicht.

Marcelin verspricht mir, dass er weiterhin versuchen wird, Geld aufzutreiben. Wir sehen es auch von der positiven Seite, dass ich noch nicht nach Hause gehen kann. Vielleicht muss es so sein, so kann ich mich wenigstens richtig gut erholen. Trotz meines Heimwehs versuche ich, mich die nächsten Tage zu entspannen.

Marcelin gelingt es leider nicht, das dringend benötigte Geld aufzutreiben. So muss ich weiterhin im Spital bleiben, bis das Geld von meinen Eltern eintreffen wird. Da wir keinen Blutspender gefunden haben, müssen wir auch die Blutkonserven bezahlen.

Marcelin wollte Blut spenden, doch zurzeit hat er eine ganz leichte Malaria und ebenfalls eine Blaseninfektion, so ist sein Blut momentan unbrauchbar für eine Spende. Eine Blutkonserve kostet umgerechnet fünfundsiebzig Schweizer Franken.

Das Geld, das meine Eltern uns schließlich schicken können, reicht gerade aus, um das Spital zu bezahlen. Marcelin kann es in Bafoussam bei der »Western Union Bank« abholen.

In der Zwischenzeit packe ich und freue mich, endlich entlassen zu werden.

Am frühen Nachmittag ist Marcelin wieder da. Nachdem er alles an der Kasse bar bezahlt hat, unterschreibt der Arzt die Entlassungspapiere. Beim Hinausgehen treffe ich noch auf meine Hebamme. Sie ermahnt mich, dass ich unbedingt noch einen Untersuchungstermin wahrnehmen soll. Ich strahle sie an und sage, dass ich das auf jeden Fall tun werde, wahrscheinlich Anfang Oktober. Den Geburtstermin hat das Spital auf den 23. Oktober ausgerechnet. Zu Hause werden mich unsere Hunde, die Hühner und das Haus erwarten. Wie ich mich darauf freue!

Zu Hause geht es mir jeden Tag ein bisschen besser. Sogar so gut, dass ich den Garten wieder jäten kann. Über solche kleinen Dinge kann ich mich freuen, denn vor ein paar Wochen wäre das absolut unmöglich gewesen. Ich hätte es nicht einmal bis zur Tür geschafft. Nun kann ich mein Leben in Afrika wieder genießen. Ich bin unendlich glücklich. Ich sage mir wieder einmal, dass ich einen wunderbaren Mann an meiner Seite habe und unter meinem Herzen unser Kind wächst – was will man mehr.

Als Marcelin eines Tages ins Dorf einkaufen gegangen ist, ruft er mich unerwartet an und fragt: »Chérie, wie geht es dir? Alles in Ordnung? Ich komme gleich nach Hause und habe eine Überraschung für dich. Einen kleinen Hund. Bis bald. Ich liebe dich.«

Ich bin überrascht. Wir haben nie von einem dritten Hund gesprochen, seitdem Rex vor ein paar Wochen gestorben ist. Wir wissen noch immer nicht, woran er gestorben ist und wir werden es wohl auch nie erfahren.

Als ich das Motorrad höre und die Hunde ihm entgegenlaufen, um ihn zu begrüßen, gehe ich auch nach draußen und erwarte ihn ungeduldig. Ich freue mich auf den neuen, unerwarteten Familienzuwachs.

Als er beim Haus vorfährt, sehe ich nur, dass er eine große Einkaufstasche um die Schulter gehängt hat, keine Spur von einem Hund. Enttäuschung macht sich breit. Es ging wohl doch nicht, denke ich schon leicht resigniert. Er steigt vom Motorrad, bezahlt den Fahrer und kommt grinsend auf mich zu, denn er hat meinen Gesichtsausdruck schon von Weitem bemerkt. Er öffnet die Tasche ein wenig und zieht ein kleines schwarzes Knäuel heraus. Es ist ein Weibchen und sie ist unheimlich süß. Nur leider erkenne ich auf einen Blick, dass sie viel zu früh von der Mutter weggenommen wurde. Ich weiß nicht, wie alt sie ist. Marcelin sagt, sie sei fünf oder sechs Wochen alt. Hier nimmt man das leider nicht so genau. Marcelin drückt mir das kleine Knäuel in die Arme. Sie ist wirklich noch ein kleines, süßes Hundchen. Ich merke, wie sie sich an mich drückt und meine Wärme sucht. Natürlich schmilzt mein Herz in der ersten Sekunde. Tagsüber schläft sie bei mir. Nachts darf sie in einem Karton in unserem Schlafzimmer schlafen. Es ist eine schöne Zeit mit der kleinen Kelly, die meine Nähe und Wärme sucht, da sie ihre Mama vermisst.

Kapitel 21

Marcelin, mon amour

Immer wieder genieße ich auf besondere Weise das Zusammensein mit Marcelin. Die anfänglich faszinierende Exotik, das Fremde sowie die unglaubliche Anziehungskraft seiner feinen Haut verschwinden immer mehr im Bewusstsein der großen Vertrautheit unserer Beziehung. Mit der Zeit nimmt man gar nicht mehr wahr, dass der Partner eine andere Hautfarbe hat, man sieht und liebt nur noch den Menschen als Ganzes, alles andere ist unwichtig.

Wie so oft sitzen wir draußen vor unserem Haus auf der Terrasse, genießen die milde Luft der afrikanischen Nacht und lassen uns von den Geräuschen und Tierstimmen der Nacht treiben.

Ich denke, dies ist nun der richtige Augenblick, um Marcelin zu bitten, mir mehr aus seinem Leben zu erzählen.

»Ja, was möchtest du denn am liebsten hören, Frauengeschichten?«, fragt er mit seinem lausbübischen Lachen, das ich so sehr an ihm liebe.

»Nein, nein, das interessiert mich nicht und geht mich auch nichts an«, antworte ich ihm, obwohl ich natürlich gerne auch darüber etwas erfahren würde.

»Gut, dann fangen wir doch gleich mit dem Tag meiner Geburt an. Wie man mir erzählte, denn daran habe ich ja keine Erinnerung mehr«, sagt Marcelin lachend, *»wurde ich 1960 in der Chefferie Supérieure Bangangté du Ndé geboren, wo ich einen Teil meiner Kindheit verbrachte und somit auch den Kindergarten und die erste bis vierte Klasse besuchte. Die Schule befindet sich nicht allzu weit von der Chefferie entfernt, du hast sie ja bereits gesehen.*

1968 brach der Bürgerkrieg in Kamerun aus. Auch Bangangté wurde nicht verschont. Da mein Vater, König Njiké Pokam Robert, das Beste für mich wollte, vor allem mich beschützen, schickte er mich in das ungefähr 180 km entfernte Ndoungue bei Nkongsamba in die Schule. Dort besuchte ich zuerst die fünfte und sechste Klasse der Primarschule und danach die Sekundarschule.

Unerwartet starb 1974 mein Vater. Für die Beerdigung bin ich für ein paar Tage nach Bangangté zurückgekehrt und habe dann ein Jahr darauf die Schule in Ndoungue bei Nkongsamba abgeschlossen. In dieser Zeit lebte ich bei einem Onkel, einem Bruder meines Vaters.

Ab 1975 lernte ich in Douala Automechaniker. Zuerst in der Schule die Theorie, anschließend in einer Werkstatt die Praxis.

Etwa ein Jahr später begann ich, mich neben der Arbeit ernsthaft für Fußball und Boxen zu interessieren. Ich wäre gerne Fußballprofi geworden, doch eine Verletzung am Knie machte meine Pläne zunichte.«

Beim Gedanken an diese Zeit seufzt Marcelin leise.

»Danach konzentrierte ich mich auf das Boxen. Auch das hätte ich gerne profimäßig betrieben. Doch mein Trainer riet mir davon ab, mit der Begründung, ich hätte eine zu sensible Haut.

Zwar habe ich viele Kämpfe gewonnen, doch ich hatte mich auch jedes Mal stark verletzt, was immer ärztlicher Versorgung bedurfte und natürlich kostete. So war bald klar, dass ich das hart gewonnene Geld nur ins Spital tragen würde.

Um mich über Wasser zu halten, bin ich dann tagsüber Taxi gefahren und nachts spielte ich alleine auf der Gitarre in den Straßen und kleinen Bars.

1980 packte mich zum ersten Mal die Reiselust und das Abenteuer. Ich reiste nach Nigeria. Aber bereits nach drei Wochen war das erste große Abenteuer auch schon vorbei und ich kehrte nach Kamerun zurück.

1982 begleitete ich als Fan die kamerunische Fußball-Nationalmannschaft nach Libyen zum African Cup of Nations. Kamerun gewann und qualifizierte sich so für die Weltmeisterschaft.

Dann fuhr ich für zwei Wochen mit meiner Mannschaft nach

Spanien, um sie anzufeuern. Danach kehrte ich wieder nach Kamerun zurück.

Immer wieder führten mich meine Gedanken nach Nigeria zurück, in jenes Land, in dem ich erstmals so richtig mit der Welt der Musik in Kontakt gekommen war. So reiste ich wieder nach Nigeria. Dort traf ich auf Fela Kuti.«

»Ah«, rufe ich erstaunt dazwischen und kann mich nicht mehr zurückhalten.

»Dieser nigerianische Musiker ist auch bei uns in der Schweiz bekannt und seine CDs verkaufen sich recht gut. Wie ich gelesen habe, soll sein Sohn Seun Kuti seinem Vater musikalisch in keiner Weise nachstehen.«

Marcelin nickt nur kurz dazu und fährt gleich fort:

»Fela sagte mir, dass ich gute musikalische Ansätze hätte, aber noch viel lernen müsse, und empfahl mir, eine Musikschule zu besuchen. Ich wollte es nicht glauben und war überzeugt, schon jetzt ein guter Gitarrist zu sein.

So zog es mich weiter nach Benin. Dort traf ich einen anderen großen Musiker, nämlich Gnonnas Pedro, der in diesem Land bereits den Status eines Musikheiligen besitzt. Er ist leider im August 2004 gestorben. Auch dieser Musiker sagte mir dasselbe, nämlich dass ich gute Ansätze hätte, aber noch eine Musikschule besuchen sollte. Ich war beleidigt und fand, ich sei bereits ein guter Gitarrist.

Mein weiterer Weg führte mich nach Kongo. Dort erkannte ich endlich, dass es wirklich bessere Gitarristen gab und ich noch viel lernen musste. Ich schrieb mich für zwei Jahre bei einer Musikschule ein und lernte richtig Gitarre spielen.

1986 reiste ich zurück nach Nigeria zu Fela und spielte mit ihm zusammen. Nun bekam ich von ihm endlich das zu hören, was ich immer gerne hören wollte, nämlich dass ich nun große Fortschritte gemacht habe und ein guter Gitarrist sei.

Ende des Jahres reiste ich auch nach Benin, wo ich wieder auf Gnonnas Pedro stieß, der mir dies ebenfalls bestätigte. Ich war sehr zufrieden und stolz.

Zusammen mit meiner Gitarre bin ich dann über Ghana nach

Elfenbeinküste in die Stadt Abidjan gereist. Dort habe ich zehn Jahre gelebt und Musik gemacht.

1997 gründete ich meine erste Gruppe: »Pokouma et son Groupe Africa Sanza«. Wir haben oft am Strand gespielt. Große Bands belächelten uns, doch ich blieb zuversichtlich.

Dank dieser Zuversicht kamen wir zu einem Engagement in einem bekannten Nachtklub von Abidjan. Zuerst spielten wir als Vorgruppe in den Pausen und als Lückenfüller. Die Band, die das Hauptprogramm bestritt, belächelte uns ebenfalls.

Bis zu dem Abend, als der Chef die positive Reaktion des Publikums auf unser Spiel bemerkte. Die große Band wurde kurzerhand rausgeschmissen und »Pokouma« bekam das Hauptprogramm! Du kannst Dir vorstellen, wie stolz wir waren.

Es war gerade die Zeit vor dem großen Bürgerkrieg in Abidjan, einer Stadt, die man fast als europäisch bezeichnen konnte.

So wurde »Pokouma et son Groupe Africa Sanza« nach Frankreich für eine Open-Air-Konzert-Tournee eingeladen. Wir spielten im Süden von Frankreich. Doch unsere Band trennte sich, weil die Bandmitglieder in Frankreich bleiben wollten.

Ich unterhielt mich oft mit Afrikanern, die in Frankreich lebten, und begriff, dass es für mich dort keine Zukunft gab, wenn sogar die dort lebenden Kameruner mich um Geld fragten.

Ich kehrte also als einziger unserer Gruppe nach Abidjan zurück.

1998 nahm ich mein erstes Album auf. Eigentlich durch ein Missverständnis.

Ich spielte im gleichen Nachtklub wie zuvor. Ich war Gastgitarrist in einer anderen Band. Ein Produzent hörte die Band und wollte eine CD aufnehmen. Die Band nahm mich natürlich mit ins Studio.

Zufällig befand sich auch noch ein anderer Produzent im Studio. Dieser war begeistert von mir und nahm auch gleich mit mir eine CD auf.

Auch das Fernsehen von Abidjan ließ nicht lange auf sich warten und lud »Pokouma« ein. Wie es leider bei uns Afrikanern häufiger vorkommt, wurde mir nicht genau erklärt, WARUM ich eingeladen wurde. Am besagten Tag begab ich mich also zum Fernsehstudio. Erst vor dem Studio sagte man mir, dass ich mit einem meiner Lieder der neuen CD einen Soloauftritt haben würde!

Zum Glück hatte ich die CD dabei. Ein anderer Musiker, der auch draußen wartete, hatte einen Walkman dabei. Ich sprach daraufhin zwei Frauen an und fragte sie, ob sie mit mir eine Choreografie einstudieren würden, was sie gerne taten. Viel Zeit blieb ihnen dazu nicht. So präsentierte ich fast unvorbereitet mein erstes Album im Fernsehen, denn ich hatte ja nicht damit gerechnet, selber als Sänger auftreten zu dürfen.

In der Folge trat ich in »Panaché« auf, einer sehr beliebten Musiksendung. Mein Clip schlug ein wie eine Bombe und machte mich auf einen Schlag berühmt.«

»Und so wurdest du ein Star, sogar weit über die Grenzen bekannt, auch in Benin. Oh, wie gerne wäre ich dabei gewesen und hätte als größter Fan von dir in der ersten Reihe bei all deinen Konzerten gesessen.«

»Ja, das kann ich mir gut vorstellen, dass dir das gefallen hätte. Aber wer weiß, ob wir beide dann zusammengekommen wären, ich war sehr viel unterwegs und hatte kaum Zeit für ein Privatleben.«

Ich bin überzeugt, dass ein so gut aussehender und berühmter Musiker wie er sicher von seinen Fans sehr umschwärmt wurde. Doch ich kann es mir verkneifen, ihn darüber auszufragen.

»*Im gleichen Jahr, 1998*«, erzählt Marcelin gleich weiter, »*traf ich auf die Gruppe ›Magic System‹, die im selben Quartier wohnte wie ich. Ich produzierte für diese Band den Hit »Premier Gaou«. Mit diesem Lied wurde diese Band auch in Europa auf einen Schlag sehr bekannt. Kurz darauf verließ ich die Band.«*

Für einen kurzen Moment schießt mir bei der Erwähnung dieses Liedes das Bild von Fodé und dem »Dynamo« durch den Kopf...

An diesem Punkt seiner Lebensgeschichte braucht Marcelin eine kurze Verschnaufpause und holt sich ein Bier.

»Im Jahre 2000 wurde ich nach Burkina Faso und Benin zu Konzerten eingeladen. Auch dort wurde ich …«, Marcelin lächelt – schaut mich erwartungsvoll an –

»Ein Superstar«, werfe ich sogleich spontan ein.

»Nicht gerade, aber immerhin so etwas wie ein Landesstar«, bestätigt Marcelin nicht ohne ein bisschen Stolz.

»Mein Lebensmittelpunkt war aber nach wie vor in Elfenbeinküste. Auch als am 19. September 2003 der Bürgerkrieg ausbrach. Auslöser dafür waren Spannungen zwischen Christen und Muslimen. Aus Sicherheitsgründen kehrte ich für kurze Zeit nach Kamerun zurück.

2004 war ich wieder in Abidjan. Dort spielte ich noch weiter meine Musik, aber der Krieg hatte das Land zerstört. Die Möglichkeiten waren längst nicht mehr so, wie sie vor dem Krieg waren.«

»Übrigens: Sicher hast du damals auch davon gehört, dass der korrupte Präsident Félix Houphouët-Boigny 1983 kurzerhand anstelle von bisher Abjdian seine Geburtsstadt Yamoussoukko zur Hauptstadt ernannte und dort das größte Kirchengebäude der Welt erbauen ließ, nämlich die Basilika ›Notre Dame de la Paix‹, nach dem Vorbild des Petersdoms in Rom. Papst Johannes Paul II. weihte sie dann 1990 ein«, wirft Marcelin rasch dazwischen und fährt gleich fort, ohne eine Antwort von mir abzuwarten.

»Meine Freunde hörten eines Tages vom Internet und baten mich, für sie eine E-Mail Adresse zu eröffnen, damit sie das Internet nutzen könnten. Da ich noch am meisten davon verstand, eröffnete ich die Mailadresse, doch eigentlich interessierte ich mich nicht für diese Sache. Ich war aber gezwungen, meine Mailbox für meine Freunde regelmäßig zu kontrollieren.

Im Frühjahr 2005 fand ich Werbung für einen Wettbewerb in meiner Box. Wie ich las, gab es eine beachtliche Summe Geld zu gewinnen, wenn man sich am Wettbewerb beteiligte. Das weckte sofort mein Interesse. Um was es da eigentlich ging, habe ich nicht weiter beachtet. Nur so viel, dass ich mich bei einer Kontaktsite einschrei-

ben musste, was ich auch tat. Daraufhin wurde auch noch ein Foto verlangt. Am 18. April 2005 schickte ich brav mein Foto ein. Nun war die Kontaktsite komplett, und ich bekam die Mitteilung, dass sich Frauen für mich interessieren würden. Das amüsierte mich und machte mich nun doch neugierig, und ich wollte ganz unverbindlich schauen, wer sich da so gemeldet hatte.

Nun wurde mir erklärt, dass ich zuerst bezahlen müsse, bevor ich die Site besuchen könne.

Ein weiterer Gast des Internetcafés erklärte sich bereit, mir seine Kreditkarte zur Verfügung zu stellen, damit ich bezahlen konnte. Ich bezahlte ihn natürlich bar.«

»Am 16. Mai 2005 war ich es, die dir schrieb«, unterbreche ich ihn.

»Und ich habe dir geantwortet!«

So begann unsere Liebesgeschichte. Nicht weil er eine Frau gesucht hat, sondern weil er eigentlich bei einem Wettbewerb teilnehmen wollte.

»Und ich habe mit dir den Hauptpreis gewonnen!«

Es ist spät geworden und leicht kühl. Wir verziehen uns ins Haus und gehen bald zu Bett. Ich denke noch lange über seine spannende Lebensgeschichte nach. Er war so viel unterwegs all die Jahre und hat nun hier, zusammen mit mir, endlich seinen »Heimathafen« gefunden, wo wir uns beide wohlfühlen.

Hier möchte ich noch einige eigene Gedanken anfügen. Dadurch, dass Marcelin insgesamt vierundzwanzig afrikanische Länder bereist hat, ist er weltoffener und erfahrener geworden, hat vieles gesehen und natürlich viel gelernt. Ich finde, das merkt man sowohl in seinen Gesprächen wie auch in seinem Handeln.

Marcelin ist auch sehr vielseitig. Ich war sehr erstaunt, als bei meinem allerersten Besuch die Toilettenspülung kaputt war und Marcelin diese selber reparierte. Wohlgemerkt, eine europäische Spülung in einem Hotel!

Marcelin fährt Auto und auch Lastwagen. Er war eine gewisse Zeit im Containerhafen von Douala beschäftigt und hat auch als Bäcker gearbeitet, und außerdem ist er ein ausgezeichneter Koch.

Was ich damit betonen möchte: Viele Europäer denken, dass Afrikaner ungebildet sind. Das ist eine zu eingeschränkte Sichtweise, denn wenn die Eltern nicht das Geld haben, die Kinder in die Schule zu schicken, ist das nicht der Fehler der Kinder. Wenn kein Strom vorhanden ist, können Kinder und Erwachsene weder Radio hören noch fernsehen.

Wie sollen sie sich da über das Weltgeschehen informieren? Wie sollen sie wissen, wer beispielsweise George Bush ist? Wenn sie nicht wissen, wer George Bush ist, heißt das noch lange nicht, dass sie deswegen dumm sind.

Was aber jeder Afrikaner einem Europäer voraus hat, ist die große Menschenkenntnis. Marcelin hatte das Glück, dass er gute Schulen besuchen durfte, eine gute Ausbildung bekommen hat und verschiedene Berufe kennenlernen konnte. So kommt er auch so gut wie nie in Verlegenheit, wenn es irgendwo etwas zu reparieren gibt.

Mangaïla

Mangaïla ho, Mangaïla ho, Mangaïla ho,
Mangaïla ho, Mangaïla ho, ho ho oo

Ma maman m'avait demandée he a ho o o
ma maman m'avait demandée de jamais faire la musique
he a ho oo
de jamais faire musique he
Moi j'avais décider que je veux faire la musique
pour animer les amoureux dans le monde,
pour animer les ambiances de la vie
pour dégager les soucieux dans le monde
Mangaïla ho, ho oo

Dieu nous avait créé á ho, ho oo
d'aimer l'un et les autres. A ho ho he!
Pourquoi tous mal ici bas.
Tout le monde ici bas veut voire Dieu.
Pour voire Dieu il faut aller au ciel,
pour aller au ciel il faut mourir,
mais personne ici bas ne veut mourir.
Mangaïla ho, ho oo

Mangaïla ho, Mangaïla ho, Mangaïla ho, Mangaïla ho

Hé dinamalombélé maman ha
Hé dinamalombélé maman ha

(Die beiden letzten Zeilen sind auf *Lingela)*
Titelsong aus dem Album von »Pokouma«

Kapitel 22

Meine afrikanische Schwiegermutter

Eigentlich habe ich keine großen Probleme mit der Schwangerschaft, nur dass mir jeden Morgen schwindlig ist, und wenn mir starke und penetrante Gerüche in die Nase kommen, kann es mir auch schlecht werden.

Da ich die Hitze nicht mehr ertrage, gehe ich vormittags gar nicht mehr aus dem Haus und so wenig wie möglich in die Sonne.

Eines Morgens kommt meine Schwiegermutter Nana mit noch zwei Frauen zu Besuch. Der Raum in unserem Wohnzimmer wird mir zu eng, deshalb gehe ich nach draußen, was zur Folge hat, dass mir schwindlig wird. Mit der Erklärung, dass mir nicht gut ist, verziehe ich mich wieder ins Schlafzimmer. Marcelins Mutter weiß sofort Bescheid und fragt ihn, ob ich schwanger sei. Eigentlich wollten wir es noch niemandem sagen, doch er kann seine Mutter nicht belügen. So ist sie die erste, die von unserem Glück erfährt.

Marcelin sagt ihr auch, dass mir am Morgen schwindlig ist und dass ich ab und zu erbrechen muss. Am nächsten Tag bringt sie mir einen Trank, der gegen das Schwindelgefühl und gegen das Erbrechen helfen soll. Sie ist auch Heilerin.

»Die Kräuter für diesen Sud hat meine Mutter mit großem Aufwand zusammengesucht, sie sind nicht so einfach zu finden«, erzählt mir Marcelin.

»Ich finde das wahnsinnig lieb von ihr«, entgegne ich und bin gerührt von so viel Fürsorge. Das bedeutet doch auch, dass ich ihr nicht gleichgültig bin.

Der Trank ist tief dunkelgrün und dickflüssig, aber er riecht nicht schlecht. Zum Glück ist seine Mutter aber nicht mehr da, als ich ihn trinken will. Beim ersten Schluck habe ich vorsichtshalber nur ganz wenig genommen, doch er ist so grässlich bitter, dass ich mich fast übergeben muss. Beim allerbesten Willen, das Zeug kann ich nicht trinken. Schon beim Gedanken, noch einen Schluck davon nehmen zu müssen, wird mir übel. Ich beichte Marcelin, dass ich das unmöglich trinken kann, auch wenn es mir sehr leid tut. Er ist zwar enttäuscht, dass ich mich nicht dazu überwinden kann, aber er möchte mich auch nicht dazu zwingen.

Marcelin empfiehlt mir, gleich nach dem Aufstehen etwas zu essen, und wenn es nur ein hart gekochtes Ei sei, dann wäre mir bereits weniger schwindlig. Ich probiere es am nächsten Tag aus und siehe da, von da an geht es mir wirklich besser. Der Schwindel geht weg, nur die Empfindlichkeit gegenüber der Sonne bleibt. Die rund zehn Mal, die ich während der ganzen Schwangerschaft erbrechen musste, waren nicht so schlimm. Ich musste jedenfalls nie am Morgen aus dem Bett springen und ins Bad rennen. Ich kann die Schwangerschaft genießen.

Nur sieht man davon lange nichts. So sitzen wir abends vor dem Fernseher und ich streichle mir oft ungläubig über den Bauch. Marcelin merkt, dass ich zwar auf den TV-Bildschirm schaue, aber total in Gedanken versunken bin. Ich konzentriere mich auf meinen Körper und versuche, das kleine Wesen in meinem Bauch zu fühlen. Ich spüre nichts bis in den fünften Monat, sodass ich daran zweifle, ob es wirklich da ist. Erst im sechsten Monat machen sich die ersten Bewegungen bemerkbar, die man auch von außen fühlen kann. Immer wenn ich so gedankenverloren über meinen Bauch streichle, schaut mir Marcelin eine Weile zu, dann lächelt er. Ich schaue ihn an und er sagt ganz liebevoll zu mir: »Du glaubst es immer noch nicht? Glaub es, du bist wirklich schwanger! Du trägst unser Kind unter deinem Herzen.«

Ich lächle verlegen und wie ertappt, er hat meine Gedanken gelesen. Ich antworte ihm: »Ja, ich weiß es, aber trotzdem, es ist so einzigartig. Für mich ist es noch immer ein Wunder, das mich überglücklich macht.«

Während meiner ganzen Schwangerschaft ist Marcelin ein sehr aufmerksamer Partner. Gibt es kleine Wehwehchen, beruhigt er mich voller Verständnis. Manchmal habe ich das Gefühl, dass er sich meiner Schwangerschaft viel mehr bewusst ist als ich selber. In dieser Zeit sagt Marcelin oft zu mir: »Liebling, du bist jetzt nicht mehr alleine, ihr seid zu zweit. Dein Körper hat sich verändert, und es ist nicht mehr wie vorher. Dein Körper reagiert jetzt anders, weil du unser Kind im Bauch hast, das dir auch sagt, was ihm passt und was nicht.«

Nach solch einer Erklärung kann ich ihn nur noch umarmen und ihm sagen, dass er der tollste Mann der Welt ist.

Meine Schwiegermutter erkundigt sich auch regelmäßig nach meinem Befinden. Ich finde das unheimlich nett, obwohl ich zu dieser Zeit noch kein inniges Verhältnis zu ihr gehabt habe, da wir uns noch zu wenig kannten.

Für europäische Verhältnisse ist es sehr schwierig, die Beziehung zwischen mir und meiner Schwiegermutter zu erklären. Als ich zum ersten Mal in Kamerun war, habe ich sie noch nicht gesehen. Ich lernte sie erst nach meiner Rückkehr nach Kamerun kennen.

Marcelin ging damals alleine auf die Baustelle. Auf dem Heimweg besuchte er seine Mutter, und sie lud uns für Sonntag zu sich zum Essen ein.

Sie lebt am Rande von Bangangté in einem sehr einfachen Haus mit Wellblechdach. Ohne Strom und fließendem Wasser.

Natürlich war auch für mich der erste Besuch bei ihr etwas komisch. Das heißt, ich hatte keine Ahnung, wie sie mich aufnehmen und behandeln würde und was sie von mir halten würde. Doch bereits nach der Ankunft bei ihr konnte ich diese Bedenken vergessen und all das Neue genießen, was auf mich zukam.

Selbstverständlich wollten alle die »neue« Weiße sehen, und so stand ich im Mittelpunkt. Die Neugierde war groß, alle aus der Nachbarschaft kamen, um mich zu begutachten.

Natürlich trafen auch Marcelins Halbgeschwister ein, die noch bei der Mutter leben, obwohl sie schon alle über zwanzig sind. Erst nach dem ersten Ansturm und der Aufregung hatte ich Zeit und Muße, mir Gedanken zu machen über die Frau, die Marcelins Mutter ist.

Plötzlich wurde mir bewusst, dass sie die erste Frau vom König war, und somit das, was wir als »First Lady« bezeichnen. Ich beobachtete sie eine Weile und fand, obwohl sie sehr einfach und bescheiden lebt, strahlt sie noch immer eine sehr große Würde, Eleganz und Sicherheit aus. Meine Hochachtung und meinen Respekt hatte sie dadurch schon gewonnen.

Noch heute spricht sie mich mit »Madame« an, die Halbgeschwister ebenso, was eine große Hochachtung bezeugt. Für mich ist diese Anrede natürlich sehr gewöhnungsbedürftig, da bei uns eine Madame etwas anderes ist, als das, was ich verkörpere. Bei Madame denke ich immer an Madame de Meuron (bekannte aristokratische Persönlichkeit aus Bern).

Ich weiß nicht genau, was Marcelins Mutter von mir denkt.

»Muss diese für meine Verhältnisse eigenartige Anrede wirklich sein?«, fragte ich Marcelin ganz am Anfang. »Ich bin so was nicht gewohnt.« »Akzeptier das ganz einfach, wie es ist«, meinte Marcelin. »Diese Anrede drückt nun mal den größten Respekt meiner Mutter dir gegenüber aus, und sie mag dich sehr.«

Ich muss mich also damit abfinden.

Ihr Garten (für europäische Verhältnisse ist es schon ein Feld) befindet sich neben der Chefferie Bametcha, also vis-á-vis von unserem Haus. Normalerweise bekommen Töchter keine Grundstücke, da sie ja ausziehen, um zu heiraten und ihrem Mann zu folgen. Marcelins Mutter aber hatte in die Chefferie Supérieure eingeheiratet, dadurch mehr Ansehen bekommen und zudem ihr Grundstück behalten können, da sie durch ihre Heirat nicht allzu weit weggezogen ist. Es sind nur neun Kilometer. Wenn sie also in den Garten kommt, kommt sie zu Fuß und geht auch wieder zu Fuß nach Hause. So läuft sie jedes Mal achtzehn Kilometer, um in ihren Garten zu gehen!

Oftmals besucht sie uns auch im neuen Haus. Herzlichkeit wird in Afrika nicht auf dieselbe Weise gezeigt wie bei uns, sie drückt sich auch irgendwie durch eine gewisse Zurückhaltung aus. So spüre ich ihre Herzlichkeit und ihren Respekt, wenn sie mich begrüßt.

Der Moment, an dem sich für mich unser Verhältnis intensivierte, war die Geburt unseres Sohnes. Sie blieb, wie ich später berichten werde, die ganzen vier Tage bei mir im Spital. Nicht weil sie dachte, ich schaffe das nicht allein, sondern um mich zu entlasten. Sie kochte für mich und wusch die Windeln. Erst später erklärte mir Marcelin, dass es hier normal ist, dass sich die Schwiegermutter um die Schwiegertochter kümmert. Das ist ein Brauch der Bamiléké, dass eine Wöchnerin so viel wie möglich entlastet wird, damit sie sich in Ruhe um ihr Kind kümmern kann.

Für mich war es etwas ganz Besonderes, da ich soviel Fürsorge und Aufmerksamkeit nicht gewohnt bin.

Das setzte sich auch zu Hause fort. Nach dem Spitalaufenthalt kam sie direkt mit zu mir nach Hause. Auch hier musste ich nichts machen, sie kümmerte sich um alles, sogar um mich. Wenn der Kleine am Nachmittag schlief, schickte sie mich ebenfalls ins Bett, damit ich ein oder zwei Stunden schlafen konnte. Sie achtete auch darauf, dass ich das Richtige aß, was für mich gut war und vor allem die Milchbildung anregte. Sie blieb noch gut drei Wochen bei uns.

Mir bedeutete das sehr viel. Auch wie sie sich später um den Kleinen sorgte, ohne sich einzumischen. Sie wollte einfach wissen, ob es ihm und natürlich auch mir gut geht.

Einmal, als sie bei mir zu Besuch war, erzählte sie über ihren Mann und Marcelin. »Mein Mann Robert war ein sehr guter Zuhörer, seinem Volk gegenüber gerecht und geduldig. Das Volk hat ihn deshalb sehr geliebt. Eine seiner hervorragenden Eigenschaften war, dass er Gedanken lesen konnte, was für ihn gerade bei Gerichtsdingen sehr hilfreich war. Die gute Erziehung seiner Söhne war ihm sehr wichtig, mir natürlich auch. Er legte großen Wert darauf, sie Eigenschaften wie Großzügigkeit und Achtung gegenüber dem Nächsten zu lehren. Aber auch keinen Egoismus oder Eifersucht untereinander aufkommen zu lassen. Er wollte sie auf ihr Amt als seinen potentiellen Nachfolger gut vorbereiten. Dass er dann so jung schon sterben musste, damit hatte allerdings niemand gerechnet«, ergänzt sie seufzend. Sie hält inne, versetzt sich in Gedanken in jene Zeit zurück und ihr Gesicht nimmt einen wehmütigen Zug an.

»Nach seinem Tod bin ich vom Königshof weggezogen und lebe seither in dem Haus in Bangangté, wo Sie mich, Madame, besucht haben. Ich wollte keinesfalls am Hof bleiben.«

Wir plaudern noch ein wenig über dies und das, bis sie sich wieder auf den weiten Heimweg macht.

Also kurz gesagt: Unser Verhältnis ist auf afrikanische Art sehr respektvoll, aber herzlich.

Kapitel 23

Marcelins Großmutter

Ich liebe es, Marcelin zuzuhören, wenn er mir von sich oder seiner Familie erzählt. Heute nun berichtet er mir von seiner Großmutter, zu der er, wie er mir sagte, ein sehr inniges und gutes Verhältnis hatte. Leider ist sie verstorben. Vielleicht war Marcelin sogar ihr Lieblingsenkel. Er erzählt mir folgende Geschichte und ich lausche gespannt:

»Ich habe mich mit meiner Großmutter immer sehr gut verstanden. Sie hat mich in allem unterstützt und mir geholfen. Einmal sagte sie zu mir: ›Egal, was ich deiner Familie zukommen lasse, untersuche den Inhalt immer sehr genau. Ich werde immer etwas ganz alleine für dich darin verstecken!‹

Eines Tages bekam die Familie von ihr eine Kalebasse mit Lebensmitteln, Bohnen und anderen Dingen gefüllt. Eine Kalebasse ist eine riesige Kürbisvase mit einer schmalen Öffnung oben. Da die Wand sehr dick ist, kann man Lebensmittel kühl und trocken darin aufbewahren.

Meine Mutter leerte also den Inhalt aus. Als die Kalebasse leer war und der Inhalt unter der Familie verteilt, fragte ich die Mutter, ob ich sie haben dürfe. Mutter gab mir die vermeintlich leere Kalebasse. Mit dem schweren, großen Gefäß ging ich auf die Toilette und schloss mich ein. Ich untersuchte sie ganz genau. Anscheinend ist sie wirklich leer, dachte ich schon leicht enttäuscht. Aber das kann doch nicht sein, meine Großmutter hatte gesagt … Ich zerschlug das Ding auf dem zementierten Boden der Toilette. Und siehe da, unten drin fanden sich noch einige Geldstücke für mich, ein kleines Vermögen!

Ich sammelte verstohlen und mit einem Lächeln auf den Lippen die Münzen auf. Das Geld versteckte ich gut, es hat nie jemand ge-

funden! Die Scherben warf ich weg. Der Alltag ging weiter, und ich sagte nie jemandem ein Wort davon. Das Geld habe ich gespart.«

Eine wundervolle Geschichte und ich hoffe, Marcelin wird mir im Laufe der Zeit noch viele weitere erzählen.

Kapitel 24

Sind es Wehen?

Freitag, 15. September 2006
Wir feiern unser Jubiläum. Vor genau einem Jahr bin ich zum ersten Mal nach Kamerun gekommen. Wie schnell doch ein Jahr vorüber ist. Wir reden oft über die erste Zeit, von der ersten Mail bis zu meiner Ankunft hier. Solche besonderen Tage begehen wir auf unsere Art: Wir sitzen draußen auf unserer Terrasse, freuen uns über die wunderbare Landschaft in unserer Umgebung, sind stolz auf unser Haus und auf unser gemeinsames, sehr bescheidenes, einfaches, friedliches Leben, auch wenn wir zurzeit immer noch weder Strom noch fließendes Wasser haben. Doch ich glaube, ich kann mich besser mit dieser Situation abfinden als Marcelin. Ihn stört es, dass er mir nicht ein angenehmeres Leben bieten kann. Es erstaunt mich selber, wie gelassen ich die Situation hinnehmen kann. Na ja, es ist eben meine Art. Selbst wenn ich mich darüber ärgern würde, ändern würde das ja trotzdem nichts.

Samstag, 16. September 2006
Marcelin will heute auf dem Markt im Dorf einkaufen gehen. Er lässt mich ausschlafen. Bevor er gegen acht Uhr das Haus verlässt, informiert er mich darüber, dass er ein Mototaxi Richtung Bangangté bestellt hat. Er geht hinaus und wartet in der Nähe der Straße, die an unser Grundstück grenzt. Ich beginne zu frieren. Ich hoffe, dass er nicht noch einmal zurückkommt und mich in diesem Zustand sieht. Er würde sich dann bestimmt wieder große Sorgen machen und vielleicht gar nicht ins Dorf gehen wollen, um mich nicht alleine lassen zu müssen. Das möchte ich nicht, weil wir die Sachen, die er einkau-

fen will, dringend brauchen. Er besorgt auch immer bei einem Metzger Fleischabfälle für die Hunde.

Ich zittere am ganzen Körper. Fast eine Stunde später kommt er doch tatsächlich nochmals ins Zimmer und berichtet, das Mototaxi sei noch nicht gekommen. Ich versuche, das Zittern so gut es geht zu unterdrücken. Es gelingt mir wirklich, er bemerkt nichts und wir besprechen noch mal kurz die Einkaufsliste.

»Hast du noch einen speziellen Wunsch?«, fragt er mich noch fast wie nebenbei.

»Außer Früchten eigentlich nicht. Mir ist nur wichtig, dass ich Vitamine bekomme.«

Dann geht er wieder und wartet weiter auf das Mototaxi. Ich bin erleichtert. Doch zu früh, denn eine halbe Stunde später, ich traue meinen Augen nicht, kommt er doch tatsächlich nochmals ins Zimmer, um mir noch etwas zu sagen. Ich reiße mich wieder zusammen, denn ich zittere inzwischen noch stärker. Er wundert sich nicht darüber, dass ich noch immer wach bin. Ich spüre, dass sich auch meine Stimme irgendwie verändert hat. Doch seine Gedanken sind schon im Dorf und bei dem, was er einkaufen will. Diesmal bin ich froh darüber, dass er mir nicht so viel Aufmerksamkeit schenkt. Als er wieder draußen ist, höre ich kurz darauf, wie er einem vorbeifahrenden Mototaxi etwas zuruft. Er steigt auf und sie fahren weiter. Nun ist er endlich unterwegs ins Dorf, ich atme erleichtert auf.

Bis zum Mittag kann ich nicht mehr schlafen, weil mir sehr kalt ist und ich gleichzeitig das Gefühl habe zu verglühen. Im Laufe des Nachmittags stehe ich dann doch auf und setze mich im Wohnzimmer aufs Sofa. Bald kommt Marcelin vom Einkaufen zurück. Als er mich sieht, lässt er beinahe alles fallen. Er fühlt meine Temperatur und gerät wieder leicht in Panik, weil er einen weiteren Malariaanfall befürchtet. Ich versichere ihm, dass es nicht so schlimm ist und dass es mir sicher bald besser geht. Ruhelos überlegt er sich, was er tun solle, bis sich gegen Abend mein Zustand zusehends bessert und ich mich wieder richtig gut fühle. Nach dem Abendessen gehen wir früh zu Bett und ich kann gut schlafen.

Sonntag 17. September 2006
Marcelin steht schon um sechs Uhr auf. Er will wie jeden Sonntag zur Familienversammlung gehen. Bevor er aufbricht, überprüft er noch einmal meine Temperatur und stellt zufrieden fest, dass ich kein Fieber mehr habe. Gegen Mittag stehe ich auf und wärme die Kartoffeln auf, die er extra am frühen Morgen noch für mich gekocht hat. Ich liebe Kartoffeln, vor allem so, wie er sie zubereitet.

Am Nachmittag schreibe ich und genieße es, einfach das zu tun, was mir gerade gefällt. Im Laufe des Nachmittags kommt er nach Hause. Er lässt mich weiterschreiben und geht draußen arbeiten, denn das hohe Gras muss noch geschnitten werden. Leider wird es mir gegen Abend wieder abwechselnd heiß und kalt und wir wissen langsam nicht mehr, was wir tun sollen. Nach dem Abendessen überlegen wir uns, ob es schon wieder Malaria sein könnte.

»Es ist doch nicht normal, dreimal in so kurzer Zeit Malaria zu bekommen. Normalerweise ist es für eine Weile vorbei, wenn man zweimal Malaria hatte, die zudem auch noch behandelt wurde«, sage ich ganz verzweifelt.

»Dieser Wärmeschub hat vielleicht mit deiner Schwangerschaft zu tun«, versucht Marcelin mich mit einer Engelsgeduld zu beruhigen. »Dein Körper hat sich dadurch verändert und vergiss nicht, dass du nicht mehr alleine bist, sondern in deinem Körper wächst ein kleiner Mensch heran, darauf reagiert er nun mal.«

Ich akzeptiere seine Erklärung und würde sie auch gerne glauben, doch ein bisschen Angst bleibt, dass es doch wieder Malaria sein könnte. Denn warum sollte mein Körper so extrem reagieren, wenn ich bis jetzt die ganze Schwangerschaft über keine Probleme hatte? Ich hoffe, dass er recht hat.

Marcelin bereitet für uns ein wunderbares Abendessen zu. Er ist ein fantastischer Koch, ich möchte sein Essen nicht mehr missen. Um mich aufzumuntern, kocht er mir eines meiner Lieblingsgerichte, nämlich Kartoffeln mit einer feinen Sauce. Das gute Essen hilft. Ich beruhige mich, und die Temperatur geht zurück.

Montag 18. September 2006
Ich habe wieder gut geschlafen und stehe auf, um zu frühstücken. Zwischendurch habe ich leichte Schmerzen im Unterbauch. Nachdem sie sich immer mehr verstärken, sorgt sich Marcelin sehr. Er fragt, ob ich ins Spital möchte. Nein, nicht schon wieder. Da ich erst in der 35. Schwangerschaftswoche bin, bin ich überzeugt, dass es sicher nur Senkwehen sind. Da schönes Wetter ist, schlägt er mir vor, zu seiner Schwester Nicole ins Dorf zu fahren.

Aufgrund der schlechten Straßenverhältnisse sitzen wir hier während der Regenzeit nämlich fest. Marcelin hat Angst, dass wir dann nicht rechtzeitig ins Spital kämen. Wenn es regnet oder geregnet hat, kann man von uns aus jede Transportmöglichkeit vergessen. Die Straße wird fast unpassierbar. Da es Lehmboden ist, wird es rutschiger als Glatteis, wie Seife. Die einzige Transportmöglichkeit wäre dann ein Auto mit Vierradantrieb, und wir kennen niemanden, der ein solches Fahrzeug besitzt.

Trotz all dieser Überlegungen bin ich nach wie vor überzeugt, dass es nur Senkwehen sind und will weder zu Nicole noch ins Spital.

In Europa sagt man, dass das erste Kind meistens später kommt. Bei meiner Mutter und bei meinen beiden Schwestern hatte sich das bewahrheitet. Warum soll es bei mir anders sein, nur weil ich in Afrika bin?
Bei mir ist es aber anders!

Marcelin sagt am Morgen, dass er ins Dorf gehen will, um Besorgungen zu machen. Am Nachmittag kommt er mit Kräutern zurück, die fast aussehen wie eine Efeuranke. Marcelin zerdrückt und spült sie im Wasser. Dann gibt er mir den grünen Sud und bittet mich, ihn zu trinken. Ohne nachzufragen, was es ist und wofür es gut sein soll, trinke ich das grüne, leicht dickflüssige Getränk. Es schmeckt nicht mal schlecht, einfach nach Kräutern. Ich weiß, dass mir Marcelin nie im Leben etwas geben würde, von dem er nicht hundertprozentig überzeugt ist, dass es mir hilft. Monate später erklärt er mir, warum er mir dieses Getränk gegeben hat. Er hätte gesehen, dass sich mein Bauch gesenkt habe, und das sei ein untrügliches Zeichen dafür, dass die Geburt unmittelbar bevorstehe. Er habe mir die Kräuter gegeben, damit ich eine leichte, einfache und schmerzarme Geburt habe.

Am späten Nachmittag haben die Schmerzen komplett aufgehört. Also hatte ich doch recht, es waren wilde Wehen – dachte ich.

In der Schweiz ging ich immer zum Arzt und sagte ihm, welches Problem ich hätte und meistens hatte ich recht. Oft erstaunte ich meinen Hausarzt. Nun soll mein Mann mich und meinen Körper besser kennen als ich selber?

Marcelin geht nach dem Abendessen zu Bett. Ich bleibe noch ein wenig auf und schlüpfe gegen 21.30 Uhr unter die Decke. So gegen 23 Uhr werde ich von Schmerzen im Unterbauch unsanft geweckt. Ich glaube noch immer nicht, dass es Wehen sind, denn ich dachte immer, Wehen beginnen weiter oben im Bauch, um das Kind runterzupressen.

Bis ein Uhr habe ich hin und wieder Schmerzen, dann vergehen sie und ich schlafe wieder ein. Um vier Uhr morgens werde ich von heftigen Schmerzen aufgeweckt. Doch selbst jetzt glaube ich nicht, dass es Wehen sind. Die Schmerzen sitzen ganz einfach zu tief, und es ist noch immer einen Monat zu früh. Doch schlafen kann ich nicht mehr bis zum Morgen.

Dienstag 19. September 2006

Früh morgens fragt mich Marcelin nochmals, ob er mich ins Spital bringen soll.

Ja! Jetzt will ich!

Die Schmerzen sind anhaltend, und das gefällt mir nun gar nicht mehr und beunruhigt mich. Ich will das Kind nicht verlieren. Marcelin ist schon seit fünf Uhr auf und packt meinen Koffer, und zwar so leise und rücksichtsvoll, dass ich nichts davon mitbekomme. Um halb sieben sind die Schmerzen stark und regelmäßig. Könnten es doch Wehen sein? Zum ersten Mal lasse ich diesen Gedanken zu und schaue auf die Uhr, um den Zeitabstand zwischen den Schmerzen zu messen.

Vier Minuten!

Marcelin bereitet heißes Wasser auf, damit ich mich waschen kann und wir nachher ins Spital fahren können. Die Abstände zwischen den Schmerzen werden kürzer und mein Mann immer hilfloser. Er lässt die zweite Frau vom Chef kommen und ruft seine Mutter. Zusammen mit ihr kommt auch Marie, die Schwester von Marcelin, die gerade im Garten ist.

Inzwischen liege ich im Wohnzimmer auf dem Sofa und stöhne in regelmäßigen Abständen vor mich hin.

Die zweite Frau vom Chef wirft einen wissenden Blick auf meinen Bauch und meint: »So schnell wie möglich ins Spital, der Bauch hat sich schon gesenkt.«

Nun gibt es ein Problem: Schon früh am Morgen hat mein Mann das Taxi auf zehn Uhr bestellt, doch das ist zu spät, jetzt ist Eile geboten, obwohl es erst gegen acht Uhr ist.

Eine weitere Misere: Wir haben beide keinen Kredit mehr auf den Handys, damit wir das Taxi früher ordern könnten. Bis ins Dorf sind es neun Kilometer, zu Fuß dauert das viel zu lange.

Was nun?

Da fährt per Zufall gerade der Dorfchef mit seinem Motorrad an unserem Grundstück vorbei. Er ist auf dem Weg ins Dorf und hält an, um sich bei seiner zweiten Frau zu erkundigen, wie es mir geht. Sie berichtet ihrem Mann, dass Marcelin so rasch wie möglich ins Dorf muss, um ein Taxi zu organisieren, und dass große Eile geboten ist. Der Chef nimmt Marcelin mit, was er sonst nie macht. Ein Chef lässt sich normalerweise niemals als Mitfahrgelegenheit benutzen. Für mich wirft er alle Gebote über Bord und nimmt Marcelin mit ins Dorf. Eine Weile bin ich alleine mit all den Frauen und vor allem mit den Schmerzen.

Kapitel 25

Hurra, ein Sohn!

Glücklicherweise findet Marcelin den Taxifahrer im Dorf sehr schnell. Gegen neun Uhr sind die beiden zur Stelle.

Eigentlich will ich vorher noch auf die Toilette, doch das erlauben mir die Frauen nicht mehr. Sie stellen mir einen Eimer vors Sofa, wo ich reinpinkeln kann. Ich verstehe die Aufregung nicht. Die Toilette ist vielleicht zehn Schritte vom Sofa entfernt. Die Unterwäsche will ich auch wieder anziehen, da ich seit Montag leichte Blutungen habe, auch das erlauben mir die Frauen nicht mehr. Ich erkläre den beiden, weshalb ich nicht auf die Unterwäsche verzichten will. Sie sagen, dass ich den Slip einfach zwischen die Beine klemmen soll, aber nicht anziehen. Da Marcelin zurück ist, holt er mir den langen, weiten Rock, den ich übers Long-Shirt ziehe. Dann geht es ab ins Taxi. Alle wollen die Fahrgelegenheit ins Dorf nutzen und so versuchen gleich drei Personen, zusammen mit mir hinten ins Fahrzeug zu steigen. Ich werde fast hysterisch und erklärte sehr bestimmt, dass es absolut unmöglich ist, sich hinten zu viert hineinzuzwängen, da ich nicht kerzengerade und eingequetscht sitzen kann.

Mein Mann steigt vorne ein, eigentlich wollte ich ihn an meiner Seite haben, damit ich mich anlehnen und bequemer sitzen kann. Ich habe jedoch nicht die Kraft, ihn zu bitten, sich zu mir zu setzen.

Bevor wir losfahren, schiebt mir die Frau vom Chef einen Stein direkt in den Mund, den ich wie ein Bonbon lutschen soll. Sie hat ihn soeben vom Boden aufgelesen und nur kurz mit den Fingern ein bisschen den gröbsten Dreck abgewischt. Ich bin zu sehr mit mir selber beschäftigt, als dass ich auf die Idee komme zu fragen, was denn dieser Stein bewirken soll.

Der Taxifahrer fährt wie ein Kamikaze. Gerne hätte ich ihm gesagt, er soll etwas langsamer fahren, doch ich habe den Stein im Mund und bin einfach zu sehr auf mich konzentriert. Vielleicht habe ich deshalb geschwiegen, weil ich doch instinktiv fühlte, dass es keine Zeit mehr zu verlieren galt.
Von unserem Haus weg geht die Straße ungefähr zweihundert Meter bergauf, dann kommt ein kurzes, flaches Stück am Haus des Jägers Manuel vorbei. Dort gibt es je nach Stärke des Regens eine riesige Pfütze, die sich über die ganze Straßenbreite und bestimmt zehn Meter lang ausdehnt. An diesem Morgen ist die Pfütze selbstverständlich so groß, dass das Fahrzeug prompt mittendrin stecken bleibt.

Als erste verlässt meine Schwiegermutter den Wagen und bringt sich jenseits der Wasserlache in Sicherheit.

Dann folgt Marcelin, der versucht, das klapprige Gefährt anzuschieben. Vergeblich. Jetzt steigt sogar die Frau des Chefs in die Pfütze und will schieben. Erfolglos. Nun verlässt Marie den Wagen, um ebenfalls zu helfen. Völlig aussichtslos. Schließlich und endlich bequemt sich selbst der Taxifahrer aus dem Auto.

Sie bewegen das Auto vor und zurück und von diesem Geschaukel wird mir übel. Ich will die Autotür öffnen, doch sie klemmt. Fast panisch klopfe ich an die Scheibe und schreie, dass man die Tür von außen öffnen soll. Die Frau vom Chef versucht es, doch sie klemmt auch von außen. Mein Mann zieht etwas kräftiger an der Tür. Gerade noch rechtzeitig geht sie auf und ich muss mich übergeben. Danach fühle ich mich gleich besser.

Ich merke, dass der Taxifahrer leicht in Panik gerät. Anscheinend hat er seine Frau öfters schwanger ins Spital gefahren und weiß, wie dringend es ist, denn er bemerkt noch kopfschüttelnd: »Das ist absolut unzumutbar für eine Frau in Ihrem Zustand.«

Wir verlieren sicher fünfzehn bis zwanzig Minuten, bis wir endlich aus der Pfütze rauskommen. Dann fahren wir, als wäre der Teufel hinter uns her. Was bei dieser Geschwindigkeit heißt, dass er nicht mehr allen Schlaglöchern ausweichen kann. Als wir endlich die geteerte Straße erreichen, bin ich schon etwas erleichtert. Nun gibt's aber hier überall Schwellen, die auch nicht viel besser sind als die Schlaglöcher. Bei jedem Stöhnen von mir schaut die Frau vom Chef, die mit Marcelin den Beifahrersitz teilt, mit großen und besorgten Augen nach hinten.

Plötzlich bemerkt sie, dass ich den Stein nicht mehr im Mund habe. Sie schimpft fast mit mir, und in einem scharfen Befehlston fragt sie: »Wo ist der Stein?«

Ich halte die rechte Hand hoch, wo der Stein zwischen meinen Fingern liegt.

»Leg den Stein sofort wieder in den Mund!«, fordert sie mich energisch auf.

Verwirrt schiebe ich den Stein wieder in den Mund. Der Stein ist so groß, dass ich ihn nicht in die Wange schieben, sondern auf der Zunge behalten muss. Was bei dieser Größe alles andere als angenehm ist.

Auf der Hauptstraße zwischen Bangangté und Bangwa gibt es keine Schwellen mehr, und so kann der Fahrer ordentlich Gas geben, aber auch er wirft ab und zu einen besorgten Blick nach hinten. Kurz vor dem Spital bemerke ich, dass der Fahrer sich auskennt, denn er nimmt eine Abkürzung, die eigentlich nur für Fußgänger gedacht ist und direkt zur Geburtsabteilung führt. Er fährt so nahe an den Eingang wie möglich. Marcelin springt aus dem Auto, öffnet mir die Tür, hilft mir, aus dem Auto zu steigen und führt mich Richtung Eingang. Dort werde ich umgehend von zwei Schwestern in Empfang genommen, die mich sofort in den Kreißsaal führen.

Da kommt mir, welche Freude, ausgerechnet die Stationsschwester Esther entgegen und fragt schon fast höhnisch: »Schon wieder krank?«

Ich versuche zu lächeln, was mir aber unter den Schmerzen misslingt, zeige auf den Bauch und sage nur: »Nein, das Kind kommt.«

Zufrieden atmet sie auf, lächelt sogar ein bisschen und begleitet mich in den Kreißsaal, der gleichzeitig auch als Untersuchungszimmer dient. Hier stehen vier schmale Untersuchungsbetten, die jeweils durch weiß gekachelte, halbhohe Wände abgetrennt sind. Der ganze Raum ist weiß gekachelt, einfach scheußlich. Ich werde zum dritten Bett geführt. Als ich mich endlich auf die Seite legen kann, geht es mir schon fast wieder gut.

Inzwischen ist es zehn Uhr geworden. Die Stationsschwester Esther kommt zu mir. Sie ist auch die Hebamme. Ich mag sie, sie ist sehr groß und schlank, was ihre resolute, ruhige und kompetente Art nur noch unterstreicht. Sie trägt immer eine weiße Kopfbedeckung, vielleicht damit man sie leichter als verantwortliche Stationsschwester erkennen kann. Sie redet ganz ruhig auf mich ein und versichert mir immer wieder, dass ich das schon schaffen werde, ich solle einfach das tun, was sie mir sagt. Ich nehme den Stein aus dem Mund und gebe ihn ihr.

Sie ist total überrascht. Als Hebamme kennt sie den Stein und seine Wirkung. Sie schaut mich erstaunt an und fragt, ob ich traditionelle Medizin anwende, ohne wirklich eine Antwort abzuwarten. Dann legt sie den Stein beiseite, und ich lächle und nicke nur. Zu diesem Zeitpunkt kannte ich die Wirkung des Steines aber noch gar nicht.

Sobald ich ihn jedoch aus dem Mund genommen habe, beginnen die Wehen heftiger zu werden. Sie erklärt mir, dass ich nicht pressen, sondern die Wehen weghecheln soll, was ich auch versuche. Anfangs funktioniert das noch sehr gut und die Schmerzen sind erträglich.

Inzwischen ist noch eine weitere Frau eingetroffen, die ebenfalls gebären wird. Ich höre, wie sie in den Wehen liegt. Doch bei ihr scheint es Probleme zu geben. An den Stimmen höre ich, dass zwei Ärzte und mehrere Schwestern bei ihr sind und auf sie einreden. Auch meine Hebamme Esther geht zu ihr, ausgerechnet jetzt, wo bei mir die Wehen heftiger werden.

Ich fühle mich alleingelassen. Die Wehen werden so stark, dass ich sie nicht mehr weghecheln kann und ich leicht zu schreien beginne. Da kommt glücklicherweise Esther zurück.

Ich soll mich auf den Rücken drehen, doch das bereitet mir unheimliche Schmerzen. Verzweifelt fragt Esther, wie sie mich untersuchen soll, wenn ich mich nicht auf den Rücken drehe.

Ich sehe die Notwendigkeit ein, und zwischen zwei Wehen gelingt es mir, mich zu drehen. Sie tastet mich ab und sagt, dass der Muttermund etwas offen sei. Etwas später kommt eine zweite Schwester dazu. Während sie mich untersucht, platzt die Fruchtblase.

Die Wehen werden heftiger und die Schmerzen größer. Ich möchte mich wieder auf die Seite drehen, da ich dadurch die Schmerzen besser ertragen kann. Die Schwester, die unten steht, schaut mich ganz böse an und zischt nur ganz kurz: »Wenn du dich umdrehst, ohrfeige ich dich!«

Nach dem fünften Pressen weist Esther mich an, ich solle mit geschlossenem Mund pressen und nicht schreien.

Kurz darauf muss ich nicht mehr pressen. Dreißig Sekunden später legen sie mir unseren Sohn auf den Bauch, sodass ich nur den weißen Rücken sehe, aber nicht das Gesicht. Sie lassen ihn nur kurz auf meinem Bauch, dann wird er abgenabelt. Er schreit noch immer nicht. Ich frage nach, ob alles in Ordnung ist. Sie beruhigen mich. Bald darauf stößt er seine ersten kräftigen Schreie aus.

Unser Sohn wurde also am 19. September 2006 um 11.10 Uhr geboren. Ich brauchte gerade mal eine Stunde, um ihn zur Welt zu bringen.

Jetzt im Nachhinein muss ich sagen, dass ich froh bin, in Kamerun entbunden zu haben. Eigentlich wollte ich dazu in die Schweiz fahren, doch das war aus finanziellen Gründen nicht möglich. Heute habe ich ernsthafte Zweifel, ob die Geburt in der Schweiz auch so einfach und schnell gegangen wäre.

Hier in Kamerun ist er zwar einen Monat zu früh gekommen, aber da er nur 47 Zentimeter groß und 2610 Gramm schwer war, war die Geburt auch leichter.

Außerdem weiß ich nicht, ob man mich in der Schweiz nicht wahnsinnig gemacht hätte, mit gut gemeinten Ratschlägen und der Frage, ob für eine Frau mit einundvierzig Jahren die Geburt des ersten Kindes nicht zu risikoreich sei. Ich habe die Geburt hier auch ohne Peridualanästhesie oder andere Hilfsmittel bestens überstanden. Sowohl die Schwangerschaft als auch die Geburt verliefen weitgehend problemlos. Die Schmerzen habe ich mir viel schlimmer vorgestellt. Ich habe immer darauf gewartet, dass sie fast unerträglich würden. Doch da war unser Sohn schon auf der Welt.

Was dann aber schlimm wurde, war die Nachgeburt. Man sagte mir, sie löse sich von alleine ab, vielleicht müsse man nochmals pressen, doch irgendwie klappte das nicht.

Erst versuchten sie, die Plazenta über den Bauch herauszupressen, was schon wehtat, aber anscheinend nicht funktionierte. Dann hatte ich das Gefühl, dass jemand mit Gewalt die Plazenta herausreißt. In diesem Moment habe ich laut vor Schmerzen geschrien.

Warum konnten sie nicht ein wenig warten, bis sie sich selber löst? Ich weiß nicht, ob sie hier zu ungeduldig waren oder ob sich die Plazenta nicht löste, weil es eine Frühgeburt war.

Ich liege noch immer im Fruchtwasser. Nachdem ich mich ein wenig ausgeruht habe, werde ich gewaschen, das Bett gereinigt und getrocknet. Gegen 12.30 Uhr bringen sie mich im Rollstuhl in mein Zimmer, wo Marcelin bereits das Bett bezogen hat. Er gönnt mir den Luxus eines Einzelzimmers mit Waschbecken und Schrank im Zimmer und einem Gästebett, auf dem Marcelins Mutter schläft. Sie bleibt die ganzen vier Tage bei mir im Spital, umsorgt mich und wäscht die Babysachen. Marcelin schläft auf dem Boden.

Zu diesem Zimmer gehört auch eine Dusche und ein WC, das ich nur mit denen teilen muss, die ebenfalls ein Einzelzimmer haben. Doch die Dusche funktioniert leider nicht. Aber man hat wenigstens einen separaten Raum mit Abfluss, in dem man sich waschen kann. Das WC kann man abschließen und es hat einen eigenen Wasseranschluss, was bedeutet, dass man den Eimer für die Spülung gleich dort füllen kann. Trotz der Einfachheit fühle ich mich schon privilegiert.

Die Aufregung und Freude darüber, dass ich einen Sohn geboren habe, lässt mich trotz meiner Erschöpfung nicht schlafen.

Es kommen auch bereits einige Bekannte, um zu gratulieren. Ich bin glücklich und zufrieden: Die Geburt ist gut verlaufen und das Kind ist gesund, obwohl es einen Monat zu früh gekommen ist.

Später bringen sie unseren Sohn ins Zimmer. Obwohl ich noch keinen Milcheinschuss hatte, versuche ich, ihn zu stillen. Er zieht auch kräftig, aber sein Kopf wird rot und röter. Das gefällt mir gar nicht. Marcelin will mich beruhigen, doch als die Farbe des Kopfes fast blau ist, ruft er doch eine Schwester. Als diese das Zimmer betritt und das Kind sieht, nimmt sie den Säugling ohne eine Erklärung und verschwindet mit ihm.

Erst am nächsten Tag erfahre ich, dass er zur Ernährung eine Infusion bekommen hat. Den ganzen Morgen habe ich darauf gewartet, dass sie ihn zu mir bringen, doch nichts passierte. Am Nachmittag frage ich nach meinen Sohn. Ich erfahre, dass er im Kreißsaal sei, wo ich ihn besuchen könne. Als ich ihn sehe, zerreißt es mir fast das Herz, denn es ist fürchterlich für mich, dieses kleine, hilflose Menschlein mit einer Infusion zu sehen. Um das Ärmchen zu stabilisieren, haben sie eine Schiene aus Holz daran fixiert.

Am späteren Nachmittag ist die Infusion durchgelaufen und unser Sohn wird zu uns aufs Zimmer gebracht. Das war eine schöne Überraschung. Von da an durfte der neue Erdenbürger bei uns bleiben. Es geht ihm gut und er hat sich von der Frühgeburt erholt. Nun kann ich ihn auch stillen. Sehr viel Milch habe ich anfangs noch nicht, aber es reicht. Marcelins Familie füttert mich ja auch mit allem, was milchfördernd ist. Zusätzlich bekomme ich etwas zu trinken, was den Milchfluss anregt, sodass unser Sohn immer satt wird.

Die Schwestern bereiten warmes Wasser vor, damit ich mich waschen kann, da es im Spital keine Warmwasserleitung gibt. Dank meines Status' wird mir dieser Luxus zuteil. Da eine Cousine von Marcelin auf der Geburtenabteilung arbeitet, wissen alle Schwestern, wer ich bin. Eine von ihnen fragt mich, ob ich Claude Njiké-Bergeret kenne.

»Leider noch nicht persönlich, wir hatten noch keine Zeit, sie zu besuchen«, entgegne ich bedauernd. Sie wohnt unten im Tal am Ufer des Flusses Noun, was ziemlich weit von hier ist.

Es gibt in diesem Spital übrigens Zimmer, die dem europäischen Standard in absolut nichts nachstehen, sie beinhalten ein Doppelbett mit Bettwäsche für den Patienten und ein Einzelbett für die Begleitperson sowie Fernseher und DVD-Spieler. Sogar ein Kühlschrank, ein abschließbarer Schrank und ein eigenes Bad mit Dusche, WC und Waschbecken gehören dazu. Der Raum ist gekachelt und es gibt heißes Wasser. Doch auch hier braucht es einen »Gardien de Malade«, eine Begleitperson, die das Essen bringt oder den Patienten umsorgt.

Die Kosten für das Spital bezahlt man hier täglich. Es gibt Betten ab 500 bis 15000 CFA pro Tag, was umgerechnet ungefähr ab 1,25 bis 37,50 CHF pro Tag entspricht. Labor und Medikamente haben für alle denselben Preis.

Auch eine Art Krankenkasse gibt es hier in Kamerun. Man kann wie in der Schweiz die Zimmerkategorie selber wählen. In der Schweiz gibt es Allgemein, Halbprivat und Privat, hier gibt es sieben Stufen. Die Krankenkasse bezahlt man monatlich. Mit dem Beleg des Spitals werden dann die Kosten nachträglich zurückbezahlt, wenn man Glück hat. Da, wie schon erwähnt, Kamerun zu den korruptesten Ländern Afrikas gehört, werden auch hier die Krankenkosten nach Lust und Laune erstattet.

Wenn man sich den Gegebenheiten gut anpassen kann, glaube ich, ist man hier auch recht gut ärztlich versorgt.

Viele Leute sterben hier im Spital, weil sie sich einen Spitalaufenthalt gar nicht leisten können und darum wirklich erst in letzter Minute eingeliefert werden.

Neben dem Arzt ist für den Patienten hier im Spital der »Gardien de Malade« fast die wichtigste Person. Außer der ärztlichen gibt es nämlich ansonsten keine Versorgung, also auch kein Essen. Darum braucht jeder Kranke eine Begleitperson, die ihm bei den einfachsten Dingen des Spitalaufenthaltes hilft. Zum Beispiel, wenn er gefüttert werden muss, eine Stütze braucht, um auf die Toilette zu gehen, was oft sehr wichtig ist, da hier hauptsächlich mit Infusionen gearbeitet wird. Wer hält ihm beim Gang aufs WC die Infusion hoch? Überall im Spital gibt es auch Garküchen. Das sind ganz einfache Räume mit Naturboden und verschiedenen Feuerstellen, damit die Begleitperson das Essen kochen oder wärmen kann.

Auch die ganze Körperpflege, wenn der Kranke zu schwach ist, und alles, was außerhalb der ärztlichen Betreuung ist, erledigt die Begleitperson. Diese muss auch melden, wenn eine Infusion fertig ist. Ich hatte neunzehn Infusionen!
Dies klingt für europäische Ohren sehr ungewohnt. Ich kann mich damit abfinden. Denn hier heißt es einmal mehr: »Andere Länder, andere Sitten«, und Kamerun ist nicht nur ein anderes Land, es ist ein anderer Kontinent. Vielleicht hilft Ihnen diese Geschichte, das Gesundheitssystem in der Schweiz, in Europa, wieder zu schätzen.

In der Schweiz nimmt man es als selbstverständlich hin, dass stets Blutkonserven vorhanden sind, obwohl viel zu wenig Blut gespendet wird. Wenn ein Angehöriger nach einem Unfall ins Spital kommt, macht man sich keine Gedanken darüber, ob seine Blutgruppe vorhanden ist, man setzt es voraus. Hier hängt es von den Angehörigen ab.

Im Vergleich zu Afrika hat Europa wirklich ein traumhaftes Gesundheitssystem. Oder haben Sie sich vor einer Operation schon einmal gefragt, ob es:
– genügend Narkosemittel gibt?
– genügend Desinfektionsmittel gibt?
– genügend Verbandsmaterial gibt?

In den Spitälern von Afrika fragt man sich das jeden Tag!

Doch ich muss noch etwas anfügen. Kamerun ist doch schon recht gut entwickelt, was die Gesundheitsvorsorge angeht. Alle nötigen Impfungen für Kinder bis zwei Jahre sind gratis, sodass jedes Kind geimpft werden kann.

Die Eltern sind informiert, wie wichtig eine ausgewogene Ernährung für Kinder ist und welche Nahrung vitaminreich ist und nicht nur satt macht. Sie wissen auch, dass eine gesunde Ernährung für Schwangere wichtig ist. Eine schwangere Frau wird hier verwöhnt mit abwechslungsreicher und vitaminreicher Kost.

Aids ist hier ein Thema der Öffentlichkeit. Es wird im Fernsehen und im Radio darüber aufgeklärt. Überall findet man Plakate zur Aidsprävention. Die Frau des Präsidenten Paul Biya, Chantal Biya, engagiert sich sehr für die Aidsaufklärung.

Obwohl Kamerun noch kein so gut funktionierendes Gesundheitssystem hat wie Europa, ist es in vielen Dingen ein recht fortschrittliches Land, zum Beispiel was Schulbildung, Ausbildung und Aufklärung anbelangt.

Am vierten Tag nach der Geburt kann ich bereits nach Hause. Wenn es nach Marcelin gegangen wäre, so hätten wir das Spital bereits morgens um sieben verlassen, doch es kam anders.

Er hat die Kosten für die Geburt, die Medikamente für mich und den Kleinen und das Zimmer für vier Tage bereits vor zwei Tagen bezahlt. Das kostete zweihundert Franken.

Früh morgens ist bereits alles für die Entlassung gepackt. Die Entlassungspapiere sind ebenfalls bereit, doch man lässt uns nicht gehen, ohne dass ein Kinderarzt noch einen Blick auf den Kleinen wirft. Ab acht Uhr warten Marcelin und seine Mutter draußen auf den Arzt. Man hat ihnen gesagt, es würde noch etwas dauern. Marcelin kommt wieder ins Zimmer und wir frühstücken noch hier. Es gibt gekochte Bananen und Fleisch vom Vortag, das jemand gebracht hatte.

Nach dem Frühstück geht er wieder nach draußen und wartet. Ich bin müde und lege mich mit meinem Sohn aufs Bett. Wir schlafen ein wenig. Gegen Mittag findet sich endlich ein

Kinderarzt ein. Er wirft wirklich nur einen flüchtigen Blick auf unseren Sohn und prüft die Greifreflexe. Das war's auch schon. Alles in Ordnung, wir dürfen nach Hause.

Marcelin organisiert so schnell wie möglich ein Taxi. Doch zuvor filmt er noch das Verlassen des Spitals von Frau und Sohn. Meine Schwiegermutter trägt voller Stolz ihren Enkel. Ich bin umringt von Menschen, die mich lieben und um mich besorgt sind.

Die Heimfahrt genieße ich in vollen Zügen und sauge die afrikanische Landschaft so richtig in mich auf. Die Palmen, die an den Hängen stehen, die roterdigen Gärten, die an den Hügeln kleben, und die weißen, dicken Kumuluswolken und den blauen Himmel. Ich bin ganz einfach restlos glücklich, dankbar und zufrieden. Durch die Schwangerschaft war ich nicht mehr oft unterwegs.

Ich denke auch an meine Familie in der Schweiz und bin ihr sehr dankbar. Nur dank ihrer finanziellen Hilfe kann ich schon nach Hause. Wieder einmal hat Mutti mit meinen Geschwistern organisiert, dass wir Geld bekommen und das Spital bezahlen können. Sie hatte dies so perfekt in die Wege geleitet, dass Marcelin am Donnerstag nach Bafoussam fahren und das Geld bei »Western Union« abholen konnte. Hätte meine Familie uns nicht noch einmal finanziell geholfen, weiß ich nicht, wie wir das Spital hätten bezahlen sollen, und vor allem, wie lange ich wohl noch hätte dort bleiben müssen.

Wie ich schon erklärt habe, darf man hier das Spital erst verlassen, wenn alles bezahlt ist. Darum gibt es gesunde Leute, die manchmal Monate unfreiwillig im Spital verbringen müssen. Eine unmögliche Situation.

»Was hatte es eigentlich mit diesem Stein auf sich?«, frage ich einige Tage später meinen Mann.

»Dieser Stein, den dir die Frau vom Chef gegeben hat, bewirkte, dass sich die Wehen beruhigten und du relativ schmerzarm ins Spital gekommen bist.«

Ich überlege und muss gestehen, er hat recht. Während ich den Stein im Mund hatte, waren die Wehen schwächer. Ich bin überzeugt, dass wir es nur dank diesem Stein ohne Zwischenfälle rechtzeitig ins Spital geschafft haben. Ohne den Stein wäre unser Sohn wahrscheinlich im Taxi zur Welt gekommen. So habe ich die »Familientradition« fortgesetzt: Auch meine Mutter musste sich damals beeilen, sonst wäre ich im Taxi zur Welt gekommen.

Nach der Entbindung übergab man Marcelin feierlich die Nabelschnur unseres Sohnes. Ich wunderte mich, was das wohl bedeuten soll, hatte es dann aber wieder vergessen. Später erzählte mir Marcelin, was es damit auf sich hat:

»Die Nabelschnur ›versteckt‹, beziehungsweise vergräbt man auf dem Land des Vaters. Zuvor bestreicht man sie mit Palmöl. Diese Zeremonie soll das Neugeborene an die Erde seiner Vorfahren väterlicherseits binden. Später, wenn das Kind größer ist, wird es an diese Stelle ein kleines Huhn legen, um damit die Bindung an seinen Geburtsort noch mehr zu festigen.«

Marcelin wird zu diesem Ritual alle Frauen, die mich ins Spital begleitet haben, zu uns nach Hause einladen. In ihrem Beisein wird dann die Nabelschnur in unserem Schlafzimmer feierlich im Boden vergraben. Es wurde deshalb extra eine ungefähr 10 x 10 Zentimeter große Fläche in der Mitte vor unserem Bett nicht betoniert, was mir gar nicht aufgefallen war. Danach wird man gemütlich beisammensitzen und Kelombab essen, ein Gericht aus Lammfleisch mit Palmöl und gekochten Bananen.

Kapitel 26

Wieder zu Hause in Bametcha

Wir fahren die Strecke von Bangwa nach Bangangté mit einem Sammeltaxi und nutzen dann gleich die Gelegenheit, um Nicole und Jacques einen Besuch abzustatten. So kann ich dort in aller Ruhe eine Cola trinken, denn mit so einem kleinen Baby wollen wir noch nicht in ein Restaurant gehen. Nicole ist leider nicht zu Hause, sie ist auf der Beerdigung ihrer jüngeren Halbschwester. Jacques lässt uns Couscous aus Maniok mit einer Pistaziensauce servieren.

Da wir zu Hause nach wie vor keinen Strom haben, benutzen wir gerne die Gelegenheit, bei Jacques wieder einmal fernzusehen und uns zu informieren, was sich in der großen, weiten Welt so alles tut. Unseren Generator nur zum Fernsehen zu benutzen, ist zu aufwendig und das Benzin zu teuer.

Meine Schwiegermutter gesellt sich auch wieder zu uns. Sie war inzwischen rasch bei sich zu Hause, um die Kleider zu wechseln und zu duschen. Nun wird sie uns begleiten und eine Weile bei uns bleiben, um mich zu entlasten und mir zu helfen, mit dem Baby zusammen einen Tagesrhythmus zu finden.

Im Laufe des Nachmittags fahren wir los nach Bametcha. Während der Fahrt hält meine Schwiegermutter unseren Sohn in den Armen.

Noch vor Sonnenuntergang kommen die ersten Gratulanten und bringen Essen, wie es hier üblich ist. So müssen wir nicht selber kochen und können den ersten Abend langsam angehen. Nun haben wir aber ein kleines Problem. Da unser Sohn es derart eilig hatte, auf die Welt zu kommen, hatten wir noch keine Zeit, ein Bettchen für ihn zu kaufen. Wo soll nun der Kleine heute Nacht schlafen?

Mir fällt nichts Besseres ein, als eine Bananenschachtel zu nehmen, ihn dort hineinzulegen und so neben unser Bett zu stellen.

So muss er die ersten Nächte in diesem eher unkonventionellen Bettchen verbringen, bis er sich leicht erkältet und wir feststellen, dass es dort, wo er liegt, zieht. Von da an darf er bei uns im Bett schlafen, damit er unsere Wärme spürt. Auf diese Weise können wir glücklicherweise noch rechtzeitig eine starke Erkältung abwenden. Tagsüber schläft er in der Mitte unseres Bettes so in eine Decke eingekuschelt, dass er nicht rausfallen kann. Seither schläft er ruhig und gut. Natürlich erwacht er zum Stillen. Jetzt im ersten Monat stille ich ihn abends so um 22 Uhr, dann wieder zwischen zwei und drei Uhr, und mit etwas Glück kommt er dann erst wieder morgens gegen sechs oder sieben Uhr.

Zurzeit ist er wirklich ein Engel, unser Sohn. Er schreit wenig und meistens nur, wenn er Hunger hat. Ich kann meiner Hausarbeit normal nachgehen und Marcelin baut am Haus weiter. Ob er nun hämmert oder sägt, das stört unseren Sohn überhaupt nicht. Selbst wenn direkt vor seinem Fenster eine laute Diskussion stattfindet oder er mitten in einer großen, lauten Menschenmenge ist – wenn er schlafen will, dann schläft er.

Typisch afrikanisch! Afrikaner können überall und bei jedem Geräuschpegel schlafen.

Bis jetzt, drei Wochen nach der Geburt, habe ich genug Milch. Alle sind besorgt um mich, bringen mir zu essen und schauen, dass es mir und unserem Sohn an nichts fehlt. Abgesehen von den Rückbildungsschmerzen geht es mir gut.

Ich war nur vier Tage weg und bemerke erstaunt, dass der kleine Guavenbaum vor dem Haus in dieser kurzen Zeit schon ein bisschen gewachsen ist. Und ich freue mich schon jetzt auf den Moment, wo ich die ersten Früchte ernten kann. Diese sehen ähnlich aus wie Äpfel oder Birnen, sind rot oder gelb mit rosafarbenem, weißem oder gelbem süßsäuerlichen Fruchtfleisch und sehr reich an Vitamin C. Man kann sie auch für Konfitüre, Gelee oder Saft verwenden.

In unserem Garten haben wir schon sehr viel angepflanzt: Kartoffeln, Süßkartoffeln, Mais, Spinat (davon haben wir inzwischen einen ganzen Urwald!), Tomaten, Basilikum, Lauch, Wassermelonen, Kürbis und Maniok.

Auch Kiddisbohnen wachsen in unserem Garten. Meine Schwiegermutter hat uns bei der Pflanzerei sehr geholfen. Es wird immer zwischen Februar und April angepflanzt, wenn der erste Regen in der Regenzeit fällt. Die Regenzeit dauert von April bis Oktober/November, danach ist bist März Trockenzeit.

Nach der Regenzeit blüht die Natur richtig auf. Die Pracht der üppigen Vegetation ist gewaltig, alles schießt buchstäblich gleichzeitig aus dem Boden.

Meine Schwester Hedi hat mir Samen geschenkt, um Kopfsalat, Buschbohnen, Kohlrabi, Feld- und Endiviensalat, Kürbis, Schnittlauch, Petersilie und Karotten anzusäen. Ich werde später auch mal Kerne von Birnen, Äpfeln, Nektarinen, Pfirsichen und Zwetschgen mitnehmen und versuchen, sie hier anzupflanzen.

Ein Traum von Marcelin ist es, viele verschiedene Avocadobäume zu pflanzen. Es dauert aber ungefähr acht bis zehn Jahre, bis die Avocadofrüchte wirklich gut sind. Die Bäume tragen circa ab dem vierten Jahr essbare Früchte, aber diese sind noch sehr wässrig und von unreifer Qualität.

Marcelin denkt bereits jetzt an die Zukunft unseres Sohnes oder unserer Kinder, um ihnen damit einmal ein gesichertes Einkommen ermöglichen zu können. Marcelin wünscht sich, dass die Kinder es leichter haben werden als wir. Sie müssen dann nicht zehn Jahre warten, sondern können nur noch ernten, handeln und verkaufen.

Auch die Hunde sind inzwischen größer geworden. Ebenso der weiße Hahn. Ein Glücksgefühl durchströmt mich, wieder in meinem Zuhause zu sein.

Hier muss ich noch eine traurige Geschichte erzählen. Leider gibt es bei uns viele sehr freche Raubvögel, die uns immer wieder die Küken buchstäblich direkt vor der Nase wegstehlen. So blieb eines Tages nur noch eines übrig, und dieses entpuppte sich als weißer Hahn.

Da sich dieser nun aber ohne Hennen nicht als Hahn im Korb fühlen und aufführen konnte, musste er sich andere Gefährten suchen. Mit großem Erstaunen stellten wir eines Abends fest, dass er sich friedlich neben die Hunde zum Schlafen gelegt hatte. Auch sonst war es ein ganz spezielles Tier, denn man konnte es fast wie eine Katze streicheln.

Doch leider ging seine Neugierde eines Tages zu weit. Das Tier pickte in seiner Unschuld einfach frech unsere Erdnüsse aus dem Boden, die Marcelin mühsam gepflanzt hatte. Das war für ihn zu viel. Er regte sich darüber dermaßen auf, dass er ihn packte – und so landete der weiße Hahn abends bei uns im Kochtopf!

Ein paar Tage später brachte Marcelin per Mototaxi wieder ein paar neue Hühner mit.

Kapitel 27

Unheimliche Hausbesuche

Marcelin schickte mir damals eine SMS ins Spital, deren Text ich zuerst nicht verstand. Er finde das DVD-Gerät nicht mehr, ob ich es weggeräumt hätte.

Ich hatte das Gerät nicht angefasst, da war ich mir zu hundert Prozent sicher. Ich erinnerte mich sogar noch daran, dass ich im Wohnzimmer in den Wehen auf dem Sofa lag und es noch gesehen habe.

»Das DVD-Gerät ist wie vom Erdboden verschwunden. Hast du es vielleicht beim letzten Regen weggestellt?«, fragte mich Marcelin.

»Ich? Nein, da bin ich mir eigentlich sicher. Oder doch?«, überlegte ich.

Marcelin schlug vor, dass wir uns erst einmal beruhigen sollten und dann gemeinsam danach suchen, wenn ich wieder zu Hause bin. So vergaß ich die ganze Angelegenheit.

Doch als ich nun zu Hause vor dem Fernsehgerät stehe, fällt mir so fort auf: Das DVD-Gerät steht wirklich nicht mehr da, es ist weg! Die zwei Duftlämpchen, meine Sonnenbrille und der Diddl-Engel stehen noch da, fast genauso wie vorher. Aber nur fast: Der Diddl-Engel steht jetzt an einem anderen Platz. Wir versuchen, ruhig zu bleiben und zu überlegen. Marcelin fragt mich noch mal, ob ich das Gerät nicht doch weggestellt hätte. Jetzt bin ich mir doch nicht mehr so ganz sicher und überlege fieberhaft.

Habe ich da nicht kürzlich etwas weggeräumt und in die untere Schublade der Wohnwand gelegt? Marcelin schaut nach. Ja, ich habe etwas weggeräumt, aber es sind nur zwei Bilder, ein Spiegel mit meinem Sternzeichen Wassermann und das

Fan-Club-Foto der Berner Band »Cocktail«, von der ich nach wie vor ein großer Fan bin.

Nachdem die vielen Besucher weg sind, diskutieren wir lange über das Fehlen dieses Gerätes, auch am nächsten Tag ist es immer wieder Gesprächsthema. Wir sagen noch niemandem etwas davon. Seit wann das Gerät plötzlich gefehlt hat, kann Marcelin nicht sagen. Es war unbemerkt verschwunden. Einerseits finde ich den Diebstahl recht professionell, denn es war fast alles noch am selben Platz.

Andererseits war der Dieb unglaublich dumm. Auf dem linken Wohnwandelement steht der PC. Gut, ohne Bildschirm und Tastatur, aber der Wert ist bestimmt der Zehnfache. Für das DVD-Gerät habe ich zweihundert Franken bezahlt, für den PC zweitausend Franken.

Wie wir feststellen, fehlen auch einige DVDs. Wir wissen nicht genau welche, aber es werden insgesamt vielleicht sechs bis acht Stück sein. Die DVDs, die noch original in Cellophan eingepackt sind, sind noch da, also diejenigen, die auf dem Schwarzmarkt hätten weiterverkauft werden können.

Meine DVDs zu klauen, macht hier generell keinen Sinn, denn alle sind auf Deutsch. Zweisprachige meistens noch auf Englisch. Ich besitze eine einzige Videokassette auf Französisch. Hier in der Gegend wird sehr wenig englisch gesprochen, also lassen sich die DVDs sicher schwer verkaufen.Dann wurden auch noch einige CDs mitgenommen. Für kamerunische Verhältnisse absolut die falschen CDs, auch die lassen sich nicht verkaufen. Instrumental Gospel und Unterhaltungs-Musik sind hier nicht gefragt.

Bevor ich ins Spital musste, hatte Marcelin noch von mir in der Wohnung ein Video gedreht. Darauf müsste eigentlich das DVD-Gerät zu sehen sein. Das fällt ihm jetzt ein. Er beschließt, abends den Generator anzuschmeißen, damit wir uns den Film auf dem Fernsehbildschirm anschauen können.

Während des ganzen Tages diskutieren wir immer wieder über den dreisten Diebstahl und sind sehr gespannt, was wir am Abend sehen werden.

Nach dem Abendessen lässt Marcelin den Generator laufen

und schließt die Videokamera am Fernseher an. Er spult die Kassette zurück, denn die Filmpassage soll am Anfang sein. Er stoppt, und wir sehen Szenen vom Spital. Er spult weiter zurück. Wir sehen wieder die gleiche Szene. Erst jetzt bemerkt Marcelin, dass er die falsche Kassette eingelegt hat.

Also sucht er weiter, schiebt eine neue Kassette rein und spult zurück. Am Anfang sind Szenen aus der Küche und dem Vorratsraum zu sehen, dann die Essecke, die Bar, die Uhr, sie zeigt 12.10 Uhr an, dann … die Wohnwand, der Fernseher und … das DVD-Gerät steht noch an seinem Platz! Ich hatte mich also nicht getäuscht, das Gerät stand noch da, als ich ins Spital musste. Marcelin ist geschockt, sprachlos, ratlos. Das bedeutet, dass bei uns tatsächlich eingebrochen wurde, während er bei mir im Spital war.

Da sich das Haus immer noch im Rohbau befindet und die Außenwände noch nicht bis zum Dach hochgezogen sind, ist es für einen kleinen Menschen kein Problem, bei uns einzusteigen. Dass uns so etwas passieren könnte, damit hatte Marcelin allerdings nicht gerechnet.

Es ist Sonntag, und wir haben wieder jede Menge Besuch, da es sich natürlich herumgesprochen hat, dass ich einen Sohn geboren habe und seit Freitag wieder zu Hause bin. Ich bin im Wohnzimmer und höre, wie mein Mann mit einem Jungen spricht. Mir fällt es wie Schuppen von den Augen. Diese Stimme! Sie kommt mir irgendwie bekannt vor. Ich glaube, ich hörte sie vor zwei oder drei Wochen draußen vor unserem Haus. Es klang damals so, als würde dieser Junge zu einem anderen sagen: »Ich kann jederzeit in das Haus, wenn ich will.«

Ich war damals alleine zu Hause und krank und machte mir über diese Worte keine weiteren Gedanken, zumal ich sie vielleicht nicht ganz richtig verstanden hatte. Leider hatte ich nicht mal zum Fenster hinausgeschaut. Das hatte seinen guten Grund: Hätte man mich gesehen, wäre der Besuch geblieben, und auf Konversation hatte ich wirklich keine Lust, auch wenn es nur Kinder waren.

Ich weiß, das klingt für europäische Ohren seltsam, wenn

ich in diesem Zusammenhang von Besuch spreche. Wie ich schon früher erwähnte, muss man hier zu jeder Tageszeit mit unangemeldeten kleinen und großen Besuchern rechnen.

Als ich nun diese Stimme wiedererkenne, rufe ich Marcelin ganz aufgeregt, er solle sofort zu mir ins Wohnzimmer kommen, und ich berichte ihm rasch meine Beobachtung von damals. Marcelin sagt, ich soll mich beruhigen, er werde das klären. Dann geht er wieder aus dem Haus.

Draußen verwickelt er den Jungen in ein Gespräch. Ich spitze die Ohren und höre, wie er den Jungen fragt, was er denn kürzlich bei uns gesucht hätte. Verlegen antwortet dieser, dass er nichts gemacht habe und dass der andere Junge, der dabei gewesen wäre, schon wieder zu Hause in Bangwa sei.

Mein Mann sagt, er habe gefragt, was ER bei uns gesucht hätte und nicht andere. Für Marcelin ist das Beweis genug. Er ist überzeugt, dass dieser Junge ins Haus gestiegen ist, auch weil die Hunde nicht gebellt haben. Ein Fremder wäre gar nicht bis zum Haus gekommen. Dieser Junge aber hatte kürzlich zusammen mit seinem Bruder in unserem Garten gearbeitet. Also kennt er die Hunde, und die Hunde kennen ihn.

Klar, der PC ist doch einige Kilos schwerer und ein bisschen größer und unhandlicher als das DVD-Gerät, und von daher nicht einfach unter den Arm zu klemmen und mitzunehmen. Das würde auch den wahllosen CD-Klau erklären. Bei den DVDs hat der Junge auch solche mit dickeren Umschlägen mitgenommen. Typisch kindliche Sicht, er meinte, diese seien besser.

Marcelin beschließt, die Sache weiter zu klären, ob er es wirklich war und wenn ja, ihn zu bitten, die Dinge zurückzubringen. Wenn er die Tat begangen hat und sie leugnen will, wird es sehr schwerwiegende Folgen für den Jungen haben.

Dieses Thema beschäftigt mich sehr und ich habe große Mühe damit. Erwischte Diebe sind hier Menschen dritter Klasse. Sie können sogar am Tatort getötet werden, und dafür muss niemand ins Gefängnis oder vor Gericht. Aber meistens wird die Misshandlung der Todesstrafe vorgezogen.

Im Fernsehen habe ich gesehen, wie ein Dieb zugerichtet wurde, der drei Wellbleche für sein Hausdach stehlen wollte. Ihm wurden Knie und Fußgelenke so zerschlagen, dass er nicht mehr laufen konnte, aber noch bei vollem Bewusstsein war. Er wurde auf der Straße liegen gelassen, damit alle den Dieb betrachten und sehen konnten, dass ein solches Menschenleben nichts mehr wert ist. Er lag in der prallen Sonne, aber niemand hatte wenigstens so viel Erbarmen, ihm Wasser zu geben oder ihn in ein Krankenhaus zu bringen.

Ein paar Wochen später geht Marcelin wieder zu seiner sonntäglichen Familien-Versammlung und verlässt relativ früh das Haus, damit er möglichst schnell ein Mototaxi erwischt, das nach Bangangté fährt. So bin ich schon ab sieben Uhr alleine zu Hause mit unserem Sohn. Da ich noch im Bett bleiben will, schließt Marcelin die Haustür ab.

Kaum ist er weg, erwacht Sky und will gestillt werden. Ich setze mich dafür aufs Bett und genieße die Ruhe und das Stillen.

Da beginnen plötzlich draußen die Hunde zu bellen. Ausgerechnet jetzt. Nein, ich will das Stillen nicht unterbrechen, um nachzuschauen. Sicher bellen sie nur, weil sich wieder mal jemand unten auf der Straße, auf dem Weg in die Stadt, lautstark unterhält. Aber sie geben keine Ruhe!

Nein, ich will mich jetzt nicht stören lassen. Ich höre, dass alle Hunde hinters Haus laufen und noch immer bellen. Ich mache mir keine Gedanken darüber und versuche, es zu ignorieren. Dann hört das Gebell endlich auf. Nun ist es wieder still. Sehr still.

Nach einiger Zeit höre ich ganz leise Geräusche aus dem Wohnzimmer. Ich denke, vielleicht ist es unser Hundebaby Kelly. Da sie noch so klein ist, lebt sie bei uns im Haus. Das wird es sein, rede ich mir ein.

Nach einiger Zeit höre ich ein leichtes Kratzgeräusch.

Nein, das kann nicht Kelly sein. Ich höre genau hin.

Es hört sich an, als würden Hühner auf dem Betonboden scharren. Vielleicht ist ja ein Huhn reingeflogen. Auch egal.

Moment mal, ein Huhn? Marcelin hat doch die Haustür abgeschlossen und das Küchenfenster ist auch zu.

Woher kommt das Geräusch?

Jetzt ist es mit meiner Ruhe vorbei. Ganz langsam ziehe ich den Kleinen von meiner Brust weg, er schläft und lässt sich aufs Bett legen.

Leise ziehe ich den Vorhang vom Wohnzimmer zurück. Nur einen Meter von mir entfernt steht der Dieb. Ganz gemütlich durchsucht er meine DVDs, ob sie in Französisch oder Englisch sind. Den Wäscheständer, auf dem die Babywäsche hängt, benutzt er als Tisch. Ich schaue ihm in die Augen, er schaut mich ganz entsetzt an. Ich bin so überrascht und überrumpelt von dieser Dreistigkeit, dass ich keinen Ton herausbringe. Er zischt mich an: »Je reviens pour te tuer.« Ich komme zurück, um dich zu töten. Damit hat er sich schon umgedreht und ist innerhalb von ein paar Sekunden geflohen. Für eine Sekunde überlege ich mir, ob ich ihm folgen und ihn aufhalten soll. Blitzschnell sehe ich ein Bild vor mir, wie er ein Messer zieht und mich damit verletzt.

Nein, das Risiko gehe ich nicht ein! Ich bin alleine zu Hause, und ich habe ein Kind im Schlafzimmer, das seine Mutter braucht.

So lasse ich ihn laufen.

Doch sein Gesicht ist in mein Gedächtnis eingebrannt. Es ist ein junger Mann, ich schätze ihn auf circa achtzehn Jahre, in meiner Größe, mittelbraune Haut und ein weiches, ebenmäßiges Gesicht ohne Narben. Er hat eine schlanke, leicht athletische Figur.

Als sich mein Schock löst, öffne ich die Haustür, um zu schauen, in welche Richtung er geflohen ist. Das Öffnen der Tür beansprucht viel Zeit, da wir ein Vorhängeschloss haben. Natürlich ist er schon weg. Ich laufe ums Haus und sehe im hohen Steppengras eine Spur, die beweist, dass er quer durch den Busch geflohen ist. »Der ist weg«, sage ich resigniert. Er muss hinter dem Haus auf einen Bretterstapel gestiegen sein und von dort aus war es eine Leichtigkeit, ins Zimmer zu gelangen, da die Hauswände immer noch nicht bis zum Dach hochgezogen sind. Zudem haben wir den Schrankboden im

Zimmer an die Wand gestellt, was den Einstieg noch erleichtert hat.

Ich gehe ins Haus zurück, um Marcelin anzurufen. Ich erkläre ihm kurz, was passiert ist, und dass ich den Einbrecher gesehen habe. Er macht sich sofort auf den Weg, um nach Hause zu kommen. Mit unserem friedlich schlafenden Sohn warte ich draußen auf ihn.

Kurze Zeit später kommt Juliette, die kleine Schwester von Marcelin, mit ihrem Sohn zu Besuch. In meiner Aufregung erkenne ich sie nicht mehr. Sie muss mir zuerst erklären, wer sie ist. Dann will sie ins Haus. Ich halte sie energisch zurück. Es soll alles so bleiben, wie es der Dieb hinterlassen hat, damit es Marcelin zuerst so sieht.

Also warten wir draußen gemeinsam auf ihn.

Für mich dauert es unendlich lange, bis er endlich kommt. Langsam realisiere ich, was passiert ist, in welcher Gefahr ich war und was der Typ zu mir gesagt hat. Erst als Marcelin da ist, kann ich mich wieder beruhigen und fühle mich sicher, sodass ich endlich auch eine Kleinigkeit frühstücken kann.

Marcelin informiert alle Leute über den dreisten Dieb, vor allem unseren Dorfchef. Noch Tage später fragen mich die Leute, ob ich ihn beschreiben kann. Ja, das kann ich. Doch ich merke schnell, dass sie mit meiner Beschreibung nicht viel anfangen können. Hier werden die Leute anders beschrieben, als ich es von der Schweiz her kenne.

Marcelin sagt, dass er auf seine Weise versuchen will, den Dieb zu erwischen, doch bis heute hat er nichts unternommen. Nichts, um den Dieb zu fassen, aber immerhin etwas, um unser Haus zu schützen. Wir haben nun eine traditionelle Diebstahlsicherung, die von einem richtigen Magier installiert wurde. Wenn jemand etwas in unserem Haus oder auf unserem Grundstück klauen will, sitzt er fest, er kann das Haus nicht mehr verlassen, da er vergisst zu fliehen. Der Dieb sitzt so lange fest, bis ihn ein Hausbewohner anspricht. Wird er nicht angesprochen, bleibt er selbst in unserer Gegenwart »festgehalten«.

Marcelin hat mir wochenlang eingebläut, dass ich kein Wort sprechen darf, falls mal nach der Rückkehr aus dem Dorf jemand im Haus sein sollte. Der Dieb ist sogleich »erlöst«, wenn er angesprochen wird.

Bis jetzt konnten wir diese Diebstahlsicherung noch nicht testen. Leider ist der Dieb nicht mehr an den Tatort zurückgekehrt. Ich würde so gerne erfahren, ob das wirklich funktioniert. Aber es scheint tatsächlich zu wirken, denn andere Leute, denen wir von diesem Einbruch erzählt hatten, legten Marcelin diese traditionelle Diebstahlsicherung ans Herz.

Gut, wenn ich als europäische Frau denke, kann ich mir auch nicht vorstellen, dass das funktioniert. Aber ich lebe in Afrika, und hier gibt es mehr zwischen Himmel und Erde, als wir Europäer uns vorstellen können.

Nebenbei gesagt: Alle Chefferien haben diese Diebstahlsicherung!

Kapitel 28

Prinz Rudolf Tatchi Sky

Marcelin geht sonntags wie immer zu seiner Versammlung, und ich bin mit meiner Schwiegermutter und dem Baby alleine zu Hause. Meine Schwiegermutter ist hinter dem Haus bei der Feuerstelle, um zu kochen. Sie ist es so gewohnt, und der Gaskocher, den wir in der Küche haben, ist ihr nicht vertraut. Sie kocht lieber über dem Feuer, was auch seinen Vorteil hat. Da das afrikanische Essen ja sehr lange gekocht wird, wären die Gasflaschen sonst innerhalb weniger Tage leer.

Ich sitze draußen auf unserer Terrasse und schreibe an den Aufzeichnungen für mein Buch. Von der Terrasse aus sieht man auf die Straße. Doch da diese viel tiefer liegt, wie in einem Graben, sieht man von den Leuten meist nur die Köpfe oder Autodächer. Der Chef von Bametcha wohnt sechshundert Meter weiter die Straße hinunter und ist so gut wie unser direkter Nachbar. Wenn er mit dem Motorrad ins Dorf fährt, fährt er deshalb bei uns vorbei.

So auch an diesem Sonntag. Vor unserem Grundstück hält er an und ruft mir etwas zu. Da ich ins Schreiben vertieft bin, reagiere ich nicht sofort. Sobald ich ihn jedoch erkenne, laufe ich zur Straße, um ihn zu begrüßen. Er erkundigt sich nach meinem Befinden. Dann sagt er mir, dass er am Freitag um elf Uhr bei uns vorbeikommen werde, um unseren Sohn zu besuchen. Ich solle das meinem Mann ausrichten. Außerdem sei er sehr stolz darauf, dass wir unseren Sohn nach ihm benannt haben. Ich sage ihm, wie unendlich dankbar wir ihm sind, denn dank seiner Hilfe sei unser Sohn am Leben und im Spital zur Welt gekommen. Für uns sei es eine Ehre, ihm seinen Namen geben zu dürfen. Er verabschiedet sich und fährt weiter ins Dorf, nicht ohne mich nochmals daran zu erinnern, seinen angekündigten Besuch meinem Mann auszurichten.

Über die genaue Zeitangabe bin ich etwas verwundert, denn das machen Afrikaner sonst nie. Aber ich denke nicht weiter darüber nach.

Marcelin kommt von der Versammlung zurück, und ich will ihm gleich diese Neuigkeit berichten. Er hat es aber bereits im Dorf von einem der Notabeln erfahren.

»Sag mal«, erkundige ich mich, »weshalb hat der Chef eine so genaue Zeit angegeben, wann er zu uns kommen wird, das ist doch seltsam?«

»Nein, das hat schon seinen Grund. Der Chef wird nicht alleine kommen, sondern mit wichtigen Leuten vom Dorf. Er hat die genaue Zeitangabe deshalb gemacht, weil das bedeutet, dass wir ihn mit einem bestimmten traditionellen Gericht bekochen müssen.«

Ich habe keine Ahnung, was da auf mich zukommt und fühle mich leicht überfordert.

Doch zum Glück ist meine Schwiegermutter da, denn sie kocht gerne für größere Gesellschaften.

Kwi nennt sich das besagte Gericht, bestehend aus Couscous und einer braunen, speziellen Sauce. Diese setzt sich aus einer Rinde und mindestens einundzwanzig verschiedenen Gewürzen und Kräutern zusammen, die die meisten Leute gar nicht kennen.

Früher durften dieses Gericht nur Königinnen, Könige, Prinzessinnen und Prinzen essen. Da meine Schwiegermutter seit ihrer Kindheit zum Königshof gehört, wurde ihr das Rezept für diese Sauce schon sehr früh verraten.

Das gewöhnliche Fußvolk kannte diese Spezialität gar nicht und hätte sie nicht essen dürfen. Heute sind die Vorschriften nicht mehr so streng und alle Leute dürfen dieses exklusive Mahl zu sich nehmen, insofern sie es kochen können, denn ganz so einfach ist das nicht. Die Sauce zieht extrem Fäden. Man muss schon wissen, wie man sie isst und schneidet. Das gelingt nicht allen.

Marcelin informiert also seine Mutter, dass der Chef am Freitag kommt. Er muss ihr nicht weiter erklären, was sie zu tun und zu kochen hat, sie weiß gleich, was auf sie zukommt. Und ich bin sehr erleichtert.

Die Woche vergeht wie im Flug und schon ist es Freitag. Meine Schwiegermutter hat das Essen auf der Feuerstelle hinter dem Haus vorbereitet. Die Feuerstelle besteht aus drei großen Steinen, auf die man den Kochtopf stellt. Marie hat den Maisbrei dazu vorbereitet, der in etwa mit Polenta zu vergleichen ist. Sie formt daraus Kugeln, die sie dann auf Bananenblätter legt und diese kunstvoll zusammenfaltet.

Es ist kurz vor elf Uhr und leider beginnt es zu regnen. 11.30 Uhr ... 12.00 Uhr, noch immer ist kein Mensch gekommen. Wir sitzen draußen auf unserer großen Terrasse und warten. Marcelin äußert Bedenken, ob sie noch kommen werden. Ich bin zuversichtlich und sage ihm, er soll noch etwas Geduld haben, bis es aufhört zu regnen. Denn hier ist niemand unterwegs im Tropenregen. Da wäre man nach fünf Minuten nass bis auf die Knochen.

Während einer Regenpause um kurz nach zwölf Uhr treffen die Gäste ein. Eigentlich wollten wir den Empfang auf der Terrasse geben, doch es beginnt wieder zu regnen, und der Chef will ins Haus, weil es hier bei Regen um einiges kühler ist.

Der Chef gehört zu den ersten Gästen und er freut sich sehr, seinen Namensvetter begrüßen zu können. Da ich einen Sohn geboren habe und auch hier lebe, sei ich nun auch Königin von Bangangté. Im Namen des Königs überreicht er mir als Willkommensgruß seiner Gemeinde Geschenke für unseren Sohn. Wir bekommen sechs Flaschen Tangui (Mineralwasser) für die Flasche fürs Bébé, ein Kilo Waschpulver, eine Dose konzentrierte Milch, eine Dose Schokoladenpulver für Schokogetränke und ein Kilo Zucker.

Ich bin gerührt und sehr geehrt, dass er mir mit diesen Geschenken so viel Aufmerksamkeit entgegenbringt und mich auch noch zur Königin ernennt. Das ist wirklich eine große Ehre. Dadurch hat Bangangté jetzt drei weiße Königinnen. Ich bin unheimlich stolz und bin nun:

Königin von Bangangté du Ndé
Königin von Bametcha
Prinzessin von Bangoulap.

Bangangté gehört zum Departement Ndé. Die Bezeichnung Ndé wird scherzhaft mit Noblesse, Dignité und Elégance übersetzt (Adel, Würde, Eleganz).

Im Wohnzimmer sind inzwischen etwa zwanzig Personen versammelt. Der Chef bekommt mehrere Anrufe. Etwas später informiert er uns, dass eigentlich noch mehr Leute hätten kommen sollen, doch der eine sei mit seinem Motorrad ausgerutscht und in den Matsch gefallen und die anderen durch den Regen verhindert.

So sagt er zu seiner ersten Frau (er hat drei Frauen), die auch hier ist, dass er nun essen möchte. Die Frau geht zu meiner Schwiegermutter und richtet ihr diesen Wunsche aus. Alle Frauen, die beim Kochen mitgeholfen haben, beginnen zusammen mit der ersten Frau des Chefs zu servieren. Ich bin sehr froh, dass ich nicht mithelfen muss, denn bei solchen Dingen habe ich noch immer eine große Angst, dass ich mangels besseren Wissens gegen Regeln oder Traditionen verstoßen könnte.

Mit einiger Erleichterung höre ich, dass der Kleine schreit und ich ein Alibi habe, um mich vor dem Servieren drücken zu können. Sehr gemütlich und langsam stille ich ihn, denn es ist mir auch peinlich, das Gericht in der Öffentlichkeit zu essen, da ich die ausgeklügelte Esstechnik noch nicht beherrsche. Zum Glück nuckelt unser Sohn sehr lange, und als ich das Gefühl habe, alle seien fertig mit dem Essen, gehe ich wieder ins Wohnzimmer zurück.

Ich setze mich gemütlich auf das Sofa, um mich vor dem Essen zu drücken. Die erste Frau vom Chef setzt sich zu mir und fragt mich, ob ich schon gegessen habe. Oh je, erwischt. Bei spontanen Fragen bin ich immer ehrlich und antworte deshalb wahrheitsgetreu mit nein. An meinem Gesichtsausdruck muss sie meine Hilflosigkeit abgelesen und verstanden haben. Spontan, einfach und selbstverständlich bietet sie mir an, dass ich mit ihr essen kann. Das heißt, dass sie das Gericht mundgerecht für mich vorbereitet. Sie gibt mir zu verstehen, dass ich als Mutter in dieser Gesellschaft die Mahlzeit unmöglich ablehnen darf.

Auch mein Mann erklärt mir, es sei besser zu essen, egal wie. Ich verstehe den Wink, es wäre eine Beleidigung für den Chef, wenn ich das Essen verweigern würde.

Das Gericht wird mit der Hand gegessen, mit Besteck wäre es absolut unmöglich. So zerdrückt sie mit der Hand mundgerechte Stücke in einem Becher und gibt etwas Sauce dazu, damit ich es unter allgemeiner Zustimmung trinken kann. Da alle die Bedeutung dieser Speise kennen, schaut jeder insgeheim mal zu mir herüber, ob ich wirklich esse.

Da ich viel später angefangen habe, sind die anderen schon lange fertig, und es wird mit den Reden begonnen. Als erstes spricht einer der Notabeln des Königs Seidou Njimouluh Pokam.

Die Afrikaner, oder jedenfalls die Bamiléké hier, erzählen das, was sie sagen wollen, gerne in Form einer Geschichte. Hier folgt nun jene, die uns im Namen des Königs erzählt wird:

»Wenn ein Ehepaar einen Sohn bekommt, wünschen sich die Eltern, dass er bei ihnen aufwächst. Wenn er groß ist, geht er auf die Jagd.

Wenn er Wild erlegt und es nach Hause bringt, freut sich das ganze Dorf darüber. Es ist ja nicht selbstverständlich, dass er es nach Hause bringt, er könnte es ja auch draußen essen. Doch wenn er nach Hause kommt, sind alle stolz auf ihn.

Er kommt nach Hause mit Reichtum, mit dem niemand gerechnet hat, mit einer Frau, die nicht Bangangté ist, auch nicht Bamiléké und ebenso wenig Afrikanerin.

Sondern mit einer weißen Frau, mit einer Europäerin. Um den Stolz und Reichtum fortzusetzen, wie es Njiké François machte, indem er Claude Bergeret geheiratet hat.

Zu dieser Verbindung hat Gott sein letztes Wort gesprochen und ihnen einen Sohn geschenkt, wozu wir nichts mehr zu sagen haben.

Wir heißen Sie hier herzlich willkommen und sind stolz auf Sie.

Zudem werden wir immer ein Auge auf Sie haben, dass es Ihnen stets gut geht, nichts Böses geschieht und Sie glücklich werden in ihrem Haus.

Willkommen in Bangangté und Bametcha!«

Ich liebe solche afrikanischen Geschichten, vor allem, wenn man deren Bedeutung erst herausfinden muss, um sie zu verstehen.

Dann hält der Premierminister des Königs eine kurze Rede.

»Ich komme im Auftrag des Königs, denn dieser hat gehört, dass ein Sohn zurückgekehrt sei mit einer weißen Frau und hier ein Haus gebaut habe.

Ich, der Premierminister, bin nun hier, um zu schauen, ob das alles seine Richtigkeit hat. Ich werde dem König berichten, dass ein Sohn wieder zu Hause sei, denn mit dem Hausbau habe er es geschafft.

Ich werde ihm auch berichten, dass die Frau einen Sohn geboren hat und dieser somit ins Königliche Familienregister eingetragen wird.«

Zum Abschluss hält Marcelin noch eine Art Dankesrede, indem er unsere Geschichte erzählt: Wie ich hierher kam, wie ich überraschend schwanger wurde, wie wir unser Haus gebaut haben. Natürlich bedankt er sich auch für all die guten Wünsche und beteuert, dass wir uns aufrichtig freuen, hier zu sein, und uns sehr wohlfühlen.

So hat unser Sohn mit knapp zwei Wochen seinen ersten großen Auftritt, von dem er allerdings so gut wie gar nichts mitbekommt. Es werden noch andere Auftritte folgen. Der wichtigste wird noch in diesem Jahr stattfinden, wenn wir unseren Sohn dem König präsentieren werden. Das ist Tradition und Pflicht und hier sehr wichtig. Zu diesem Anlass wird er ins Familienregister eingetragen und hochoffiziell zum Prinzen erklärt, sodass er später seinen Vater Marcelin vertreten und an seiner Stelle repräsentieren kann.

Ich bin wahnsinnig stolz auf unseren Sohn. Er wird hier eine große Persönlichkeit werden, das ist mir inzwischen bewusst geworden. Marcelin hat mir zwar immer gesagt, dass unser Sohn ein Prinz sein wird, aber er erklärte mir nie, welchen Wirbel das machen wird und welchen Status er hier im Dorf haben wird. Das alles merke und realisiere ich erst jetzt. Nicht nur der Chef war bei uns, sondern vor allem der erste Minister, die rechte Hand des Königs, was fast so viel bedeutet, als wäre der König selber da gewesen.

Wir werden den Kleinen auch noch in der Chefferie Bametcha bei seinem Namensvetter präsentieren. Das ist eigentlich keine Pflicht, aber da wir unserem Sohn auch den Namen vom Chef gegeben haben und wir hier in Bametcha leben, werden wir dies tun. So wird er dann auch hier offiziell aufgenommen, denn der Chef selber war als Privatmann bei uns zu Besuch.

Wenn wir unseren Sohn in der Chefferie vorstellen, müssen wir uns vorher anmelden, damit sich der Chef darauf vorbereiten kann. Denn er wird uns als Chef des Dorfes empfangen und dann entsprechend gekleidet sein. Auch seine Diener und Minister müssen anwesend sein. Ich bin sehr gespannt darauf, wie dieses Zeremoniell ablaufen wird.

Wir haben für fast alles wissenschaftliche Erklärungen. In Afrika benutzen sie dagegen gerne mystische Geschichten und Bilder.

Ein Beispiel: Die Fontanelle des Kindes. Wir alle wissen, dass man sie nicht berühren sollte. Die Afrikaner dagegen sagen, der Grund dafür sei, dass sich nach der Geburt das Herz noch im Kopf befinde. Diese Erklärung finde ich natürlich lustig.

Und doch! Ich habe die Fontanelle unseres Sohnes öfters im Auge behalten und festgestellt, dass man tatsächlich den Pulsschlag auf der Fontanelle sieht. Übrigens sagen sie, dass das Herz mit der Zeit an den richtigen Platz rutscht, wenn die Fontanelle zuwächst.

Ich wunderte mich auch oft über den abwesenden Blick von Babys. Wir erklären dies mit der noch nicht so ausgeprägten

Sehfähigkeit. Die Afrikaner haben dazu eine viel schönere Geschichte: Solange ein Kind nicht spricht, sieht es alle Babys der Welt. Sie treffen sich und spielen zusammen. Damit erklären sie den abwesenden Blick und die für uns noch unkoordinierten Bewegungen der Babys.

Einmal hat unser Sohn ohne ersichtlichen Grund zu weinen angefangen. Ich fragte Marcelin, was passiert sei.

»Ganz einfach«, erwiderte er, »unser Sohn hat von einem anderen Kind einen Schlag gekriegt.«

Genau so weint er auch. Ich tröste Sky und sage ihm, er soll sich wehren und zurückschlagen. Da hört er auf zu weinen.

Aber die allerschönste und wunderbarste Erklärung gibt mir Marcelin dafür, warum ich mir um ein Neugeborenes nie wirklich werde Sorgen machen müssen, warum es brabbelt und die Ärmchen ausstreckt, wenn niemand da ist: »Das heißt, nur für uns ist niemand da. Solange ein Kind nicht sprechen kann, sieht es den lieben Gott, und der liebe Gott spielt mit ihm, und alle Engel sind auch dabei.«

Oft schaue ich unserem Sohn zu, wie er mit den Engeln spielt. Dann bin ich immer gerührt und habe ein sehr gutes und sicheres Gefühl. Einmal drehe ich mich etwas schneller zu ihm hin als üblich und sehe, wie etwas fast Durchsichtiges von ihm wegschwebt. Ich bin weder erstaunt noch habe ich Angst. Marcelin hat mir ja erklärt, dass die Engel mit ihm spielen. Ein glückliches Lächeln huscht über meine Lippen. Mein Sohn ist in guten Händen!

Kapitel 29

Die große Familienversammlung

Alljährlich gibt es eine große Familienversammlung in der Chefferie Bametcha, die jeweils lange vorher angekündigt wird, damit wirklich alle von nah und fern anreisen können. Dieses Mal ist es jedoch ein bisschen anders, es wird vor der eigentlichen Familienversammlung eine Zusammenkunft für die Elite der Familie geben. Ursprünglich war sie für den 14. November geplant, doch wegen eines Todesfalles wird sie nun um fünf Tage verschoben.

Am 14. November sind wir im Dorf, um Sky impfen zu lassen. Nachdem wir bei einem Fotografen das erste Familienfoto haben machen lassen, schauen wir in der Kiba-Bar vorbei, dem Restaurant der ersten Frau des Chefs von Bametcha. Zu unserer Überraschung ist der Chef auch da. Während Marcelin noch kleine Besorgungen macht, unterhalte ich mich mit ihm. Ich führe sehr gerne Gespräche und Diskussionen mit ihm, denn er ist sehr sympathisch und allzeit bereit, mir alles zu erklären, was ich noch nicht weiß über Familie, Benehmen und das hiesige Brauchtum. Das ist für mich jedes Mal sehr bereichernd.

Da wir unseren gerade mal zwei Monate alten Sohn bei uns haben, sind natürlich Bébés das Thema. Er fragt, wie es ihm geht, ob er gut trinkt, wie er nachts schläft und vieles mehr. Auch jetzt merke ich wieder, dass er sehr stolz darauf ist, dass wir ihm auch seinen Namen, Tatchi, gegeben haben.

Marcelin kommt zurück, und wir sprechen noch kurze Zeit über Bébés im Allgemeinen. Die Frau gibt uns den Tipp, dem Kleinen auch Wasser gegen den Durst zu trinken zu geben. Für diesen Tipp sind wir ihr später noch dankbar.

Dann unterhalten sie sich in einem ihrer vielen Dialekte, die ich noch nicht verstehe. Jedenfalls ist es nicht in Medumba, denn davon verstehe ich inzwischen schon einiges. Marcelin und der Chef diskutieren recht angeregt.

Später erzählt Marcelin mir, dass der Chef ihn zur Familienversammlung der Elite eingeladen hat. Er ist sehr überrascht, aber auch erfreut darüber, denn er wusste nicht, dass er in der Chefferie Bametcha ebenfalls zur Elite gehört. Nun ist er doch ein bisschen aufgeregt, wenn er daran denkt, was wohl auf ihn zukommen wird.

Am Samstagmorgen geht Marcelin zum Laden neben der Chefferie, um Zigaretten zu kaufen und erfährt, dass die Versammlung auf 14 Uhr verschoben wurde und somit nicht, wie ursprünglich vorgesehen, am Vormittag stattfindet. Am frühen Nachmittag besuchen uns noch zwei seiner Schwestern, die auf dem Weg in die Chefferie sind. Zusammen mit Marcelin beschließen sie, dass ich später nachkommen soll, wenn ich mit meinem Haushalt fertig bin und den Kleinen gebadet habe. Sie würden mich dann abholen.

Ich mache mich also an die Arbeit, nachdem die drei Richtung Chefferie abgezogen sind. Es ist 18 Uhr, als sie mich abholen wollen, und ich bin gerade im Begriff, den Kleinen zu baden. Sie drängen mich. Sie sind erst gekommen, als die Tänze schon angefangen haben, und jetzt wollen sie so schnell wie möglich zurück, damit ich auch noch etwas davon mitbekomme.

Wir beeilen uns, schnellstmöglichst zur Chefferie zu kommen. Von Weitem sehen wir, dass uns der Chef in Begleitung von mehreren Männern entgegenkommt. Marie und Sylvie, die beiden Schwestern, halten sich auf der rechten Straßenseite, denn die Gruppe kommt uns auf der linken Seite entgegen. Zu Fuß, versteht sich. Anscheinend wird hier dem Chef Platz gemacht. Ich stelle keine Fragen, sondern schließe mich den beiden Frauen an und halte mich auch ganz rechts.

Als wir die Männergruppe fast kreuzen, warten wir auch den Gruß ab, denn der Chef grüßt immer zuerst, denn er entscheidet, ob er jemanden grüßen will oder nicht. Er will uns begrüßen, ruft mich zu sich herüber und stellt mich der Gruppe vor. Zuerst einem Minister der Regierung, der schon bald unser Nachbar wird, denn er beabsichtigt, gleich neben uns zu bauen.

Der Nächste, der mir vorgestellt wird, ist unser Bürgermeister. Er macht einen guten Eindruck. Seinen Vater braucht er mir nicht mehr vorzustellen, da ich ihn bereits kenne. Ich begrüße ihn mit einem Kopfnicken. Nach einer kurzen Verabschiedung gehen die Männer weiter ihres Weges.

Bei der Begrüßung ist es üblich, älteren oder besonders angesehenen Menschen seinen Respekt dadurch zu bezeugen, dass man beim Händedruck mit der linken Hand den rechten Arm berührt oder den Kopf wie bei einer kurzen Verbeugung etwas nach vorne hält. Direkter Augenkontakt gilt als unhöflich.

Andererseits ist es im engeren Familienkreis inzwischen durchaus üblich, links und rechts einen Wangenkuss anzudeuten.

Hier wird man auch selten mit Namen angesprochen, sondern eher mit dem Rang, den man in der Gesellschaft innehat, wie beispielsweise »Papa«, »mon fils«, »ma fille« oder in meinem Falle mit »Madame« oder »Reine Katharina«.

Aus diesem Grund schrieb ich auch immer nur von der zweiten Frau des Chefs. Ihr Name ist mir zwar inzwischen bekannt, nämlich Bianca, aber wie ich sie ansprechen muss, weiß ich nicht, da ich wegen ihres Rangs unsicher bin, obwohl wir beide Königinnen sind. Ich möchte nichts falsch machen.

Leider schaffen wir es nicht mehr, rechtzeitig anzukommen, die Musik hat bereits aufgehört. Meine zwei Begleiterinnen finden das echt tragisch, für mich ist es kein Problem.

Als wir bei der Chefferie ankommen, werde ich mit einem riesigen Hallo begrüßt. Jede Frau will mich umarmen. Unser Sohn wird mir aus den Armen genommen und zur allgemeinen Begrüßung herumgereicht. Ich sehe meine Schwiegermutter, die ein Auge auf ihren Enkel hat, und bin sofort beru-

higt, denn zu ihr habe ich vollstes Vertrauen. Nachdem ich wahrscheinlich von allen Frauen begrüßt wurde, führt mich eine zu meinem Mann. Ich bin sehr erleichtert und fühle mich sofort sicher und beschützt in seiner Gegenwart, denn das alles ist doch noch eine fremde Welt für mich und ich weiß nie, was im nächsten Moment auf mich zukommt.
Wir setzen uns. Leider fühle ich mich so sicher und wohl, dass ich die Beine übereinanderschlage. Mein Mann stupst mir recht unsanft gegen mein Bein. Gestern erst hatte er mir erklärt, dass ich nirgendwo auswärts oder wenn noch ältere Leute in meiner Gegenwart sind, die Beine übereinanderschlagen darf. Das gilt hier als äußerst respektlos. Ich hatte dies bereits wieder vergessen. Auf dem Gelände der Chefferie darf einzig und allein DER CHEF die Beine übereinanderschlagen!

Wir sitzen also draußen vor dem Eingang der Chefferie. Zurzeit läuft noch der Generator, da der Strom wieder einmal ausgefallen ist. Da der Generator nicht stark genug ist, blinkt die Neonröhre vor uns nur. Ich frage, ob man sie nicht ausschalten kann, denn die Blinkerei geht mir auf die Nerven. Marcelin gibt die Anweisung, dass das Licht bei uns draußen ausgeschaltet wird. Durch seinen Rang und die Verbindung zur Chefferie Supérieure ist er der einzige Mann auf dem Platz, der hier noch Anweisungen geben darf außer dem Chef. Manchmal ist es sehr praktisch, einen so einflussreichen Mann zu haben.

Überhaupt ist es so, dass ich mit Marcelin eigentlich gleich mit drei Männern zusammen bin: Da ist einmal Marcelin, der Privatmann, so wie nur ich ihn kenne und liebe. Dann der Bauherr, der über seine Arbeiter befiehlt und manchmal einen energischen Ton anschlagen muss. Und schließlich der Prinz. Sobald Marcelin sein Prinzengewand trägt, ist er ein völlig anderer Mensch, seine Miene verändert sich, er schlüpft wie in eine andere Rolle, eben die des Würdenträgers. Diese Verwandlung zu beobachten, ist für mich auch immer wieder sehr interessant und faszinierend. Und ich kann mit allen drei Männern zusammen sein, ohne einen davon zu hintergehen!

Die Tür zum Wohnzimmer der Chefferie steht weit offen und der Raum ist hell erleuchtet. In diesem Moment kommt auch schon die dritte Frau vom Chef aus dem Haus und drückt mir ihr Bébé in die Arme, das am 9. November zur Welt kam. Es ist fast so süß wie unseres, aber natürlich weniger hell. Nach kurzer Zeit geht sie mit ihm wieder ins wärmere Haus zurück.

Als der Chef später von einer Landbesichtigung zurückkommt und an uns vorbeigeht, schickt er uns sofort mit der Bemerkung ins Wohnzimmer, dass es viel zu kalt draußen sei für Bébés. Wir gehen also ins Haus, was mir aber nicht so gefällt, denn dort sind sie damit beschäftigt, Mikrofone und eine Musikanlage zu testen, und wir haben nur noch einen freien Platz direkt neben dem Lautsprecher gefunden. Doch dieses Problem wird schnell gelöst. Durch eine Rückkoppelung gibt es dieses grässliche Pfeifen und der Chef befiehlt, die Anlage SOFORT auszuschalten. Da wir wieder einmal die Taschenlampe zu Hause vergessen haben, beschließt Marcelin, sie rasch zu holen, denn wir wohnen ja nicht weit weg von der Chefferie. Marie und Sylvie gibt er die Anweisung, auf mich aufzupassen und mich nicht alleine zu lassen, bis er wieder käme.

Anschließend wird bekannt gegeben, dass die Versammlung im neuen Gebäude stattfindet, das noch im Rohbau ist. Da Sylvie ahnt, dass wir im Dunkeln zu diesem Haus gehen müssen, will sie mir meinen Sohn abnehmen. Da ich noch immer nicht gewohnt bin, in absoluter Dunkelheit zu laufen und zudem diesen Weg nicht kenne, finde ich diesen Vorschlag sehr vernünftig.

Der Weg ist holprig und schlecht begehbar. Die tiefen Mulden sieht man nicht, und ich stolpere tatsächlich. Aber wir kommen heil an und ich kann den Kleinen wieder in meine Arme nehmen.

Beim Anblick des Gebäudetrakts muss ich doch ein wenig schmunzeln. So ganz verstehe ich die afrikanische Logik noch immer nicht. Das Haus ist wirklich noch im Rohbau. Es ist aus einer Art von Backsteinen gemauert und hat ein Blechdach. So weit, so gut. Der Eingang hat eine große, schwere, schmiedeeiserne Tür, an der ein Schlüssel baumelt. Also war die Tür verschlossen und wird wahrscheinlich wieder verschlossen, sobald alle den Raum verlassen haben. Anstelle der Fenster klaffen riesige Löcher. Die Aussparungen für die Fenster sind groß und tief angebracht. Die Tür wird verschlossen werden, doch durch die Fensteröffnungen könnte sogar ein Kind einsteigen! Nur gibt es nichts zu stehlen, da alles noch im Rohbau ist. Aber trotzdem, die Logik bleibt mir unverständlich.

Da es inzwischen dunkel geworden ist, leuchtet im Raum eine einzige nackte Glühbirne von der Decke. Es ist sogar schon alles bestuhlt und arrangiert, wer wo sitzt. Als der Tisch für die Protokollschreiber gebracht und in die vorhergesehene Ecke gestellt wird, stellt man fest, dass das Licht beim Tisch nicht ausreicht. Der ganze Saal wird umgeräumt, damit der Protokolltisch von der nackten Glühbirne beleuchtet werden kann. Danach werden die Sessel für den Chef und seinen hohen Besuch, den Minister und den Bürgermeister, hereingetragen. Für den Chef muss der »Chefsessel« her. Das ist ein Hocker aus Holz, in den ein zum Absprung bereiter Panther geschnitzt ist. Der Chef trägt auch den Namen »Der Panther«.

Man sagt, dass man sein Totem niemals sehen darf, sonst müssen beide sterben, also das Totem und derjenige, der seinen Namen trägt. Nur wichtigen Persönlichkeiten steht das Privileg zu, ein Totem zu haben. Das Totem wird als Wesen empfunden, von dem die Person abstammt, also der Urahn des Menschen oder seiner Gruppe. So ist es eine Art Schutzgeist, meist eine Pflanze oder ein Tier. Totems dürfen weder getötet noch gegessen werden.

Dann wird noch eine Art Salontisch mit weißer Tischdecke hereingetragen und Bier und Wasser für den Chef und die Besucher bereitgestellt. Der Chef wird auf der Bühne sitzen und wir auf harten Metallstühlen, die wie bei Konzerten oder in Theatern aufgereiht sind. Das Warten auf den Chef zieht sich hin. Man vertreibt sich die Zeit mit Singen.

Meine Schwiegermutter sitzt schräg vor mir in der ersten Reihe. Obwohl sie schon recht betagt ist, wirkt sie gerade in solchen Momenten sehr jugendlich. Sie liebt es zu feiern, zu singen und zu tanzen und erinnert einen mit ihrer Ausstrahlung dann an das junge Mädchen, das sie mal war. Es ist für mich dann stets eine Freude, sie so zu beobachten.

Apropos Sitzreihe: Erst viel später realisiere ich, dass jede Sitzreihe auch ihren Rang hat. Die erste ist den Alten und Wichtigen vorbehalten. Die zweite für die Wichtigen und/oder Einflussreichen und die dritte schließlich für die Jüngsten, die noch nichts zu sagen haben. Mein Platz wurde mir in der zweiten Reihe zugewiesen, hinter Marie und Sylvie, den beiden Schwestern von Marcelin.

Marcelin sitzt auf der gleichen Höhe wie der Chef, aber auf der anderen Seite der Wand. Es ist eine außerordentliche Ehre, wenn man sich neben den Chef oder mit ihm auf gleiche Höhe setzen darf, was mir schon oft zuteilwurde, dessen Bedeutung ich aber zu Anfang natürlich nicht wusste und verstand. Heute fühle ich mich darüber zutiefst gerührt und geehrt.

Singend warten wir also auf das Eintreffen des Chefs. Wie lange wir gewartet haben, weiß ich nicht. Das Sitzleder tut mir schon weh und das ruhige Stillsitzen fällt mir schwer. Da bewundere ich die Afrikaner: Die können stundenlang in der gleichen Position sitzen, ohne sich zu bewegen. Wenn sie dann endlich aufstehen, hat es nicht den Anschein, als ob ihnen irgendetwas weh täte. Ich habe schon die größte Mühe, zwei Stunden in einem weichen Kinosessel ruhig zu sitzen.

Nach einer halben Ewigkeit kommt endlich der Chef. Nun läuft es wirklich versammlungsmäßig ab. Es werden Ansprachen gehalten, Protokolle verlesen, und wieder folgen Ansprachen. In der Hauptsache geht es darum, dass das Haus, in welchem wir uns gerade befinden, von der Familie fertiggestellt werden sollte. Ein sehr langwieriger Prozess, da zu wenig Geld für die Finanzierung vorhanden ist.

Was mich hier in Kamerun immer wieder in Staunen versetzt, ist, dass die Familien wie ein kleiner Privatkonzern aufgebaut und sehr gut organisiert sind. Die Kinder sind aufgeteilt in Sektionen. Von jeder Sektion ist mindestens der Verantwortliche anwesend, der die Familie beispielsweise in Douala leitet und die Verantwortung für das Ersparte trägt. Mit viel Ach und Krach wird doch noch geklärt, wer, was und wie viel bezahlen wird.

Dann geht es zum gemütlichen Teil über und zum ersten Mal ergreift der Chef das Wort. Was er sagt, berührt und ehrt mich zutiefst. Er erklärt allen Anwesenden, dass wir in seine Gemeinde gezogen sind und ein Haus gebaut haben. Er findet, wenn eine Schweizerin hier leben kann, sollten das seine Kinder auch können und wollen. Übrigens würde auch er bald in die Schweiz fliegen. Marcelin flüstert mir zu, dass dies nur bildlich zu verstehen sei, denn in Wirklichkeit ist es unser Sohn, der in die Schweiz reisen wird.

Wenn in Kamerun ein Kind den Namen eines anderen bekommt, wird es ein wenig wie die Person, dessen Namen es trägt, und diese ist auch in gewisser Weise für das Kind verantwortlich. Beide sind von da an wie eine Art Doppelwesen und jeder trägt beide Persönlichkeiten in sich. Dadurch entstehen auch neue, freundschaftliche oder familiäre Beziehungen. Kinder sind in erster Linie Teil einer Gemeinschaft und gehören weder nur den Eltern noch den Verwandten. Bekommt ein Kind den Namen eines verstorbenen Verwandten, verkörpert es dadurch dessen Persönlichkeit und macht ihn unsterblich.

Familiennamen wie in Europa kennt man hier nicht. Die meisten Kinder der Bamiléké tragen heute neben anderen auch einen europäischen, christlichen Taufnamen, meist aus religiösen Gründen. Allerdings ist dieser hier nicht von großer Bedeutung.

Da der Bürgermeister inzwischen gegangen ist, ruft der Chef Marcelin an seinen Platz. Er darf sich also direkt neben den Chef setzen. Nun sagt der Chef, er sei sehr stolz auf mich und ernenne mich zu seiner Mutter! Praktisch ist das gar nicht möglich, denn ich bin 41 Jahre alt, er ist 50. Hier geht es aber nicht ums Alter, sondern um den Status. Die Frauen, die um mich sitzen, drehen sich ehrfürchtig um, schauen zu mir und sagen: »*Notre Reine*«, das bedeutet »Unsere Königinmutter«.

Der Begriff Mutter hat hier eine andere, mehrschichtigere Bedeutung. Man kann unter anderem auch Mutter genannt werden, weil man eine bestimmte Verantwortung für andere Menschen trägt (man denke zum Beispiel auch an Mutter Theresa) oder ein entsprechendes Amt ausübt.

Mit dem Wort Vater ist es ebenso. Aus europäischer Sicht könnte man die Person, die als Vater angesprochen wird, auch als eine Art Mentor bezeichnen, also jemand, der einem in einer bestimmten Situation hilft und beisteht oder der einen liebt und versteht. Das Alter spielt da überhaupt keine Rolle. Es kann deshalb durchaus möglich sein, dass derjenige, den jemand als seinen Vater anspricht, jünger ist als er selber! Es hat also nichts mit dem biologischen Sinn des Begriffs Vater zu tun, wie wir es verstehen.

Mit den Geschwistern verhält es sich ähnlich wie in Europa, aber der Begriff Halbgeschwister existiert hier in unserem Dorf nicht, also es gibt weder Halbbruder noch Halbschwester, und zwar deshalb, weil hier die Polygamie offiziell anerkannt, also legal ist und praktiziert wird. So haben viele Kinder zwar denselben Vater, aber verschiedene Mütter.

Nach dem offiziellen Teil der Versammlung ruft mich der Chef zu sich. In scharfem Ton sagt er Marie, sie solle mir Platz machen, damit ich nach vorne kann. Ich darf mich direkt neben den Chef setzen. Er plaudert mit mir und erklärt mir Sinn und Zweck der Familienversammlung. Dann berichtet er nochmals, dass der Minister unser direkter Nachbar würde und versprochen habe, eine Straße und auch eine Schule zu bauen.

Marcelin und ich haben auch mal vorgeschlagen, einen Schulbus einzuführen, um den Kindern diese viele Kilometer langen Schulwege, die sie zu Fuß zurücklegen müssen, zu erleichtern. Alle waren sofort begeistert. Doch als klar wurde, dass dies etwas kosten würde, war die Sache schnell vom Tisch. Niemand möchte und könnte dafür etwas bezahlen.

Der Chef hofft, dass die Leute wieder in seine Gemeinde ziehen, denn mit den zweihundert alten Menschen, die momentan hier im Dorf leben, hat er nicht viel Arbeit. Wir philosophieren auch darüber, was aus Bametcha werden könnte. Darüber habe ich auch schon mit meinem Mann diskutiert, und ich denke, da nun der Minister unser Nachbar wird, und somit der zweite Zuzügler, könnte es ein Ort für die Elite werden. Meine persönliche Meinung ist, dass niemand mehr ein einfaches traditionelles Lehmhaus bauen wird. Mit der Größe unseres Hauses übertreffen wir die Chefferie. Der Minister wird sicher noch größer bauen.

Nein, ich betrachte es nicht als einen Wettstreit, sondern nur als das, was die Zukunft für Bametcha bringen könnte. Dem Chef gefällt diese Idee und er würde sich freuen, wenn es sich so entwickeln würde. Dann geht er hinaus und die Versammlung ist beendet. Beim anschließenden Essen gibt es drei verschiedene Gerichte: Fleisch mit einer Sauce mit Kochbananen, Reis mit einer sehr, sehr scharfen Fleischsauce und Couscous mit einer grünen Kräutersauce.

Jetzt ist mir klar: In dem Moment, als der Chef mich zu sich rief, hatte Marie kapiert, dass ich nicht einfach nur die weiße Frau von ihrem großen Bruder bin, sondern einen höheren Rang habe, denn kurz darauf kommt sie zu mir und fragt mich, welches Gericht ich möchte. Den anderen wird einfach ungefragt serviert. Ich habe Lust auf Reis und entscheide mich dafür. Sie warnt mich, dass die Sauce sehr scharf ist, weshalb ich nur wenig nehme. Die Sauce ist wirklich unsagbar scharf. Doch ich habe gute Laune und so finde ich das nicht so schlimm, sondern fühle mich dadurch ein bisschen mehr als Afrikanerin.

Es geht auf Mitternacht zu, und ich bin unglaublich müde. In der Schweiz habe ich oft nächtelang durchgefeiert in der Afro-Disco. Jetzt fallen mir um 24 Uhr fast die Augen zu. Ich bin es einfach nicht mehr gewohnt, so lange aufzubleiben. Seit wir in unserem Haus wohnen, gehen wir früh schlafen. Natürlich auch fast gezwungenermaßen, weil immer noch der Strom fehlt. Der Generator ist nicht so stark und für den Dauerbetrieb viel zu teuer. Es kommt vor, dass wir schon um 20 Uhr im Bett sind, spätestens aber um 22 Uhr.

So wollen wir nach dem Essen nach Hause. Auf dem Rückweg kommen wir nochmals an der Chefferie vorbei. Das Wohnzimmer vom Chef wurde ausgeräumt und zur Disco umfunktioniert, die bis in die Morgenstunden dauern wird. Hier gibt es keine Sperrstunde. Die Nachbarn, oder in diesem Falle auch der Chef, beschweren sich nicht wegen des Lärms. Denn hier heißt es: »Wenn du müde bist, kannst du schlafen auch bei Lärm! Wenn du nicht müde bist, komm und feiere mit!«

Marcelin fragt mich, ob ich noch ein bisschen in der Disco bleiben will. Ich mag nicht mehr und will nur noch nach Hause und schlafen. So machen wir uns auf den Heimweg und Marcelin trägt unseren kleinen Goldschatz. Im trauten Heim angekommen, stille ich den Kleinen, dann fallen wir ins Bett und schlafen alle drei sofort ein. So ging wieder ein interessanter, aufregender, überraschend schöner Tag in Kamerun zu Ende. Danke Afrika, danke Gott.

Kapitel 30

Hoffnung

Ich finde es enorm wichtig, die Hoffnung und den Glauben nicht zu verlieren. Heute, Ende November 2006, ist wieder so ein Tag, wo man eigentlich echt verzweifeln könnte, doch wir sind nach wie vor zuversichtlich. Marcelin war gestern bei seiner Versammlung und hat mit dem allerletzten Geld Tomaten, Kräuter, Gewürze, Bananen, Maiskuchen für mich, Kuki und Kartoffeln für sich und für beide je einen gegrillten Fisch eingekauft. Kuki ist ein einheimisches Gericht. Es erinnert sehr stark an Polenta, nur dass eine Seite immer braun und knusprig angebraten wird und es sehr scharf ist.

Der Garten gibt uns zu essen, aber Geld haben wir keines. Doch deswegen lassen wir nicht den Kopf hängen. Da es mir heute noch nicht so gut geht, lassen wir den Tag gemütlich angehen. Wir sitzen draußen und reden über unsere Zukunftspläne, unser Hotel. Ich zeichne für Marcelin meine Ideen auf, wie ich mir die Gartenanlage mit dem Restaurant vorstelle. Er zeichnet für mich die ganze Hotelanlage nach seinen Vorstellungen. Die beiden Pläne ähneln sich sehr und zu unserem Erstaunen haben wir die gleichen Ideen. Ich zeichne noch die Pläne der Gästezimmer. Für die einheimischen Gäste wird es etwas kleinere und für die Touristen etwas großzügigere Appartements geben.

Wir schwelgen in unseren Träumen und stellen uns vor, hier eine Art Begegnungszentrum für Leute von nah und fern zu bauen mit Disco, Kino, Bar und einem Spielzimmer. Hier sind Gesellschaftsspiele wie Rommé sehr beliebt.

Die Touristen in unserem Hotel sollen hier ganz einfach die Seele baumeln lassen, weitab vom Massentourismus. Wir sind uns bewusst, dass es noch ein weiter Weg ist, bis dieser Traum realisiert werden kann. Aber dass er eines Tages Realität wird, davon sind wir beide felsenfest überzeugt.

Was ich damit sagen will: Wir haben im Moment absolut kein Geld, wir wissen nicht, ob wir nächste oder schon diese Woche noch etwas kaufen können, doch unsere Herzen sind voller Hoffnung, und unser Glaube an Gott, dass er uns beisteht und hilft, ist nach wie vor unerschütterlich.

Kapitel 31

Schwarzer Schnee

Heute wird ein ganz normaler Sonntag, dachte ich! Doch Marcelin ist nicht zu seiner sonntäglichen Versammlung in Bangangté gegangen, was schon außergewöhnlich ist. So werden wir den Tag gemeinsam verbringen können. Unser Sohn hat mich wie immer bereits um sieben Uhr geweckt. Ich stille ihn, diese Zeit genießen wir immer zusammen, und er schläft danach wieder ein. Doch heute kann ich nicht mehr einschlafen und stehe auf. Wie jeden Tag ist Marcelin auch heute schon um sechs Uhr aufgestanden, er ist es so gewohnt, er kennt nichts anderes.

Nachdem unser Sohn friedlich schläft, frühstücken Marcelin und ich gemütlich draußen auf der Terrasse.

Am Sonntag wird normalerweise nicht gearbeitet. Was mich aber schon lange stört, ist das Steppengras in unserem neuen Garten. Mit der Machete mache ich mich nun daran, das Unkraut zu entfernen. Mir macht die Arbeit richtig Spaß. Während ich krank war, konnte ich nicht mal mehr eine Pfanne Wasser kochen. Jetzt macht es mir nichts aus, in der prallen Sonne körperlich zu arbeiten. Es geht mir so leicht von der Hand, dass ich schnell fertig bin. Ich bin zufrieden und stolz, wieder arbeiten zu können.

Marcelin pflanzt die zweite und teilweise bereits dritte Buschreihe ums Haus. Das wird hier so gemacht, damit die wilden Buschfeuer nicht bis zum Haus kommen. Alles, was grün ist und daher nicht trocken, brennt nicht ab. Von dort bis zur Grundstücksgrenze wächst Steppengras. So wird zuerst rund ums Haus hinter den angepflanzten Buschreihen das trockene, inzwischen über zwei Meter hohe Steppengras kontrolliert in Brand gesetzt. Das machen hier alle so. Wenn dann der große Buschbrand käme, würde es nur bis dorthin brennen. Wenn man das zum ersten Mal miterlebt, ist es schon etwas unheimlich, denn der Wind frischt überraschend stark und schnell auf. Aus dem kleinen Feuerchen, das nur hinter dem Haus sein soll, könnte innerhalb von Minuten ein riesiger Steppenbrand werden. Ich darf gar nicht dran denken, was das für schreckliche Folgen haben könnte. Zumal hier bei Brandfällen nicht in kurzer Zeit die Feuerwehr um die Ecke gebraust käme.

Die Spitze des Grases ist schon ganz trocken. Es fliegen kleine schwarze Aschenteile vom verbrannten Gras hoch in die Luft, der Wind wirbelt sie herum, und sie tanzen weit weg wie Schneeflocken zu Boden. Dieser überzieht sich dann mit einer feinen schwarzen Schicht wie der erste Schnee in Europa.

In diesem Moment fühle ich mich wie damals als 11-Jährige am Heiligen Abend, als der erste Schnee fiel. Genau wie damals gehe ich hinaus, breite die Arme aus und schaue den schwarzen »Schneeflocken« zu, wie sie zu Boden fallen. In diesem Augenblick habe ich das Gefühl, als könnte ich den Schnee in der Schweiz riechen, und das bei fast vierzig Grad Hitze in Afrika!

Kapitel 32

Skys Antrittsbesuch beim König

Kürzlich haben wir von unserem Stammhalter besondere Fotos gemacht, darauf liegt er schön friedlich auf dem Sofa, mit allen Prinzensymbolen versehen, nämlich dem Trinkhorn, zwei Prinzenketten, einer traditionellen schwarzen Mütze und dem Messer. Alles Dinge, die später einmal für ihn von Bedeutung sein werden. Auch das uralte, graue Prinzengewand seines Großvaters, das nur Prinzen tragen dürfen, haben wir schön neben ihm drapiert. Obwohl sich dieses Kleidungsstück vor allem durch viele Risse und Löcher auszeichnet, ist Marcelin sehr stolz darauf, dieses von Hand gewobene Erinnerungsstück an seinen Vater zu besitzen. Und wieder einmal erzählt er mir über seinen Vater:

»Wie sehr habe ich ihn als Junge bewundert, wenn er bei Feierlichkeiten als Oberhaupt von Bangangté, bekleidet mit seiner weißen Gandura und dem Turban auf dem Kopf, sich majestätisch auf einem mit schillernden Decken geschmückten Pferd dem Podium der Würdenträger näherte und sich dort setzte. Kein Laut war von der Menschenmenge zu hören, alle verharrten in andächtigem Schweigen.«

Ach, zu gerne hätte ich meinen Schwiegervater auch so erlebt, es muss ein bewegender Moment gewesen sein, nicht nur für Marcelin, sondern auch für das ganze Volk von Bangangté. So wie Marcelin seinen Vater bewunderte, wird bestimmt auch Sky einmal stolz auf seinen Papa sein.

Nach langem Hin und Her beschließt Marcelin nun doch, dass wir unseren Sohn dem König präsentieren sollten, wir hatten ja schon lange davon gesprochen.

Er eröffnet mir am Anfang der Woche, dass wir am Samstag in die Chefferie Supérieure gehen würden. Aber das bedeutet auch, wir können nicht mit leeren Händen dort erscheinen. Wir brauchen mindestens einen Hahn als Geschenk für den König.

Wir beschließen, den Hahn am Samstagmorgen auf dem Markt zu kaufen. So machen wir uns also am Samstagmorgen auf den Weg.

Marcelin findet einen schönen, großen, stattlichen Hahn. Wir sind zufrieden.

Gegen zehn Uhr passieren wir das große Eingangstor bei der Chefferie. Marcelin ruft ein Kind zu sich, das dort gelangweilt herumsteht. Er befiehlt ihm, uns bei einem der Notabeln anzumelden. Bald darauf erscheint das Kind wieder und lässt uns ausrichten, dass der König am Morgen keinen Besuch empfange. Tja, da kann man nichts machen.

Wir gehen also unverrichteter Dinge wieder ins Dorfzentrum, um dort etwas zu essen. Danach machen wir einen zweiten Versuch in der Chefferie.

Nach der obligatorischen Anmeldung empfängt uns der König. Auf dem Weg zum Königszimmer erklärt mir Marcelin noch, dass er den Kleinen nimmt und dass ich den Hahn übergeben muss. Doch es bleibt keine Zeit mehr, mir zu erklären, WIE ich das machen muss. Wieder einmal wirft er mich ins kalte Wasser.

Der König ist noch nicht im Zimmer. Zur Begrüßung klatscht Marcelin mehrmals in die Hände, damit der König hört, dass wir da sind. Als er erscheint, begrüßen wir ihn auf die traditionelle Art. Der König fragt nach dem Grund unseres Besuches. Marcelin erklärt ihm, dass wir gekommen sind, um ihm unseren Sohn zu präsentieren. Dabei geht er ganz langsam auf ihn zu, gebückt, immer darauf bedacht, dass er nicht größer als der König ist. Marcelin legt ihm unseren Sohn in seine Arme.

Der König bespuckt ihn dreimal. Dann schaut er zu mir und erklärt mir, dass dies die traditionelle Segnung sei. Ich bin nicht überrascht. Marcelin hat mich nicht informiert, also habe ich auch nichts erwartet und nehme es einfach hin.

Dann gibt mir Marcelin ein Zeichen, dass ich nun den Hahn übergeben muss. Da mir Marcelin nicht gesagt hat, wie das vor sich gehen soll, mache ich es so, wie es nach meinem eigenen Empfinden großen Respekt bezeugt.

Ich nehme den Hahn in die rechte Hand, halte ihn dabei kopfüber an den Füßen. Mit der linken Hand halte ich den rechten Unterarm ganz nah beim Handgelenk. Ich bücke mich leicht bei der Übergabe, das heißt, ich schaue dem König nicht in die Augen, sondern zu Boden.

Er nimmt den Hahn und legt ihn neben seinen Stuhl auf den Boden. Sofort findet er lobende Worte für mich, dass ich die Tradition der Bamiléké angenommen habe und auch beherrsche. Hurra, denke ich, ich habe es richtig gemacht. Ich bin glücklich und stolz auf mich. Wieder habe ich eine Feuerprobe erfolgreich bestanden.

Der König gibt unseren Sohn zurück in die Arme von Marcelin, und dieser wiederum legt ihn mir in die Arme, während er selbst sich in die Mitte des Raumes zurückzieht. Der König deutet mir an, dass ich auf einem der Stühle Platz nehmen darf. Dass Marcelin sich in der Chefferie nicht setzen darf, weiß ich ja inzwischen, und ebenfalls, dass dies eine Respektbezeugung gegenüber seinem Elternhaus bedeutet.

Der König und Marcelin plaudern miteinander über alles Mögliche, auch über die Familie. Ich höre aufmerksam zu, obwohl ich kein Wort verstehe, denn sie sprechen in ihrem Dialekt. Dann wendet sich der König mir zu und plaudert auch mit mir.

Er erklärt mir, dass in der Tradition der Bamiléké die Ehe erst wirklich gültig ist, wenn ein Kind daraus entstanden ist, vor allem, wenn es eine traditionelle Hochzeit war, wie wir sie hatten.

Ich habe den Eindruck, dass er sehr zufrieden und stolz auf uns ist. Ich empfinde den König als sehr freundlich, und je nach Situation kann er auch sehr offen und herzlich sein, so wie jetzt, wo wir privat bei ihm sind. In der Öffentlichkeit ist er natürlich der distanzierte, korrekte König. Höflich, aber unnahbar.

Zum gemütlichen Plaudern lässt er uns seinen eigenen

Palmwein servieren. Marcelin gibt mir zu verstehen, dass dies eine fast unglaubliche Geste sei von ihm, denn der König bewirtet seinen Besuch eigentlich nie, und schon gar nicht mit SEINEM Palmwein.

So zeigt der König seinen Respekt und seine Verbundenheit mit uns oder besser gesagt mit Marcelin. Das Ganze dauert vielleicht eine Stunde. In der Gegenwart des Königs fühle ich mich immer sehr wohl.

Die Verabschiedung fällt kurz und geschäftsmäßig aus, wie es hier üblich ist.

»Ich bin erleichtert, dass alles so gut abgelaufen ist«, meint Marcelin.

»Dass der König uns sogar mit seinem eigenen Palmwein verköstigt hat, war wahrlich eine große Geste uns gegenüber«, füge ich an.

»Ja, auch ich bin froh, dass die Wogen wieder geglättet sind.«

Der König hatte nämlich unseren Besuch schon viel eher erwartet. Geschenke in seinem Namen hatten wir ja auch bereits erhalten. Dieser Antrittsbesuch war für uns einfach nicht eher möglich. Doch jetzt ist wieder alles »in Butter«, und alle sind zufrieden.

In einem Restaurant trinken wir noch etwas auf diesen ereignisreichen Tag in der Tradition der Bamiléké.

Kapitel 33

Unser erster fremder Besucher

Die ersten Tage des neuen Jahres verbringen wir ganz gewöhnlich. Marcelin steht um sechs Uhr auf, um seine tägliche Morgenarbeit zu beginnen. Er geht ins Bad und kommt wie immer mit der Zahnbürste im Mund heraus. Während er die Zähne putzt, öffnet er gleichzeitig die Tür, begrüßt die Hunde und stellt den Gartentisch und die Stühle auf die Terrasse.

Auch den Wäscheständer stellt er hinaus und bindet ihn an, damit ihn der Harmattan, so heißt der Landwind, der hier hauptsächlich in der Trockenzeit weht, nicht umwerfen kann. Meistens bin ich dann schon beim Stillen. Er stellt das Waschbecken raus, in dem wir Sky am Abend gebadet haben, und beginnt die Windeln dann von Hand auszuwaschen, um sie anschließend aufzuhängen. Klar, dass wir keine Pampers benutzen.

In einem Eimer mit Wasser ist auch meine Wäsche eingeweicht, die er ebenfalls wäscht. Nur die Jeans lässt er noch länger einweichen.

Nach dem Stillen stehe ich auch auf. Wir brauchen noch Wasser und gehen deshalb zusammen zu unserem Brunnen und ziehen abwechselnd Wasser herauf. Das ist eine sehr beschwerliche Arbeit, denn das Loch ist inzwischen bereits achtzehn Meter tief. Die Pumpe, welche uns die Arbeit sehr erleichtern könnte, fehlt uns leider noch.

Beim Heraufziehen des Eimers wird jeweils das Wasser mit Erde verschmutzt, sodass ich es mit einen Taschentuch filtern muss.

Wir fotografieren uns dabei, um unserem Sohn eines Tages anschaulich zeigen zu können, wie schwierig der Anfang hier war. Mit dem Selbstauslöser machen wir dann noch Fotos von uns allen.

Die Zeit fliegt nur so vorbei, und inzwischen ist es schon später Vormittag geworden. Ich gehe in die Küche, um das Frühstück zuzubereiten. Es gibt ein riesiges Omelett afrikanischer Art für uns beide. Wir lieben es, so gemeinsam zu essen. Statt zwei Omeletts machen wir ein großes und essen gemeinsam vom gleichen Teller. Dazu gibt's Bâton und Brot. Zum Trinken mache ich unseren Zitronengras-Tee aus unserem Garten.

Die gemeinsamen Mahlzeiten sind für uns inzwischen wichtige Unterbrechungen im Tagesablauf geworden. Wir sprechen über die erledigten Arbeiten, aber auch über die Aufgaben, die noch vor uns liegen. Gemeinsam schmieden wir Zukunftspläne, was wir am Haus noch verbessern können oder über meinen Besuch in der Schweiz. Marcelin gibt mir neue Ideen für das Buch, das ich gerade schreibe.

Wir unterhalten uns darüber, was wir kochen wollen und Marcelin schlägt vor: »Da wir noch Couscous haben, könnten wir Gombo zum Abendessen kochen, das ist ein Gemüse mit Erdnusssauce«.

»Einverstanden, ich freue mich schon jetzt darauf. Schon wieder ein kamerunisches Gericht, das ich noch nicht probiert habe.«

Marcelin beginnt mit der Vorbereitung und ich schaue ihm interessiert zu. Dazwischen stille ich Sky, der anschließend in tiefen Schlaf fällt. Im Wohnzimmer auf dem Sofa haben wir für ihn eine kleine Schlafstätte gebaut, um ihn vor dem kalten Wind und dem schwarzen Schnee zu schützen.

In der Zwischenzeit ist Marcelin hinter dem Haus an der Feuerstelle beim Kochen. Damit ich möglichst viel davon mitbekomme, schaue ich ihm sehr aufmerksam zu. Inzwischen habe ich auch gelernt, auf dem Feuer zu kochen. Aber bei ihm sieht es so einfach aus, als würde er auf Gas kochen.

An vielerlei Dingen des Alltags sieht man, dass Marcelin absolut nicht dem hier gängigen Männerbild entspricht. Es kommt hier eher selten vor, dass man einen Mann hinter einem Herd antrifft. Normalerweise ist dies das Reich der Frau. Vor allem ist es absolut unüblich, mit dem Essen auf den Mann zu warten. Es wird gekocht, und jeder isst dann, wenn er Hunger oder Lust dazu hat. Zuerst isst die Frau mit den Kindern. Der Ehemann kommt vielleicht mit Freunden nach Hause, und so essen die Männer dann das, was die Frauen ihnen übrig gelassen haben. Das Essen wird in einer großen Schüssel serviert, aus der sich jeder mit der rechten Hand bedient. Vor und nach der Mahlzeit reicht man Wasser zum Waschen der Hände. Ein gemeinsames Sitzen von Frauen und Männern um einen Esstisch herum ist nicht üblich, aber für uns gehört es zum Alltag.

Die Männer verrichten Arbeiten wie das Bestellen der Felder, roden, helfen beim Bau ihrer Häuser, gehen auf die Jagd oder kümmern sich um ihre Pflanzungen. So nannte man früher die Männer hier »Holzsammler« und die Frauen »Couscous-Köchinnen«. Frauen und Männer arbeiten hier selten zusammen, wie ich festgestellt habe, und viele Männer scheuen die Arbeit.

Die Hunde sind auch bei uns hinter dem Haus. Da alles nun nur noch kochen muss, gehen wir vors Haus. Zu unserer Überraschung steht ein weißer Geländewagen da, aus dem gerade der Sekretär vom König steigt. Wir sind total überrascht und perplex. Wir haben das Auto nicht gehört und die Hunde haben auch nicht angeschlagen. Der Sekretär sagt zu Marcelin: »Prinz, ich habe dir deinen Bruder mitgebracht.«

Zu mir sagt er das gleiche. Ich bin total verwirrt, denn ich weiß, dass es unmöglich ist, dass es mein Bruder Ruedi sein kann. Es steigt ein weißer Mann aus. Ihm folgen noch zwei schwarze Frauen und zwei schwarze junge Männer.

In meiner Aufregung habe ich nicht begriffen, dass mit dem Bruder ganz einfach ein Landsmann von mir gemeint ist, also ein Schweizer. Ich gehe auf ihn zu und freue mich, wieder einmal jemanden aus der Heimat zu sehen, doch ich überlege mir krampfhaft, in welcher Sprache ich ihn begrüßen soll. Mit einem fröhlichen »Salü«, nimmt mir der Fremde diese Entscheidung ab. Meine Verblüffung macht endlich riesiger Freude Platz.

»Ein Landsmann! Ein Schweizer! Toll! Ich kann wieder einmal Schweizerdeutsch reden«, rufe ich total begeistert aus.

Unser Gast steuert auf die Terrasse zu. Marcelin schlägt vor, ins Haus zu gehen, da es drinnen doch ein paar Grad kühler ist.

So setzen wir uns ins Wohnzimmer. Nicht jeden Tag haben wir so unerwarteten und besonderen Besuch.

Gleich zu Beginn fragt mich Roland, so heißt mein Landsmann, ob er filmen und fotografieren darf. Natürlich ist unser Sonnenschein Sky das bevorzugte »Motiv«.

Roland erzählt mir, dass er den »Reporter«-Film im Schweizer Fernsehen gesehen habe. Da seine Frau auch aus Bangangté stammt, wollten sie es sich nicht nehmen lassen, uns zu besuchen. Er komme aus Basel und besitze dort ein eigenes Geschäft.

Ich frage ihn, wie oft er denn schon in Kamerun gewesen sei. »Wegen der vielen Arbeit leider erst das zweite Mal«, erklärt er mir. Er führe das Geschäft seit fünf Jahren, und vor fünf Jahren seien sie hier das erste Mal gewesen. Jetzt möchten sie aber öfters hierherkommen.

Marcelin unterhält sich hauptsächlich mit der zweiten, etwas älteren Frau, von der wir annehmen, dass sie die Schwiegermutter von Roland ist. Marcelin redet auch mit dem Sekretär vom König. Die anderen zwei jungen Männer halten sich ganz aus dem Gespräch raus, denn sie sind zwar die Brüder von Rolands Frau, aber nur als Chauffeur und Laufbursche mit dabei.

Nachdem man die Familie von Nadja, Rolands Frau, etwas genauer unter die Lupe genommen hat, stellt Marcelin verblüfft fest, dass sie beide sogar miteinander verwandt sind.

Nadja stammt ebenfalls aus der Familie der Chefferie Supérieure! Mir selber wird erst am nächsten Tag bewusst, dass ich somit auch mit Roland verwandt bin. Ich habe damit also neue Verwandte in der Schweiz gefunden!

Kapitel 34

Der Tod ist immer unnatürlich

Kürzlich ist unser Freund und Nachbar, Manuel der Jäger, gestorben, was uns sehr traurig gemacht hat, denn wir mochten ihn sehr. Zuerst sah es bei ihm nach einer harmlosen Erkältung aus. Anfang der Woche war er noch bei uns zu Besuch und wohlauf. Am Freitag hörten wir dann, er sei krank und habe starken Husten. Man fragte uns nach einem Husten lindernden Medikament. Leider hatten wir keines vorrätig. Am nächsten Tag hieß es, man habe ihn ins Spital gebracht, und am Sonntag wurde uns mitgeteilt, dass er gestorben sei.

Somit komme ich nun noch zu einem Thema, das hier zum täglichen Leben gehört, nämlich dem Tod. Hier ist es normal, dass die Leute meistens sehr alt werden. Marcelin hat mir in einem Restaurant mal einen Mann gezeigt, der 122 Jahre alt sein soll. Er lief zwar am Stock, war aber immer noch sehr rüstig.

»Eine Tante von mir wurde sogar 132 Jahre alt«, berichtet Marcelin, nicht ohne leichten Stolz. Aber hier muss ich noch anmerken, dass man einem Afrikaner nie zu hundert Prozent Glauben schenken darf, wenn er sagt, wann er geboren wurde. Bei den älteren Leuten steht das richtige Alter nicht fest, da dies nirgendwo eingetragen wurde, und selbst bei jüngeren, wo es registriert ist, kann dies problemlos geändert werden. So wurde es auch am Königshof gehandhabt. Einer der letzten Könige hat für seine Frauen Personalausweise machen lassen und auch gleich die Geburtsdaten selber festgelegt. Diese Vorgehensweise hat nie jemand infrage gestellt.

Wenn jemand stirbt, der noch sehr jung ist, wird untersucht, ob es vielleicht Mord war. Im Glauben und der Tradition der Bamiléké wird immer genau untersucht, wie und weshalb jemand gestorben ist. Die Bamiléké glauben, dass der Mensch zwei Seelen hat, eine zu Hause und eine im Busch. Es wird dann geklärt, welche Seele zuerst getötet wurde und nach einem Übeltäter gesucht, der den Verstorbenen eventuell durch einen Zauber getötet hat. Ich halte das Ganze doch eher für die Suche nach einem Sündenbock, was Marcelin aber nicht gelten lässt.

Nun zurück zur »Geschichte hinter der Geschichte« des Jägers. Eine Woche nach seinem Tod wurde uns Folgendes zugetragen: Der Jäger habe mit zwei Freunden zusammen in einem Restaurant getrunken. Ein anderer Gast habe beim Verlassen des Lokales sein Portemonnaie verloren. Der Jäger und seine Freunde hätten es gefunden und mit dem Geld weitergetrunken.

Der Mann, der die Brieftasche verloren hatte, merkte es und kam zurück. Er erkannte sofort, dass die Männer sein Geld gefunden hatten und forderte sie auf, es ihm zurückzugeben, was diese jedoch nicht mehr konnten.

So belegte er die Männer mit einem Fluch, damit sie es bereuen würden, ihn um sein Geld betrogen zu haben.

Alle drei Männer starben später am selben Tag.

Auch wenn man nicht an Schwarze Magie glaubt, ist dieser Vorfall doch sehr ungewöhnlich.

Kann dies wirklich nur ein Zufall sein?

Eine weitere Form des unnatürlichen Todes, die hier im Gebiet unserer Familie am meisten verbreitet und beliebt ist, ist das Vergiften von Leuten. Im Oktober 2006 starb der jüngste Halbbruder von Marcelin. Man vermutet, dass er aus Neid und Missgunst vergiftet wurde und nicht etwa, weil er gestohlen oder einem Freund die Freundin ausgespannt hätte!

Marcelin hat im Dorf auch schon munkeln gehört, dass man mich vergiften will. Und zwar von einem Mann, der neidisch sei, weil Marcelin eine weiße Frau hat.

Als Marcelin dies zu Ohren kam, regte er sich maßlos auf, doch er konnte nicht mehr herausfinden, wer das Gerücht in Umlauf gebracht hatte. So wies er mich an, dass ich in der Öffentlichkeit NICHTS essen dürfe, wenn er nicht dabei ist, und dass ich von NIEMANDEM Essen annehme in seiner Abwesenheit.

Ich bekam große Angst und überlegte mir ernsthaft, ob es unter diesen Umständen nicht doch besser wäre, in die Schweiz zurückzukehren. Diese lebensgefährliche Seite von Afrika hatte ich bisher noch nicht gekannt.

Doch dann überlegte ich mir Folgendes: Es war immer mein großer Traum, in Afrika zu leben. Nun gibt es für mich nur zwei Möglichkeiten: Entweder kehre ich in die Schweiz zurück und beende damit meinen Traum, oder ich nehme mein Leben in beide Hände, bleibe hier und akzeptiere das Leben in Afrika so, wie es nun mal ist. Die Liebe und das Vertrauen zu Marcelin überzeugen mich zu bleiben.

Kapitel 35

Magisches und Mystisches

Auf dem afrikanischen Kontinent spielen Mystik und Magie eine viel größere Rolle als bei uns. Das »Unglück« wird hier beispielsweise auf ganz unterschiedliche Art betrachtet. Da gibt es einerseits das »unechte« Unglück, an dem man selber die Schuld trägt, weil man in irgendeiner Situation unachtsam war oder etwas unterließ, beispielsweise eine Arbeit nicht erledigt hat, was dann zu einem »unechten« Unglück geführt hat. Macht man sich an die Arbeit, ist es behoben.

Aber andererseits gibt es auch ein »echtes« Unglück, das durch einen Fluch entsteht. Oft bezieht sich dieses auf die Vorfahren, weil man sich ihnen gegenüber nicht korrekt verhalten hat, ihnen beispielsweise zu wenig Beachtung schenkte und diese sich nun rächen. Dagegen gibt es Rituale, um sie zufriedenzustellen. Oder, wie bereits erwähnt, kann auch »echtes« Unglück entstehen, wenn einem jemand Schaden zufügen will, was hier sehr oft geschieht.

Von all diesem »echten« Unglück kann man sich durch Bezahlen eines bestimmten Betrages erlösen lassen, indem man es auf jemand anderen übertragen lässt.

Es kommt jedoch eher selten vor, dass die Bamiléké überhaupt von Unglück sprechen, da sie im Grunde genommen die Gabe besitzen, die Dinge von der positiven Seite zu sehen.

Ich habe lange überlegt, ob ich in diesem Buch auch über das Thema Magie schreiben soll, obwohl ich keine große Kenntnis darüber habe. Aber ich finde, da ich mich für Afrika entschieden habe, gehört das Mystische nun einmal auch dazu. Marcelin hat mir ein bisschen mehr darüber erzählt, wie man diese Dinge hier in Kamerun sieht.

Es gibt verschiedene Arten von Magie, das Ganze ist sehr kompliziert. Da gibt es beispielsweise die Weiße Magie, die durch Zauberpraktiken heilen, helfen und schützen soll. Verwünschungen und Schadenzauber werden zu der Kategorie der Schwarzen Magie gezählt.

Wie bereits erwähnt, lebte ich vor der Zeit mit Marcelin bereits sechs Monate in Kenia und kam schon dort erstmals mit der Magie in Berührung.

Ich weiß, viele Leute bezeichnen dies alles als Märchen oder Einbildung. Aber hier in Afrika ist vieles noch allgegenwärtig, was zwischen Himmel und Erde passieren kann. Auch ich tat dies zuerst als reine Fantasie der Einheimischen ab ... bis ich selber davon betroffen war.

Als ich seinerzeit mit Nuruddin in Kenia lebte, erzählte er mir oft von diesen Dingen. Ich konnte darüber nur lachen und machte mich über ihn lustig.

Einmal waren wir bis abends spät bei seiner Mutter zu Besuch, die im Busch lebt. Wir kehrten erst nach Einbruch der Dunkelheit ins Hotel zurück. Unterwegs sah ich eine Katze und wollte sie streicheln. Er zog mir sofort die Hand weg und sagte, ich dürfe die Katze nicht anfassen.

»Warum denn nicht?«, fragte ich ganz erstaunt. Sie sah nicht etwa krank aus.

»Es kann sein, dass sich ein Magier in diese Katze verwandelt hat, und wenn du sie berührst, beobachtet er dein Leben«, versuchte er mir klarzumachen.

»Sicher«, dachte ich etwas spöttisch bei mir, »ein ausgewachsener Mann passt bestens in eine Katze!« Die näheren Zusammenhänge verstand ich erst später.

Ein richtiger Schwarzer Magier kann sich in einen Panther, Vogel, Löwen, in eine Maus, Schlange, einen Hund oder eine Katze verwandeln, damit er die betroffenen Leute, die er verhexen soll, besser überwachen und beobachten kann. So erkennt er die Lebensgewohnheiten und kann die beste und wirkungsvollste Magie anwenden.

Dann erzählte er mir die Geschichte vom Jungen, der in der Schweiz aufwuchs:

»Ein Schweizer Ehepaar hatte einen kleinen Jungen in Pflege genommen. Aber der Junge wusste immer, dass seine richtigen Eltern in Kenia leben, und er hat sie auch regelmäßig besucht. Der Junge beendete die Schule in der Schweiz und begann eine Ausbildung. An einem seiner freien Tage schlenderte er durch die Stadt. Plötzlich tippte ihm jemand auf die Schulter. Er drehte sich um und erstarrte. Es war sein Vater aus Kenia, der ihn aufforderte, er müsse unbedingt nach Hause kommen, denn seine Mutter wäre krank. Als er sich von seinem Schock etwas erholt hatte, war der Vater plötzlich in der Menschenmenge verschwunden.

Der Junge rannte nach Hause, um seinen Pflegeeltern zu berichten, was ihm widerfahren war.

Sie schickten ihn mit dem nächstmöglichen Flug nach Kenia.

Dort angekommen, stellte er erfreut fest, dass sich seine Mutter bester Gesundheit erfreute, und der Vater wusste nichts von seinem angeblichen Besuch in der Schweiz.

Wie sollte er auch. Er hätte gar nicht das Geld für die Flugtickets gehabt, würde ein Visum benötigen, und selbst wenn er in die Schweiz gekommen wäre, wie hätte er seinen Sohn auf der Straße finden sollen, wenn er sich in der Stadt überhaupt nicht auskennt und niemanden über seinen Besuch vorher informiert hätte?

Der Junge erlitt einen Schock und konnte nicht begreifen, was ihm da widerfahren war. Er kehrte auch nicht mehr in die Schweiz zurück, sondern blieb in Kenia. Ich versuchte, mit dem Jungen zu sprechen. Er befand sich immer noch in einem verwirrten Zustand.«

Das bedeutet also, dass ein Magier die Gestalt von seinem Vater angenommen hatte, nachdem er als Geist in die Schweiz geflogen war. Für uns eine Geschichte, die nur sehr schwer zu verstehen ist.

Nun zu meiner eigenen Geschichte: Damals war ich schon mit Nuruddin verheiratet. Wir lebten in einer Mietwohnung in Kenia, wo wir auch Besuch empfangen durften. Dies ist nicht selbstverständlich, denn in vielen Touristensiedlungen haben Einheimische keinen Zutritt.

Es war an einem Samstag, wir erwarteten Besuch von seiner Familie und bereiteten das Frühstück vor. Ich freute mich auf diesen Besuch und gab mir auch besondere Mühe.

Die Familie erschien also. Wir setzten uns alle gemütlich draußen an den großen Tisch und begannen zu essen. Nur ich brachte keinen Bissen runter. Trotzdem zwang ich mich, ein bisschen zu essen und so zu tun, als wäre nichts.

Doch bereits nach einigen Bissen wurde mir übel, schwindlig und schwarz vor Augen. Obwohl das nicht höflich war, zog ich mich zurück und musste mich hinlegen.

Nach mehr als fünf Stunden Schlaf bin ich aufgewacht. Inzwischen war es Abend geworden und eigentlich Zeit, das Abendessen vorzubereiten, der Besuch war längst gegangen. Da ich aber nach wie vor keinen Hunger hatte, kochte sich mein Mann nur etwas für sich.

Die Nacht verbrachte ich sehr unruhig und schlief wenig.

Am nächsten Tag fühlte ich mich relativ gut, nur dass ich noch immer keinen Appetitt hatte, was bei mir äußerst selten vorkommt. Ich nahm also nur einen kleinen Happen zu mir.

Bedauerlicherweise fiel es meinem damaligen Mann nicht auf, dass es mir so schlecht ging.

In der folgenden Nacht schlief ich noch weniger als die Nacht zuvor. So ging es die ganze Woche über. Ich aß kaum etwas und hatte jede Nacht weniger Schlaf.

Da wir schon seit ein paar Tagen Differenzen hatten, schenkte er mir kaum Beachtung und bemerkte meinen Zustand immer noch nicht, obwohl ich ihm am Freitag dann sagte, dass ich nachts kaum mehr schlafen kann und ich mich überwinden müsse, etwas zu essen. Er hörte mir gar nicht richtig zu.

Die nächste Nacht war dann der reinste Horror für mich. Ich wälzte mich im Bett hin und her, doch alles nützte nichts, ich fand keinen Schlaf. Erst gegen fünf Uhr morgens schlief ich vor Erschöpfung ein und hatte Albträume. Geister kamen und machten mir Angst. Sie flüsterten mir mit unheimlichen Stimmen zu, dass sie in die Schweiz fliegen würden, um meine Schwester Margrith zu töten. Im Traum sah ich meinen eigenen Geist in die Schweiz fliegen, um meine Schwester zu warnen und zu schützen.

Sie saß auf einem Stuhl, und ich hatte eine Matte bei mir, wo sie sich nur draufsetzen musste, um vor den Geistern geschützt zu sein. Ich sagte ihr also, sie solle die Matte auf den Stuhl legen und sich draufsetzen. Sie fragte kopfschüttelnd, warum sie das tun solle. »Weil die Zeit drängt. Ich möchte dich vor den Geistern warnen, die kommen und dich töten wollen«.

Da es böse Geister seien, wäre sie mit dieser Matte geschützt. Sie lachte jedoch nur und sagte, sie glaube nicht daran und werde sich ganz sicher nicht auf die Matte setzen. Ich ging vor ihr auf die Knie und flehte sie an, denn ich spürte, dass die Geister jeden Moment kommen würden. Sie lachte aber unbeirrt weiter.

Auch mein Weinen und Flehen stimmte Margrith nicht um. Und schon waren die Geister da.

Ich begann zu toben und zu schreien und weinte noch mehr. Sie lachte nur und weigerte sich weiterhin, sich auf die Matte zu setzen.

Ich schrie ... und mein Mann weckte mich. Er versuchte mich zu beruhigen, doch ich weinte immerzu weiter wie ein Kind. Ich konnte mich nicht beruhigen, und auch er war machtlos dagegen, obwohl er die ganze Zeit bei mir blieb und mich zu trösten versuchte.

Nach einer Stunde wurde ich etwas ruhiger, konnte mich wieder entspannen und döste fast ein, worauf Nuruddin sagte, dass er nun joggen gehen wolle.

Nach einer Weile hörte ich draußen Geräusche, aber ich war zu müde und erschöpft, um nachzuschauen, was es war.

»Vielleicht ist es ja auch nur das Zimmermädchen, das die anderen Zimmer kontrolliert«, versuchte ich mich zu beruhigen und schlief langsam wieder ein.

Dann kam Nuruddin zurück und weckte mich. Er sagte mir, ich solle mal rauskommen vor die Tür, um mir etwas anzuschauen. Mühsam stand ich auf und ging hinaus.

Ich sah einen riesigen Schaumteppich, der über eine Schüssel hinausquoll. Mein Erstaunen war groß.

»Was soll denn das?«, fragte ich ihn neugierig.

Aber ich war derart müde, dass ich überhaupt nicht aufnahmefähig war und seinen Erklärungen nicht folgen konnte.

Ich folgte blind seinen Anweisungen. Er begann, mir den Schaum auf dem Bauch zu verteilen. Dann schickte er mich damit ins Bett, ich solle nun schlafen.

So erschöpft wie ich war, tat ich nichts lieber als das. Kaum im Bett, kam er nochmals mit Schaum daher und verteilte ihn rund um das Bett. Den größten Teil davon ließ er auf meinem Bauch und deckte mich so zu.

»So, nun kannst du ruhig schlafen«, sagte er besänftigend zu mir.

Mir war in diesem Moment alles egal und ich stellte nichts infrage.

Tatsächlich konnte ich mehrere Stunden ohne Albträume ruhig und erholsam schlafen. Nachdem ich aufgewacht war, war alles wieder normal, ich fühlte mich frisch und munter und verspürte sogar Hunger.

»So, nun bin ich wieder aufnahmefähig; erzähl mir bitte nochmals, was das alles zu bedeuten hatte«, bat ich Nuruddin.

Er erklärte mir, was es mit diesem Schaum für eine Bewandtnis hatte:

»Ich habe eine Frucht genommen, die einer Zitrone ähnlich sieht, habe diese halbiert und in diese Schüssel mit Wasser gegeben. Dann habe ich das Ganze mit einem Stock umgerührt wie mit einem Schneebesen. Bildet sich Schaum, ist die Person, für die man es macht, verhext, bildet sich kein Schaum, ist alles in Ordnung. Bei dir gab es einen riesigen Schaumteppich von etwa fünf Zentimeter Höhe!«

Von da an habe ich nicht mehr über die Magie gelacht. Denn für mich stand nun fest, dass es etwas zwischen Himmel und Erde gibt, das wir rational nicht verstehen und erklären können. Für mich war die Heilung mit dem Schaum Beweis genug. Ich kann mir nicht vorstellen, dass ich mich ohne den Schaum in so kurzer Zeit wieder erholt hätte.

Zu jener Zeit, als wir bereits wieder in der Schweiz lebten, gab es noch eine weitere solche Erfahrung im Zusammenhang mit Nuruddin. Er flog nach unserer Trennung alleine nach Kenia.

Da ich vermutete, dass er zu einem Magier gehen würde, war ich etwas aufmerksamer geworden.

Und siehe da, ich hatte mich nicht getäuscht. Mit dem Tag, als er wieder in die Schweiz zurückkehrte, fingen die Probleme an. Ich begann auf einmal negativ zu denken, was gar nicht meine Art ist. Grundsätzlich denke ich zuerst immer positiv von einem Menschen. Plötzlich war alles anders, obwohl man mir keinen Grund dazu gab. Am stärksten waren die negativen Gefühle gegenüber meinem neuen Freund. Da wurde mir klar, dass etwas nicht stimmte. Mit einem Blick auf den Kalender stellte ich fest, dass Nuruddin aus Kenia zurück sein musste.

Nun sprach ich auch über meinen Zustand, bat verschiedene Leute um Hilfe und fragte, was ich dagegen unternehmen könne. Meine Freundin Lisa gab mir den Tipp, einen Spiegel unters Bett auf den Boden zu legen, mit der Spiegelseite nach unten. Auf den Spiegel sollte ich ein scharfes Messer legen. Das werfe alles Böse auf den zurück, der es geschickt hat. Ich befolgte ihren Rat und konnte mich dadurch gegen böse Geister schützen.

Als ich Wochen oder Monate, ich weiß es nicht mehr genau, Nuruddin zufällig in der Stadt begegnete, wurde mir diese Theorie bestätigt. Er sah sehr schlecht aus. Ich sprach ihn direkt darauf an, und seine Reaktion bestätigte mir, dass er etwas getan hatte, was in Richtung Magie ging, aber er leugnete es natürlich.

Das Gefährliche an der Schwarzen Magie ist, dass es schleichend kommen kann und man sich dessen nicht mal bewusst ist. Mithilfe des Spiegels und anderen Hilfsmitteln schickte ich alles Böse an Nuruddin zurück und plötzlich ging es mir wieder besser.

Es kann aber auch für den Verursacher gefährlich werden, spätestens dann, wenn sich der Betroffene wehren und schützen kann. Denn dann fällt es vielfach stärker auf den Verursacher zurück, und das kann man nicht steuern.

Mit der Schwarzen Magie kann man eigentlich alles zerstören. Man kann damit erreichen, dass jemandem die Arbeit gekündigt wird oder eine Beziehung so zerstört wird, dass die Frau oder der Mann wegläuft und die Scheidung will. Auch Geldverlust durch Fehlinvestition kann damit heraufbeschworen werden. Es ist auch möglich, dass jemand unbewusst dazu gebracht wird zu stehlen, und dadurch sich oder anderen Schaden zuzufügen.

Dann gibt es die Magie als florierendes Geschäft. Sie funktioniert nur mit Geld. Das muss man sich so vorstellen: Ein Magier hebt den Fluch oder Zauber eines anderen Magiers auf, aber nur gegen Bargeld. Für solche Beratungsgespräche geben die Leute hier sehr viel Geld aus.

Wer kennt nicht die Situation der Prüfungsangst. Auch in diesem Fall kann man vorher zu einem Zauberer gehen, um die Prüfung mit Sicherheit zu bestehen.

Oder da ist beispielsweise ein Paar, das eigentlich nur kleine Probleme miteinander hat. Der Mann spricht sich bei einem Freund darüber aus. Dieser Freund nimmt die Sache viel ernster, als sie eigentlich ist. Nun will dieser Freund in guter Absicht dem Paar helfen und geht zu einem Magier. Er ist überzeugt davon, dass sich das Paar trennen möchte und sich daher der Ehemann bei ihm ausgesprochen hat.

Der Magier schickt einen Zauber, damit das Paar noch mehr Probleme bekommt und sich daraufhin trennt. Aus der Sicht des Freundes hat er dem Paar oder zumindest dem Ehemann geholfen. Doch der Ehemann wollte die Trennung gar nicht und ist jetzt sehr niedergeschlagen darüber.

Diesen Zauber gibt es, den habe ich selber erlebt. Als ich in Kenia war und frisch verheiratet mit Nuruddin, wollte man uns auch trennen. Wir bekamen diesen Fluch und hatten große Probleme miteinander. Doch auch diesen Zauber oder Fluch, wie man es nennen will, konnte Nuruddin bei einem Magier auflösen lassen. Natürlich gegen Bezahlung!

Man kann auch sagen, dass es bei dieser Art von Magie scheinbare Hilfe gibt, aber es wird dabei auch immer etwas zerstört. Natürlich kenne und weiß ich nicht alles. Ich bin überzeugt, dass es noch viel mehr Flüche dieser Art gibt, als wir uns vorstellen können.

Uns traf es ganz besonders hart.

Es begann schleichend. Als ich schwanger war, schlief ich auf einmal schlecht und hatte Albträume: Jemand kam zu mir und erzählte mir, dass Marcelin ein schlechter Mann sei. Er benehme sich eifersüchtig und egoistisch. Immer wieder hatte ich diese Albträume, und sie machten mir sehr zu schaffen. Am Morgen danach konnte ich mich immer sehr gut daran erinnern und war sehr traurig.

Eines Morgens bat mich Marcelin aufzustehen, um zu frühstücken. Ich sagte ihm, dass ich noch einige Minuten im Bett bleiben wolle. Er merkte, dass etwas nicht stimmte.

»Was ist los mein Schatz, was hast du?«

»Ich will nicht darüber reden. Ich bin traurig, und wenn ich es dir erzähle, muss ich wieder weinen. Ich schaffe das schon.«

Er nahm mich in den Arm und sagte tröstend: »Schatz, du kannst mir alles sagen. Sprich mit mir! Sag mir, was dich so bedrückt.« Noch einmal wehrte ich ab, denn ich wusste, dass er mit Tränen nicht umgehen kann. Er ließ mir Zeit und blieb an meiner Seite. Er ermutigte mich noch einmal, ihm doch zu sagen, was mich bewegte. So erzählte ich ihm den Traum.

»Jede Nacht habe ich das Gefühl, dass jemand zu mir kommt und schlecht von dir redet. Er will mir einreden, dass du nicht gut bist für mich. Ich weiß, dass es nur ein Traum ist und nicht real. Aber es ist so wirklich, und ich brauche immer Zeit, um es zu verarbeiten.«

Marcelin sagte, ich solle nicht mehr daran denken. Er werde dafür sorgen, dass die Träume aufhören würden. Tage später brachte er ein Kraut mit nach Hause und mischte es mit Salz und Pument.

Dann befahl er mir, dieses in einem geschlossenen Kreis um das Haus zu streuen.

Dabei sollte ich diesem Typen, der mich jede Nacht »besuchte«, den Zutritt zum Haus verbieten. Ich hielt mich an die Anweisungen meines Mannes und die Träume waren tatsächlich weg.

Marcelin erklärte mir, dass es leider Menschen gibt, die neidisch sind auf uns.

»Die werden alles tun, um uns auseinanderzubringen.«

Zu diesem Zeitpunkt ahnten wir noch nicht, dass das erst der Anfang war.

Einige Zeit später, nach der Geburt unseres Sohnes, besprechen wir das Programm für den nächsten Tag. Sky soll die dritte Impfung bekommen. Es ist nicht einfach, ins Dorf zum Spital zu kommen. Wir sollen am Morgen dort sein, aber wir wohnen neun Kilometer vom Dorf entfernt und haben kein Transportmittel.

So beschließen wir, früh aufzustehen und abzuwarten, ob Lastwagen vorbeifahren. In der Nähe unseres Hauses gibt es eine Sandgrube, wo mit Lastwagen Sand für Baustellen geholt wird. Zwei der Lastwagenfahrer kennt Marcelin. Ein Lastwagen gehört sogar dem König, da könnten wir ohne Probleme mitfahren. Also stehen wir am nächsten Morgen früher auf. Ich bade den Kleinen und gebe ihm noch die Milch.

Mitten im Stillen sagt Marcelin, dass er gehen will, ich solle sofort die Schuhe aus dem Schlafzimmer holen und mitkommen. Ich antworte ihm, dass ich zuerst unseren Sohn fertig stillen muss. Er dreht sich um, schaut mich böse an und sagt: »Dann sind wir wieder spät dran!«

»Auf die fünf oder zehn Minuten kommt es jetzt auch nicht mehr an«, gebe ich ihm zur Antwort.

Ich spüre, dass sich irgendetwas verändert hat, Marcelin ist nicht mehr Marcelin. Seine folgende Reaktion und die nächsten zwei Stunden bestätigen mir dies. Das ist für mich die einzige Erklärung für dieses Verhalten. Ich bleibe glücklicherweise sehr ruhig.

Bisher neigte ich eigentlich eher zu Überreaktionen. Marcelin dreht sich zu mir um und er kommt mir vor wie ein Fremder. Er schaut mich derart kalt und berechnend an, was sonst niemals seine Art war. Mit einer eisigen, bestimmten und sehr harten Stimme sagt er: »Jetzt habe ich endgültig genug! Das reicht! Was glaubst du eigentlich, wer ich bin? Du hast nicht das Recht, so mit mir zu reden!«

Es folgen Beschuldigungen, die total aus der Luft gegriffen sind. Ich bin so überrascht, dass ich nichts darauf antworten kann. Plötzlich sagt er zu mir:

»Du rufst jetzt deine Mutter an! Sofort!«

Ich erwidere ganz ruhig: »Nein! Das tue ich nicht! Ich ziehe meine Mutter da nicht mit rein, wenn ich nicht mal weiß, um was es geht. Was willst du eigentlich von mir?«, frage ich ihn zum Schluss. »Die Scheidung! Ich will, dass du sofort in die Schweiz zurückgehst! Du kannst das Haus verkaufen, das Geld nehmen, und dann gehst du zurück in die Schweiz.«

Zu meiner Überraschung bleibe ich noch immer ruhig. Meine Intuition sagt mir, dass das nicht Marcelin gesagt hat, nicht der Marcelin, den ich kenne und der mich liebt. Deshalb spreche ich in einem ruhigen Ton zu ihm: »Nein, ich werde meine Mutter nicht anrufen, ich werde das Haus nicht verkaufen, und ich werde auch nicht in die Schweiz fahren, bis du mir gesagt hast, was los ist.«

Er kann mir keinen wirklichen Grund nennen, es sind viele Kleinigkeiten, wofür man in meinen Augen niemals eine Beziehung aufgibt. Trotz allem Streit ist unser Sohn inzwischen eingeschlafen. Ich lege ihn ins Bett, und wir streiten draußen weiter. Nein, es ist kein Streit, mir kommt es vor wie ein Kampf, nur dass er mit mir nicht kämpfen kann, denn meine Gelassenheit irritiert ihn.

Er ist außer sich und kündigt an, dass er jetzt sofort das Haus verlassen werde. Vor meinem geistigen Auge sehe ich ihn schon am Flughafen, um nach Abidjan zu fliegen. Obwohl er das gar nicht kann, da wir das Geld dafür nicht haben. Selbst jetzt bleibe ich noch ruhig und sage zu ihm: »O.K., wenn du gehen willst, dann geh doch. Ich halte dich nicht auf. Gute Reise und viel Spaß.«

Auch das war wieder eine Antwort, die Marcelin nicht erwartet hatte. Ich bebe und zittere inzwischen innerlich. Niemals könnte ich hier alleine zurechtkommen, und schon gar nicht mit einem kleinen Kind. Ich kann mich nicht einfach bequem in ein Auto setzen, das Kind hinten in den Kindersitz, und schnell für eine Stunde einkaufen gehen. Einkaufen dauert bei uns einen Tag. Allein der Weg ist ja schon neun Kilometer lang! Wie sollte ich das schaffen ohne Auto und mit einem Baby?

Ich lasse mir absolut nichts anmerken, und seltsamerweise spürt er meine stärker werdende Panik nicht.

Er kann sich nicht beruhigen und tobt weiter. Dann sagt er etwas, was im ersten Augenblick sehr weh tut, doch genau das gibt später unserer Beziehung erst richtig Halt und Ehrlichkeit. Über die Terrasse schreit er: »Meinst du eigentlich, ich könnte ohne dich nicht leben? Meinst du, ich brauche dich, um zu leben? Glaubst du, ich bin auf dich angewiesen? Nein, ich kann auch alleine leben, ohne dich, ich brauche dich nicht!«

Jetzt bin auch ich verletzt und antworte ihm: »Meinst du eigentlich, ich bin auf dich angewiesen? Meinst du, ich brauche dich? Auch ich habe vorher ohne dich gelebt, und ich kann auch wieder ohne dich leben!«

Im ersten Moment hört es sich sehr hart an, sich so etwas gegenseitig an den Kopf zu schmeißen, doch genau das ist der Punkt, damit eine Beziehung funktioniert. Ohne die Last, einen Partner ertragen zu müssen. Ohne die Angst, dass man nicht das tun kann, was man will. Ohne die Angst, dass man nicht selber Entscheidungen treffen kann, ohne dem anderen weh zu tun.

Wir wissen nun beide, dass wir ohne den anderen leben können.

Seien wir doch mal ehrlich: Am Anfang einer Beziehung ist man so richtig verliebt. Man beteuert sich gegenseitig die ewige Liebe und dass man ohne den anderen nicht leben könne. Wie viele Beziehungen sind schon zerbrochen, und wir leben noch immer! Warum also den anderen so unter Druck setzen? Das ist zwar eine schöne Liebeserklärung, aber sie ist falsch, denn sie entspricht nicht den Tatsachen.

Irgendwie beruhigt sich Marcelin. Jedenfalls so weit, dass ihm sein Sohn doch wichtiger ist als wegzulaufen. So legt er allen Ärger beiseite, und wir gehen doch noch mit unserem Sohn ins Spital zur Impfung.

In der Öffentlichkeit verhalten wir uns wie immer als ganz normales Paar, doch wir verachten uns gegenseitig und gehen einander aus dem Weg, sodass sich auch nicht zufällig unsere

Arme berühren. Bis wir wieder zu Hause sind, legt sich unser Ärger so weit, dass wir darüber reden können.

Es gibt mehrere solche Situationen. Jedes Mal ist es so, als sei er sich nicht bewusst, was er gesagt hat, wie verletzend er zu mir gewesen ist. Es tut zwar sehr weh, doch ich kann es schnell vergessen. Auch das ist ungewöhnlich für mich. Daran merke ich, dass irgendetwas nicht stimmt.

Inzwischen haben wir die Lösung für all diese Probleme gefunden: Jemand will uns auseinanderbringen. Ein Mann kam zu Marcelin, um sich zu entschuldigen, er selber hätte das nicht gewollt, er sei von jemand anderem benutzt worden. Das bedeutet: Jemand anderes, der eigentliche »Täter«, hat sich seiner Seele bemächtigt und ihn zu uns geschickt, um dieses Unheil anzurichten. Als Marcelin dies erfuhr, blieb er zwar ruhig, aber drohte dem Mann, sollte so etwas je wieder vorkommen, spiele er mit seinem Leben. Wie und ob er bestraft werden soll, ist noch offen.

Unsere Liebe war stärker als die bösen Mächte!

Mon bébé

Qui t'a trompé mon bébé, qui t'a trompé chérie bébé
Tu m'avais dit que tu m'aimais chérie
Tu m'avais dit que tu m'aimais mon bébé
Tu m'avais dit que tu m'aimais mon amour
Chérie qui t'a troublé la tête
Chérie tu m'as troublé ma vie
Chérie tu m'as sucé mes os
Chérie tu m'as troublé ma vie
Chérie tu m'as sucé mes os
Chérie tu m'as vidé mes reins
Chérie tu m'as trouvé ma poche
Chérie tu deviens comme un caméléon
Aujourd'hui pour moi, demain pour lui, chérie
Aujourd'hui pour moi, demain pour lui, bébé

Avant les sélections ils nous proposent du travail,
Après les sélections il va à la maison
D'aller aux champs ou retour des champs, ils nous demandent
D'aller à l'église ou retour de l'église, ils nous demandons
D'aller dormir, nous avons dormi
Presque nous sommes paralysés
Paralysés hô paralysés hô

Text und Musik aus dem Album »Mangaïla« von »Pokouma«

Kapitel 36

Unverhoffte Reisepläne

Im Oktober 2006 feierten meine Eltern Goldene Hochzeit. Nach diesem Fest ruft mich meine Mutter wie jede Woche an. Sie fragt mich, ob wir nicht Lust hätten, in die Schweiz zu kommen. Da ich glaube, dass es eine rhetorische Frage ist, antworte ich spontan mit: »Nein, wir können das Haus und die Tiere nicht alleine lassen.«

Wie immer erzähle ich Marcelin später von diesem Anruf. Er fragt mich, ob die Frage meiner Mutter ernst gemeint gewesen sei. Meine Antwort ist: »Nein, ich glaube kaum. Sie können unmöglich das Geld haben, um uns den Flug zu bezahlen.«

Er sagt mir, ich solle beim nächsten Anruf doch nachfragen, wie das gemeint war. Das tue ich dann auch. Meine Mutter beteuert, dass es sehr wohl ernst gemeint gewesen sei. Meine Geschwister hätten Geld zusammengelegt, um ihnen beiden den Flug hierher nach Kamerun nochmals zu ermöglichen. Nun macht sie mir zwei Vorschläge: »Was möchtest du lieber: Wir, also Vati und ich, kommen nochmals nach Kamerun mit etwas Geld und helfen euch, das Haus fertig zu bauen, oder ihr kommt zu uns in die Schweiz auf Besuch.«

Ich brauche erstmal ein Weilchen, um mir über dieses überraschende Angebot klar zu werden, und eine weitere Minute, um mir dies zu überlegen. Dann antworte ich ihr: »Ich möchte dir ganz ehrlich sagen, was ich denke. Dass du und Papi nach Kamerun kommen wollt, freut mich riesig. Doch damit ist unser Hauptproblem nicht gelöst. Wir möchten uns eine eigene Existenz aufbauen und nicht auf euer Geld angewiesen sein. Wenn ihr nach Kamerun kommt und unser Haus fertig baut, ist das zwar wunderschön, aber unsere finanzielle Situation verändert sich dadurch nicht.

Wenn ihr dann wieder abgereist seid, haben wir trotzdem nach wie vor kein eigenes Einkommen. Darum möchte ich in die Schweiz kommen, um das Buch zu realisieren und damit Geld zu verdienen, um unser weiteres Leben zu finanzieren.

Wir stellen uns vor, Studentenzimmer zu bauen, die wir vermieten könnten, da es in der Nähe eine Universität für angehende Ärzte gibt, nämlich die Université de Montagné. Das gäbe schon ein regelmäßiges, wenn auch nur kleines Einkommen. Auf der anderen Straßenseite planen wir, einen kleinen Laden zu eröffnen. Hier im Dorf gibt es, wie ihr ja wisst, kein Lebensmittelgeschäft. Wenn wir diese zwei Einkommen hätten, könnten wir dann später unser Hotel bauen. Marcelin und ich finden es viel besser, wenn wir auf diese Weise unabhängig sein könnten.«

Obwohl mich meine Mutter sofort versteht und sogar meiner Meinung ist, höre ich Enttäuschung aus ihrer Stimme. Wie gerne wären sie nochmals nach Kamerun gekommen! Wir besprechen noch, dass ich alle Papiere zum Ausreisen besorge, vor allem für den Kleinen.

Bis Marcelin und ich die definitive Planung in Angriff nehmen können, dauert es noch eine ganze Weile. Wir besprechen alle Möglichkeiten. Dass Marcelin mitkommen wird, schließen wir schnell aus. Ihm ist die Schweiz und Europa total fremd und es zieht ihn gar nichts dahin. Außerdem hat er keinen gültigen Pass. Dann müssen ja auch die Tiere versorgt sein, und das Haus ist auch noch nicht so weit fertig, dass wir es ohne Bedenken unbeaufsichtigt lassen könnten. Unter dem Dach fehlen immer noch die Mauern und die Zimmerdecken. So ist es nach wie vor ein Kinderspiel, wieder ins Haus einzusteigen. Wer weiß, was dann alles fehlen würde. Das wollen wir nicht riskieren. Ebenso gibt es immer wieder viel zu tun in unserem inzwischen recht großen Garten.

Marcelin möchte, dass ich am siebzehnten Dezember in die Schweiz reise. Beim nächsten Anruf meiner Mutter informiere ich sie darüber. Sie meint, dass dies nun doch zu kurzfristig sei.

Ich überlege, wenn ich später reise, würde das bedeuten, dass es dann nicht zur gemeinsamen Familienweihnachtsfeier kommen würde, was ich sehr bedauern würde. Ich sage ihr aber, dass dies für mich persönlich nicht so schlimm sei. Marcelin hätte ihnen nur gerne zum Geschenk gemacht, dass ich an Weihnachten bei meiner Familie in der Schweiz sein könnte. Ich schlage nun vor, den Flug für Anfang Februar zu buchen. Meinen Geburtstag möchte ich noch in Kamerun feiern.

Meine Mutter sagt mir, dass sich meine Schwester Margrith um alles kümmern werde.

Doch Marcelin wünscht, dass ich so schnell wie möglich in die Schweiz fliege. Die Rückfrage kommt prompt: ob ich alle Papiere hätte, auch für Sky.

Nun gibt es endlich einen wichtigen Grund mehr, auf die Schweizer Botschaft in Yaoundé zu gehen. Nicht nur wegen meiner Anmeldung, die ich auch noch nicht gemacht habe, weil wir es uns ganz einfach bisher nicht leisten konnten, nach Yaoundé zu reisen. Allein für die Reise müssten wir etwa zwanzig Franken ausgeben, und eine Übernachtung in einem günstigen Hotel würde etwa dreißig Franken kosten, schätze ich. Dazu kämen auch noch vierzig Franken für ein »Laissez-passer« für Sky und die Anmeldung bei der Botschaft für mich.

Meine Mutter schickt uns das Geld, da diese Papiere absolut unerlässlich sind, um in die Schweiz zu reisen.

Meine Schwester bestellt das Flugticket für den nächstmöglichen Termin, nämlich den 4. März. Damit habe ich noch ein bisschen Zeit, die Ausreise zu organisieren und mich vorzubereiten. Es fällt mir schwer, Mutti zu beichten, dass wir leider nochmals Geld benötigen würden, um nach Douala reisen zu können und dort im Hotel zu übernachten, da wir unmöglich am gleichen Tag mit einem fünf Monate alten Baby die sechsstündige Busfahrt machen können und gleich anschließend sieben Stunden fliegen. Die Busfahrt ist tagsüber und der Flug geht abends um 21.15 Uhr. Es ist ein zu großes Risiko, wenn man am gleichen Tag mit dem Bus fährt. Das weiß ich inzwischen aus eigener Erfahrung. Wenn der Bus eine Panne hat oder sonst etwas passiert, erreicht man den Flug nicht mehr.

Meine Mutter hat Verständnis für unsere Situation. Durch ihren Besuch bei uns weiß sie, wovon ich rede.

Kapitel 37

Behördengang nach Yaoundé

Eigentlich hatte ich mich darauf gefreut, endlich auch noch die Hauptstadt Kameruns, Yaoundé, kennenzulernen. Aber nun, wo es so weit ist, wäre ich froh, diese Reise bereits hinter mir zu haben. Es ist doch ein großer Unterschied, ob man einfach so zur Freude eine Reise unternehmen kann, oder ob man gezwungenermaßen reisen muss, vor allem mit einem Baby, was dieses Unternehmen zusätzlich erschwert. Eine Vergnügungsfahrt würde es also nicht werden, das war mir von Anfang an klar.

Ich bewunderte wie bei jeder Fahrt hier in Kamerun die üppig grüne Vegetation, das fruchtbare Land, all die Palmen, Eukalyptus- und Bananenbäume, die an uns vorüberzogen, den blauen Himmel und die wunderschönen Wolkengebilde, die uns begleiteten. Ich habe gehört, dass es hier im dichten Waldgebiet sogar noch frei lebende Gorillas gibt.

Wenigstens dauerte die Busfahrt nur vier Stunden. Nach der Ankunft suchten wir uns zuerst ein Hotel, das zu meiner Überraschung noch um einiges günstiger war, als ich im Voraus berechnet hatte und ganz in der Nähe der Wohnung von Marcelins Cousin Tchétché lag.

Als erstes müssen wir auf die Schweizer Botschaft. Marcelin weiß ungefähr, in welchem Stadtteil sie sich befindet, und so finden wir sie per Taxi relativ schnell, obwohl der Stadtteil Bastos sehr groß ist. Beim eisernen Eingangstor muss Marcelin seine Identitätskarte abgeben. Dann öffnet man uns die Tür. Im Freien führt eine Treppe leicht hinunter, gesäumt von Pflanzen, die das Gitter verstecken sollen. Die Botschaft befindet sich im Parterre und der Empfangsraum ist hell und luftig mit einer großen Fensterfront. Dort empfängt man uns sehr freundlich. Wir erklären der Dame unser Problem: Ich möchte zusammen mit unserem Sohn ausreisen, aber er hat noch keinen Pass. Die Zeit ist zu kurz, um noch über die Botschaft einen Pass machen zu lassen. Um so kurzfristig ausreisen zu können, benötige man einen »Laissez-passer«, den sie mir dann später auch ausstellt.

Sie erklärt mir, dass ich dann dieses Papier bei der Gemeinde in der Schweiz, in der ich mich aufhalten werde, abgeben und gleichzeitig für Sky den Pass dort ausstellen lassen könne.

Ich bin überrascht, wie einfach das alles sein soll.

Aber sie hatte keine Ahnung davon, welche Mühen von diesem Zeitpunkt an auf mich zukommen würden.

Als erstes benötigen wir Passfotos von Sky. Marcelin nimmt also den Kleinen auf den Arm und geht mit ihm in die Stadt, um den nächsten Fotografen zu suchen.

Afrikaner sind sehr stolz auf ihre Kinder, aber das Herumtragen von Babys in einem Tragetuch käme hier für einen Mann niemals infrage, wie man das ab und zu in Europa sieht. Dies ist nun hier wirklich absolute Frauensache. Dabei wäre das doch viel bequemer.

Ich bleibe in der Zwischenzeit in der Botschaft, um unsere Handys aufzuladen. Der Warteraum draußen im Schatten ist sehr angenehm und freundlich.

Das erste Fotostudio hat geschlossen, denn inzwischen ist es bereits Mittag geworden. Das nächste Studio ist zwar offen, doch leider gibt es dort nur schwarz-weiß Fotos. Aber Hauptsache: Wir haben nun welche.

Marcelin kommt eiligst zurück und legt mir Sky in die Arme. »Du musst den Kleinen sofort stillen, er hat Hunger und schon kräftig geschrien.«

Marcelin gibt die Fotos sofort ab, denn die Frau hatte gesagt, dass sie auf die Fotos warten würde und erst Mittagspause macht, wenn sie unsere Papiere fertig hat. Dieses Entgegenkommen haben wir sehr geschätzt.

Wir müssen noch eine Weile draußen warten. Inzwischen

kommen andere Leute, Einheimische, die ihr Visum abholen wollen. Für einige Minuten überlege ich mir, auf welchem Wege diese Leute wohl Kontakt zur Schweiz gefunden haben, was sie sich erhoffen, mit diesem großen Schritt in ein für sie so total fremdes Land, und was sie dort machen werden. Dann konzentriere ich mich wieder aufs Stillen.

Nach einiger Zeit werden wir von der Dame gerufen. Die Papiere sind fertig, ich kann also in die Schweiz reisen.

Nur die Ausreisegenehmigung fehlt noch. Marcelin informiert sich und erfährt, dass wir diese bei der Ausreise am Flughafen bekommen. Um sicher zu gehen, treibt Marcelin einen höheren Angestellten der Flughafenpolizei auf. Er ist ein Verwandter einer seiner Freunde und wird mich dann bei der Ausreise begleiten und alles regeln, damit ich keine Probleme bekomme. So weit, so gut.

Wir fragen noch, ob es umständlich sei, ein Visum für Marcelin zu bekommen. Die nette Dame gibt uns eine Liste, auf welcher steht, was er dazu benötigt. Sie sagt uns, dass sie keine Probleme sehe, zumal ich auch hier lebe und die Rückreise auf diese Art gesichert sei.

So verlassen wir nach mehreren Stunden glücklich und zufrieden die Botschaft, alles ist geregelt.

Nun bleibt uns noch genügend Zeit, wenn wir schon mal hier sind, uns die Stadt ein bisschen anzuschauen. Eine Millionenstadt, wie es sie viele gibt, ohne besondere Sehenswürdigkeiten. Ein Blickfang sind die Ministeriumsgebäude in modernster, futuristischer Architektur mit sehr eigenwilligen Formen. Da steht beispielsweise ein Gebäude, das aussieht wie ein Sechseck, ein anderes ist pyramidenförmig gebaut und ein weiteres wirkt wie eine geknickte Spielkarte. Gleich daneben sieht man auch hier wieder die einfachsten Wellblechhütten, ebenso wie mehrere Hochhäuser.

Obwohl Yaoundé die Hauptstadt Kameruns ist, hat sie nur ca. 1,5 Millionen Einwohner.

Das Klima ist sehr angenehm, die Stadt liegt auf 730 Metern über dem Meeresspiegel, und das Stadtgebiet verteilt sich auf sieben Hügel wie Rom.

Yaoundé ist sichtbar das Zentrum der Politik, hier befinden sich auch fast alle Behörden. Von Weitem sieht man auf einem der Hügel den imposanten Präsidentenpalast und die große Moschee im Viertel Brique. Die etwas erhöht stehende, moderne Kathedrale »Notre Dame«, die in den 50er Jahren des letzten Jahrhunderts erbaut wurde, ist ein Blickfang. Yaoundé besitzt auch ein Goethe-Institut.

Mir gefallen vor allem die vielen Springbrunnen, die es hier gibt.

Nicht nur Sky, auch wir haben Hunger. Marcelin kauft uns etwas zu essen und zu trinken, und wir setzen uns gemütlich auf eine Bank. Dann bringt uns ein Taxi zum Hotel zurück.

Abends besucht uns Marcelins Cousin Tchétché im Hotel, um mit uns etwas zu trinken und zu plaudern. So lerne ich wieder ein weiteres Familienmitglied kennen. Ich ziehe mich aber recht bald mit Sky in unser Zimmer zurück, denn wir beide sind sehr müde geworden.

Am andern Morgen haben wir noch Zeit für einen kleinen Rundgang. Sehr sehenswert sei, wie man mir sagte, der Mfoundi-Markt. Aber Märkte gibt es hier ja eh an fast jeder Ecke und ich weiß, dort wäre ich nicht so schnell wieder losgekommen. All diese verführerischen Düfte, die bunten Farben der angebotenen Kräuter, Gewürze und Früchte, ich kann es mir lebhaft vorstellen. Und wir haben sowieso kein Geld, um uns zum Kaufen verführen zu lassen.

Überall sieht man Frisör-Häuschen und an jeder Straßenecke Call-Boxen zum Telefonieren und Schneider, die auf ihren uralten Nähmaschinen für ihre Kundschaft emsig Kleidungsstück aller Art fabrizieren.

Auf einem Platz unter freiem Himmel gibt es eine Art öffentliche Schreibstube. Hier stehen Kopierer und viele alte Schreibmaschinen herum und man kann sich Briefe, Texte und Dokumente schreiben lassen. Dieser Service wird auch im Zeitalter von Computer und Internet noch rege genutzt.

Da wir von dem Rundgang doch etwas müde geworden sind, Sky schläft meistens in seinem Babytuch auf meinem Rücken möchte ich nun doch zum Busbahnhof zurück. Marcelin organisiert uns ein Taxi. Doch schon nach kurzer Fahrt bittet er plötzlich den Taxifahrer, kurz anzuhalten, und erweist sich damit wieder einmal als sehr kundiger Reiseführer. Vor uns ist so etwas wie ein kleiner, runder Park zu sehen, der jedoch durch einen Zaun ringsherum eingeschlossen ist.

»Schau dir das Denkmal dort vorne an, ist es nicht originell?«

Da steht ein hohes Gebilde, das aussieht wie die abgeschälte Schale einer Orange in Form eines Zuckerstockes.

»Das ist das Denkmal zur Wiedervereinigung Kameruns. Im Jahre 1960 erhielt das französische Kamerun, nachdem das UN-Mandat ausgelaufen war, die Unabhängigkeit und nannte sich fortan Ost-Kamerun. Der Norden des britischen Gebietes hingegen hatte bei einer Volksabstimmung für den Anschluss an Nigeria gestimmt, der südliche Teil entschied sich im Oktober 1961 für einen Anschluss an den Staat Kamerun. Deshalb sind heute, wie du ja längst weißt, zwei Amtssprachen, Französisch und Englisch, in Kamerun anerkannt.«

»Und wen soll denn diese Figur hier beim Eingang darstellen?«

Zu sehen ist ein bärtiger Mann, auf dem mehrere Kinder herumkrabbeln, und in der rechten erhobenen Hand trägt er eine Fackel.

»Das soll an Um Nyobe erinnern, der als Wegbereiter der Unabhängigkeit Kameruns gilt. Er wurde 1958 von den Franzosen ermordet.«

»Wenn wir schon bei der Unabhängigkeit sind, könntest du mir vielleicht auch etwas über eure Nationalflagge sagen? Wie ich feststellte, haben mehrere afrikanische Staaten dieselben Farben, nur anders angeordnet.«

»Ja, das stimmt. Unsere Flagge, nach dem Vorbild der französischen Trikolore, setzt sich, von links nach rechts gesehen, aus den Farben grün, rot und gelb zusammen. Grün steht für Waldreichtum und Hoffnung auf eine glückliche Zukunft, rot für die Unabhängigkeit und gelb für die Savannen. Der Stern in der Mitte auf dem roten Feld symbolisiert die nationale Einheit. Diese pan-afrikanischen Farben stehen für die politische Einheit Afrikas. Viele afrikanische Staaten haben, wie du richtig bemerkt hast, nach Erlangen der Unabhängigkeit diesen Farbendreiklang in ihre Flaggen übernommen. Als Ursprung gelten die Landesfarben von Äthiopien (Abessinien), dem ältesten unabhängigen Staat.«

Trotz dieser unverhofften, aber recht lehrreichen »Geschichtsstunde« sind wir froh, bald den Busbahnhof zu erreichen und endlich wieder im Bus für die Heimreise zu sitzen.

Dreispurig zieht sich die Hauptstraße durch die Stadt. Es ist laut und der Abgasgestank fast nicht zu ertragen. Die vielen Motofahrer sind da nicht zu beneiden. Auf dem Weg aus der Innenstadt ziehen sich kilometerlange Slums links und rechts der Straße. Man sieht dort Menschen, die hoffen, in der Stadt irgendeine Arbeit zu finden, leider enttäuscht werden und immer wieder bettelnd am Straßenrand stehen. Auch wenn der Bus unterwegs anhält, sind sofort Händler zur Stelle, die irgendetwas anbieten, seien es Früchte, Nüsse oder Getränke. Gleich fallen mir wieder die hoffnungsvollen Menschen in der Schweizer Botschaft ein.

An den Straßenrändern sieht man auch immer wieder Autowracks liegen, die wohl schon seit Jahren dort ihren Platz gefunden haben und von allem, was noch irgendwie verwertbar ist, befreit wurden.

Leider kommen wir nicht sehr weit, weil uns ein kaputter Reifen zum Anhalten zwingt. Sofort springen mehrere Fahrgäste aus dem Bus, um tatkräftig beim Radwechsel mitzuhelfen. Einige versuchen, mit lauten Zurufen das Ihrige zum guten Gelingen dieser Aktion beizutragen. Eine sehr füllige Sitznachbarin bietet uns etwas zu trinken an, ein junger Mann verteilt seine Früchte unter den Fahrgästen. Ein niedliches kleines Mädchen möchte mit Sky spielen, und ich versuche ihr zu erklären, dass er dazu noch zu klein ist und schlafen möchte.

Wie ich aus dem Augenwinkel bemerke, sieht leider der Ersatzreifen auch nicht gerade danach aus, als würde er noch Hunderte von Kilometern überstehen!

Ich steige aus, um mir etwas die Füße zu vertreten. Da kein Wagenheber zur Stelle ist, sitzen wir leider doch fast zwei Stunden am Straßenrand im Dunkeln, bis es endlich weitergeht.

Ich döse leicht vor mich hin, bis zu dem Moment, wo ich höre, dass der Motor etwas eigenartige Töne von sich gibt.

»Nein, nicht das auch noch, so kommen wir ja nie an«, jammere ich Marcelin die Ohren voll.

»Beruhige dich, Chérie, der hält schon noch durch, bis wir in Bangangté sind«, versucht Marcelin mich zu trösten. Zum Glück hat er recht, wir erreichen ohne weitere Zwischenfälle unser Ziel.

Kapitel 38

Sorgloser Ausklang – belastender Anfang

Die Trockenzeit hat angefangen, alles wird gelb und das Jahr neigt sich dem Ende zu. Weihnachten haben wir dieses Mal zu Hause verbracht. Nun diskutieren wir darüber, wie wir Silvester verbringen wollen. Vor einem Jahr war ich ja sehr gespannt darauf zu erfahren, wie das hier gefeiert wird. Doch dieses Jahr ist die Situation total anders.

»Mit unserem drei Monate alten Baby habe ich absolut keine Lust, in die Stadt zu gehen, wo Lärm und großer Rummel herrscht und ich mich dann nicht wohlfühlen würde. Ich möchte den Jahreswechsel in Ruhe zu Hause feiern, ohne großes Drum und Dran, und wo der Kleine ungestört schlafen kann.«

Marcelin willigt schnell ein, dass wir zu Hause bleiben.

Da wir noch ein wenig Geld haben, können wir uns für den letzten Tag des Jahres etwas Feines zu essen kaufen. Wir kochen Fleisch und Fisch und bereiten es mit Reis zu. Dazu gibt es Kartoffelsalat. Am späteren Nachmittag tragen wir einen Lautsprecher auf die Terrasse. Marcelin hat auch genügend Benzin gekauft, damit wir den Generator anwerfen können.

Es gibt sogar eine kleine Party, denn am Nachmittag kommen Kinder und Jugendliche vorbei, um uns ein gutes Neues Jahr zu wünschen. Sie haben die Musik von Weitem gehört und wollen tanzen. Wir können ihnen neben Fleisch und Reis sogar ein Süßgetränk anbieten, es ist reichlich da für alle. Wir genießen die kleine Party und die zufriedenen Gäste. Sky schaut dem Ganzen noch etwas kritisch zu, aber die fröhlichen Gesichter der jungen Leute stecken auch ihn zu einem leichten, ersten Lächeln an.

Abends stille ich den Kleinen und er schläft ruhig und friedlich ein.

Es erscheinen keine weiteren Gäste mehr, worüber wir eigentlich recht froh sind. So tanzen und unterhalten wir zwei uns alleine bis Mitternacht und lassen das ereignisreiche vergangene Jahr nochmals Revue passieren. Mit der letzten Flasche Sekt, die ich aus der Schweiz mitgebracht habe, stoßen wir zusammen auf das neue Jahr an.

Da wir inzwischen beide gewohnt sind, nicht so lange aufzubleiben, gehen wir bereits um halb eins zu Bett, glücklich und zufrieden und gespannt darauf, was uns das noch junge Jahr bringen wird.

Übrigens wird hier auch Ostern gefeiert. Aber natürlich nicht mit Nestchen suchen und Schoggihasen, sondern es wird gesungen und getanzt wie an Weihnachten und Silvester. Der morgendliche Kirchenbesuch gehört allerdings dazu, ebenso das gemütliche Beisammensein am Nachmittag.

Kurz vor der Abreise kommt ein überraschender Anruf von meinem Bruder. Zuerst freue ich mich riesig darüber, dass er an meinem Leben Anteil nehmen will. Über eine Stunde reden wir über dies und das. Dann kommt er langsam auf den Punkt: Er finde es eine bodenlose Frechheit von mir, dass ich mir die Freiheit herausnehme, mit unserem Sohn noch in einem Hotel übernachten zu wollen, bevor wir in die Schweiz fliegen.

Um das Geld meiner Eltern zu sparen, will er mir ein schlechtes Gewissen einreden. Ich bin ja selber auch nicht gerade stolz darauf und glücklich darüber, dass ich auf das Geld meiner Eltern angewiesen bin.

Dcoh ich finde es eine Zumutung für ein so kleines Kind, die lange Reise ohne Unterbrechung zu machen, denn zu der langen Reisezeit kommt auch noch die Wartezeit am Flughafen dazu. Er verlangt von mir, dass ich am Flughafen übernachte.

Meine Einwände, dass das zu gefährlich sei, schlägt er in den Wind. Er meint, jeden Tag übernachten tausende von Menschen auf Flughäfen, wenn das Flugzeug Verspätung hat oder der Flug abgesagt wird. Dass dabei hunderte von Menschen die ganze Nacht zusammen in einem geschlossenen Terminal verbringen, interessiert ihn nicht. Ich will ihm auch erklären, dass es ein Unterschied ist, ob mehrere Menschen in einem Terminal sitzen, wo immer jemand wach ist und eventuell sieht, wenn Gepäck gestohlen würde, oder ob man als Weiße alleine im öffentlichen Teil eines afrikanischen Flughafens sitzt.

Sollte ich einschlafen, kann ich froh sein, wenn ich noch in Unterwäsche aufwache. Trotz meiner Einwände ändert er seine Meinung nicht.

Mein Bruder Ruedi war bisher noch nie in Afrika und hält darum alle meine Bedenken für überzogen. Ich bin enttäuscht. Aber mit logischen Erklärungen komme ich nicht mehr weiter. Es tut mir weh. Dann kommt auch noch der Vorwurf, dass ich das Angebot meiner Eltern, in die Schweiz zu reisen, angenommen habe.

Ich versuche ihm zu erklären, aus welchen Beweggründen ich in die Schweiz reisen möchte.

Auch da findet er, dass ich das gefälligst ohne fremde Hilfe tun soll und vor allem ohne Geld von meinen Eltern. Meine Nerven liegen blank. Mit keiner Erklärung kann ich ihm meine Überlegungen klarmachen, ein Wort gibt das andere. Unter Tränen und Schluchzen sage ich ihm, er soll bei meiner Schwester anrufen und die Reise stornieren. Unter diesen Umständen käme ich nicht in die Schweiz.

Der einzige Punkt, den er später einsieht, ist der, dass unsere Eltern dann ihren Enkel nicht sehen würden, wenn ich nicht in die Schweiz käme. Schlussendlich findet er, ich solle doch kommen, schon der Eltern wegen. Ich lasse mich beruhigen und bin froh, dass sich die Sache doch noch eingerenkt hat.

Es geht schließlich um unsere Zukunft, ums Überleben. Hier in Afrika ist es so gut wie unmöglich, auf legale Art so viel Geld zu verdienen, dass man sich eine Existenz aufbauen kann. Marcelin verdient als Musiker auch so gut wie nichts, da alle CDs und Kassetten sofort als Raubkopien auf den Schwarzmarkt kommen. Bei Live-Konzerten kann er froh sein, wenn er die Unkosten reinbekommt und nicht noch draufzahlt. Für Marcelin und vor allem für mich eine Arbeit zu finden, ist so gut wie unmöglich.

Also ist es nur über die Schweiz möglich, so viel Geld zu verdienen, damit wir das Startkapital haben für unseren Laden, das Hotel und die Wohnungen, die wir bauen wollen, um sie an Studenten zu vermieten.

Mit Marcelin spreche ich noch lange über das Unverständnis meines Bruders, das mich sehr getroffen hat. Er beruhigt mich und findet auch Verständnis für die Sichtweise meines Bruders.

Tja, wenn ich zu diesem Zeitpunkt gewusst hätte, was alles auf mich zukommt in der Schweiz, hätte ich diese Reise vermutlich wirklich storniert.

Ich informiere also meine Mutter, dass wir alle nötigen Papiere haben, damit sich meine Schwester Margrith um das Flugticket kümmern kann.

Schon im Januar hat mir der Reporter vom Schweizer Fernsehen eine SMS geschrieben und mich gefragt, ob es Neuigkeiten gäbe, positive oder negative.

Da ich annehme, dass man vor allem negative erwartet, schreibe ich dem Reporter eine SMS mit folgendem Text:

»Ankunft 4. März, Flughafen Zürich. Alleine, nur mit Sohn!«

Sofortige Rückfrage per SMS, ob ich wirklich in die Schweiz käme. Ich bestätige dies. Dann ruft er auch noch meine Mutter an und erkundigt sich, ob ich wirklich alleine in die Schweiz käme, was sie ihm bestätigt. Eigentlich möchte er gerne wissen, ob ich mich von Marcelin getrennt habe, wagt jedoch nicht, direkt zu fragen, und Mutter hört auch nichts dergleichen aus seinen Fragen heraus.

Nun möchte Herr Bäni gerne nach Kamerun kommen, um den großen Abschied, wie er erwartet, zu filmen. Doch er selber ist gerade mit einer anderen Geschichte beschäftigt. Auch der Chef von der Sendung »Reporter«, Christoph Müller, kümmert sich gerade um eine andere spannende Reportage, doch kann er diese vielleicht kurzfristig verschieben, sodass er frei wäre. Er ruft mich an, um sich persönlich zu versichern, ob ich wirklich reise.

Auch er fragt mich nicht, ob ich mich von Marcelin getrennt habe. Beide sind davon überzeugt, dass ich gezwungen sei, in die Schweiz zurückzukehren, und mein Traum damit ausgeträumt sei.

Da es für Hanspeter Bäni terminlich nicht möglich ist zu kommen, entschließt sich sein Chef, Christoph Müller, zur Reise nach Kamerun.

So weit, so gut.

Am Mittwoch sollte mir meine Schwester Margrith Geld überweisen. Weil ich sie leider informiert habe, dass Herr Müller nicht kommen wird, was jetzt ja nicht mehr zutrifft, beschließt sie ohne Rückfrage, das Geld doch nicht zu schicken. Dadurch geraten wir in große Schwierigkeiten.

Für den Freitagmorgen haben wir geplant, nach Bangangté zu fahren, um das Geld bei »Western Union« abzuholen, Einkäufe zu machen, diese zu Hause zu deponieren und dann nach Douala zu fahren, um Herrn Müller abzuholen. Bis zum Freitag ist uns das Geld komplett ausgegangen. Es reicht gerade noch aus, um die Fahrt nach Bangangté zu bezahlen. Unser Weg führt uns also direkt zur Bank. Wir füllen den Beleg aus, um das Geld abzuheben, und geben diesen am Schalter ab. Dann heißt es, wir müssten warten, im Moment gäbe es keine Onlineverbindung.

Wir warten und warten. Vier lange Stunden!

In dieser Zeit sitzen wir fest, können mangels Geld weder Einkäufe machen noch nach Hause fahren. In ein paar Stunden landet Herr Müller in Douala, und Marcelin hat ihm versprochen, dass wir ihn vom Flughafen abholen.

Wenn Marcelin zusagt, sich um jemanden zu kümmern, dann tut er das auch.

Inzwischen ist es Mittag geworden. Eigentlich haben wir Hunger. Nur Sky kann seine Mahlzeit noch bei mir direkt gratis beziehen! Ich bleibe in der »Western Union«-Filiale, falls die Verbindung kommt und wir das Geld ausbezahlt bekommen, was dann leider nicht der Fall ist.

Gegen 14 Uhr ruft mich Marcelin hinaus. Draußen wartet ein Taxi. Er befiehlt mir einzusteigen und ich schaue ihn verdutzt an. »Fahren wir nach Hause?«, frage ich ihn.

Er schaut mich verständnislos an. »Nach Hause? In sechs Stunden landet das Flugzeug von Herrn Müller, und wir sind immer noch hier! Ich habe gesagt, wir werden uns um ihn kümmern! Wir fahren nach Douala!«

Jetzt schaue ich ihn verständnislos an und verstehe die Welt nicht mehr.

»Wie sollen wir das Taxi nach Douala bezahlen?«, frage ich ihn.

»Ich habe das Geld ausgeliehen«, ist seine kurze Antwort.

Ich gebe noch zu bedenken, dass ich nur drei Windeln dabei habe und nicht für eine Reise mit dem Kleinen vorbereitet bin. Schließlich wollten wir noch nach Hause, bevor wir nach Douala fahren. Wie immer ist seine Antwort: »Das wird schon gehen, Chérie, mach dir keine Sorgen.«

Wie immer vertraue ich ihm und mache mir auch keine weiteren Gedanken darüber. Wir kaufen noch rasch ein paar Bananen für den Kleinen und dann geht es los. Ich genieße die Fahrt, denn mit so viel Platz bin ich noch nie bis nach Douala gefahren. Ich sitze alleine hinten im Auto, wie komfortabel! Die Fahrt verläuft zügig und problemlos, und wir schaffen es, rechtzeitig am Flughafen anzukommen und müssen sogar noch über eine Stunde warten.

Dann bekomme ich von Herrn Müller eine SMS, dass die Maschine gerade in Malabo zwischengelandet sei. Das bedeutet, dass bald mit der Ankunft in Douala gerechnet werden kann. Ich bestätige ihm, das wir am Flughafen sind und ihn abholen werden und er sich um nichts kümmern muss. Ich habe Durst und möchte etwas trinken, doch dazu reicht das ausgeliehene Geld nicht. Marcelin kauft ein paar Orangen, damit ich den Durst ein wenig löschen kann.

Selbst nach der Landung des Flugzeuges dauert es mindestens noch einmal eine Stunde, bis Herr Müller mit seinem Gepäck durch den Zoll ist. Wir fahren mit ihm direkt zum Hotel »Foyer du Marin«.

Nach dem Bezug der Zimmer sitzen wir noch im gemütlichen Gartenrestaurant, trinken und essen etwas. Es ist eine wunderschöne laue, afrikanische Nacht. Die Sterne glitzern wie Diamanten am Himmel.

Am nächsten Morgen fahren wir nach Bangangté. Als wir zu Hause ankommen, ist es schon später Nachmittag. Wir waren noch auf dem Markt, um das Allernötigste einzukaufen. Wir essen noch eine Kleinigkeit und gehen früh schlafen, da wir alle müde sind von der langen Fahrt.

Am nächsten Morgen treffe ich Herrn Müller beim SMS schreiben draußen an. Erst jetzt klärt er mich darüber auf, dass er nach Kamerun gekommen sei, im Glauben, dass Marcelin und ich uns trennen würden, doch inzwischen habe er selber gemerkt, dass davon keine Rede sein könne. Insgeheim muss ich lachen. Wenn sie mich gefragt hätten, hätten sie den Grund erfahren, weshalb ich alleine in die Schweiz reisen werde.

So gibt es keine spektakulären Trennungsbilder zu filmen!

Wir gehen auch mit Herrn Müller in die Chefferie Bametcha, und ich zeige ihm das Spital in Bangwa, wo ich entbunden habe. Ich denke, er wird sich so seine Gedanken über diesen Ort gemacht haben. Obwohl es eines der besseren Spitäler hier in der Umgebung ist, ist es trotzdem sehr, sehr bescheiden eingerichtet.

Kapitel 39

Au revoir, mon Afrique

Der Abschied kommt. Wie immer wählen wir den sicheren Weg und beschließen, schon am Montag nach Douala zu fahren, um am Dienstag das Flugzeug zu nehmen. Marcelin organisiert ein Taxi, das uns nach Douala fährt. Am späteren Vormittag fahren wir los. Das Taxi entpuppt sich nicht gerade als das neueste Modell. Herr Müller fragt mich unterwegs, ob ich glaube, dass wir mit diesem Auto überhaupt in Douala ankommen werden. Wie immer bin ich sehr optimistisch und sage: »Na klar, kein Problem, das wird schon gehen.«

Er lässt sich jedoch von meinem Optimismus nicht anstecken, seine Zweifel bleiben. Unterwegs, bei einem schönen kleinen Restaurant, halten wir an, um etwas zu essen. Dann geht die Fahrt weiter und gegen 17 Uhr sind wir schon in der Nähe von Douala. Herr Müller bemerkt die Kakerlaken, die sich zu seinen Füßen tummeln. Er meint, dass dies nicht gerade das Gelbe vom Ei sei und der Fahrer ruhig öfters das Auto reinigen könnte. Recht hat er.

Ich bemerke vielleicht zwei, drei Kakerlaken vorne im Auto. Kurze Zeit später juckt es mich am Bein und ich kratze mich. Als es mich dann ein zweites Mal juckt, schaue ich nach unten. Um meine Füße sind sicher ZWANZIG Kakerlaken versammelt und mindestens ZEHN laufen über meine Schuhe und Beine! Jetzt ekelt es mich auch. Zwei oder drei dieser lästigen Viecher wären noch zu tolerieren gewesen, doch das Auto wimmelt davon!

Da sagt Herr Müller zu mir: »Sie können dann in ihr Buch schreiben: Die tausendundeine Kakerlake und wir sind gut in Douala angekommen!«

Ich muss laut und herzhaft darüber lachen. Marcelin fragt

nach dem Grund und ich versuche, so gut wie möglich sinngemäß zu übersetzen. Auch er amüsiert sich sehr darüber.

Als ich es Marcelin auf Französisch übersetzte, habe ich nicht daran gedacht, dass es dadurch auch der Fahrer verstehen würde, da dieser so gut wie nie ein Wort geredet hatte. Nun bemerke ich, dass er Herrn Müller einen bösen Blick zuwirft.

Wir kommen wirklich gut in Douala und im Hotel »Foyer du Marin« an. Den Abend verbringen wir gemütlich bei Gesprächen mit dem Chef des Hotels. Schon bei der Ankunft von Herrn Müller haben wir mit ihm gesprochen. Der Hotelchef hatte meinen ersten Film noch in Deutschland gesehen und gesteht uns jetzt, dass er seinerzeit, bei unserem ersten Besuch in seinem Hotel, nicht daran geglaubt hätte, dass unsere Beziehung auch nur ein Jahr überdauern würde. Umso mehr sei er nun überrascht, uns mit einem Kind zu sehen.

»Wie wäre es, wenn ich euren Sohn am Strand von Kribi taufen würde? Eine sehr schlichte, aber schöne Taufe«, fragt er uns. Als Diakon darf er diese heilige Handlung durchführen. Wir antworten ihm, dass wir uns sein Angebot überlegen werden.

Übers Wochenende habe ich mit Marcelin gesprochen.

»Warum nur eine Taufe? Wir könnten uns gleichzeitig auch trauen lassen«, schlage ich Marcelin vor. Wir glauben beide an Gott, doch wir möchten nicht in einer Kirche heiraten. Wie ich Marcelin schon am Anfang unserer Bekanntschaft am Telefon erklärt habe, wenn ich noch einmal heirate, möchte ich diesmal vor Gott heiraten, denn das dritte Mal soll das letzte Mal sein.

»Das wäre eine wunderschöne Idee, dort am Strand zu heiraten«, findet auch Marcelin.

Als wir also wieder im Hotel sind, stelle ich dem Diakon unsere Idee vor. Er ist sehr überrascht und erfreut darüber. Doch genaue Pläne machen wir noch nicht.

Am Dienstagmorgen treffen wir den Cousin des Freundes von Marcelin wegen den Ausreiseformalitäten. Wir gehen zusammen mit ihm zum Flughafen und erledigen alle Formalitäten. Dieser Bekannte wird am Abend nochmals zum Flughafen kommen, um den Rest der Formalitäten zu erledigen, damit ich problemlos ausreisen kann.

Die Zeit vergeht wie im Flug und bis Mittag müssen wir auschecken. In der Wohnung des Hotelleiters darf ich den Kleinen nochmals baden und selber eine Dusche nehmen, bevor wir am späten Nachmittag zum Flughafen fahren. Ich versuche, die Trennung von Marcelin zu verdrängen, ich will gar nicht daran denken. Doch der Moment kommt und wir müssen uns verabschieden. Noch einmal schmiege ich mich ganz fest an meinen Liebsten und rede mir gut zu, um nicht in Tränen auszubrechen. Wir schauen uns nochmals ganz tief in die Augen. Das größte Pfand seiner Liebe, unseren gemeinsamen Sohn Sky, habe ich ja bei mir, und der schläft friedlich in seinem Babytuch und ahnt von all dem nichts. Marcelin gibt noch seinen Segen für seinen Sohn, dann gehen wir Richtung Ausgang.

Der Mann, der mich wegen der Ausreiseformalitäten begleitet, ist gekommen. Herr Müller geht schon vor, denn er wird keine Schwierigkeiten haben. Es läuft alles problemlos, nur dauert es wieder sehr lange.

Familien dürfen zuerst einchecken. Herr Müller begleitet mich ins Flugzeug, obwohl er Business-Class hat und noch nicht aufgerufen wurde. Pünktlich fliegen wir ab.

Im Flugzeug bittet mich Herr Müller, die ersten Kapitel des Manuskripts lesen zu dürfen. Nach einiger Zeit kommt er zu mir und bringt mir das Manuskript zurück. Er findet es gut, hat aber trotzdem einige Verbesserungsvorschläge, die ich gerne annehme. Dann bin ich alleine mit meinen Gedanken. Was wird mich wohl in der Schweiz erwarten? Ich mache mir keine konkreten Vorstellungen, ich lasse es auf mich zukommen.

So kann ich nun nach über einem Jahr wieder in die Schweiz reisen. Ich freue mich darauf, meine Eltern und Geschwister wiederzusehen. Es ist auch schön, alle meine Freunde und Kollegen zu besuchen oder zu treffen. Aber eines ist sicher: Am allermeisten freue ich mich schon jetzt darauf, wieder nach Afrika zurückzukehren, dahin, wo mein Herz sein endgültiges Zuhause gefunden hat.

Ich freue mich darauf, wieder sagen zu können:
Bonjour, mon Afrique!

Kapitel 40

In eigener Sache

Im Kapitel Magisches und Mystisches habe ich das Heilen und Helfen mit Pflanzen extra ausgelassen, denn das Naturheilen ist nicht im eigentlichen Sinne etwas Magisches, obwohl die Grenze zwischen Naturheilkunde und Magie für das afrikanische Verständnis durchaus fließend ist. Ich will aber diesem Thema hier einen größeren Platz einräumen, weil Marcelin auch Naturheiler ist. Voraussetzung, um als Naturheiler tätig zu sein, ist neben Begabung vor allem der tiefe Wunsch, Mitmenschen zu helfen und dies mit natürlichen Mitteln. Es heißt aber auch, den Menschen als Ganzes zu erfassen, als Einheit von Körper, Geist und Seele.

Naturheiler sind sich bewusst, dass vollkommene Heilung nur in unserem Innern entstehen kann und letztlich immer durch eine höhere Macht zustande kommt. Das bedeutet auch, dass Gesundheitsvorsorge nicht nur gesunde Ernährung und genügend Bewegung umfasst, sondern ebenso richtiges Denken, Fühlen und Handeln. Der Naturheiler versucht, die Selbstheilkräfte naturgemäß anzuregen und zu unterstützen.

Das Ziel ist es nicht, Krankheitssymptome zu unterdrücken, sondern die dahinterliegende Ursache zu erkennen und gemeinsam mit dem Hilfesuchenden zu bearbeiten. Er stellt aber keine Diagnose im medizinischen Sinne. Er verschreibt auch keine rezeptpflichtigen Medikamente. Der Naturheiler kennt viele Kräuter, Nutzpflanzen, Hölzer und Baumrinden, mit denen er helfen kann. Pflanzen und Kräuter werden NIE mit Holz oder Baumrinde gemischt oder gleichzeitig verabreicht.

Seit ich hier in Kamerun lebe, hat Marcelin mir bereits viel von seiner Fähigkeit als Naturheiler bewiesen. Mein allergrößtes Glück, ich wurde nach zwei Monaten schwanger. Der zweite Beweis ist mein Gewicht. Jetzt, wo ich dies niederschreibe, bin ich knapp ein Jahr hier, es sind noch nicht mal ganze zwei Monate seit der Geburt meines Sohnes vergangen, und ich passe in ein Paar Jeans Größe 42. Im Januar 2005 hatte ich noch Größe 50!! Man stelle sich das vor. Das ist ein enormes Glücksgefühl für mich und kann wohl nur von dem nachempfunden werden, der so etwas selber erlebt hat.

Dass ich so viel abgenommen habe, liegt ganz bestimmt nicht daran, dass ich hier weniger esse, ganz im Gegenteil. Wir verbrauchen pro WOCHE einen Liter Öl. Alle Saucen werden mit Öl zubereitet. Ich esse gerne fettiges Fleisch (Speck), was ich hier genüsslich und ohne Reue tue.

Marcelin erklärte mir, dass es an bestimmten Gewürzen liegt, die wir benutzen. Würde er diese weglassen, wäre ich innerhalb von Wochen über die Kleidergröße 50 hinaus.

Die Wirkungsweise der Gewürze hat mir Marcelin so beschrieben: »Das Gewürz, das ich benutzte, ohne dir etwas zu sagen, verbrennt das Körperfett.« Das kann ich nur bestätigen. Seinerzeit waren die Jeans um die Oberschenkel viel zu eng, heute könnte ich sie um mindestens vier Zentimeter einnähen. Wie aber nimmt man an den Oberschenkeln ab, wenn man einen Liter Öl pro Woche konsumiert? Der Unterschied ist auf den Fotos deutlich zu sehen und wer es selber probieren möchte, kann gerne bei uns nachfragen.

Man kann es in jede Suppe und Sauce streuen und auch beliebig oft anwenden. Jeden Tag, alle zwei Tage oder auch nur einmal die Woche, ganz wie man will. Ein Versuch lohnt sich, denn es hat keinerlei Nebenwirkungen.

Einziger Tipp: Viel Wasser dazu trinken, wenn möglich ohne Kohlensäure. Es kann sein, dass man häufiger zur Toilette gehen muss, aber Durchfall gibt es auch nicht davon.

Wir haben das Gewürz nicht häufiger angewendet als einmal die Woche, manchmal auch nur einmal pro Monat. Auch mein Vater hat es so erlebt. Innerhalb von drei Wochen hat er bei uns sechs Kilo abgenommen – wie ich ihm prophezeit hatte.

Versuchen Sie also selber herauszufinden, wann und wie oft es für Sie am besten passt.

Wer einen lang ersehnten Kinderwunsch hegt, ist hier an der richtigen Adresse, und auch für viele andere kleinere und größere Probleme gibt es Lösungen. Marcelin kennt noch nicht alles, was es auf diesem Gebiet gibt, aber seine Mutter und sein Schwager Jacques, die auch viele Heilpflanzen kennen, stehen ihm mit Rat zur Seite, wenn er nicht weiter weiß.

Es würde den Rahmen des Buches sprengen, alles aufzuzählen, was heilbar und möglich ist, doch auf ein paar Dinge möchte ich noch kurz eingehen. Es gibt hier Kräuter, die den Heilungsprozess von Knochenbrüchen fördern. Und zwar sind das Kräuter, die bei schweren Verletzungen wie Antibiotika wirken. Das habe ich selber gesehen, als sich einer beim Entladen eines Lastwagens die Ferse aufgerissen hatte, weil ihm ein schweres Brett daraufgefallen war. Marcelin hat ihm ein Kraut gegeben, dass er auf die Wunde legen soll. Es hörte sehr schnell auf zu bluten und heilte danach zu meiner Überraschung tatsächlich schneller. Einziger Nachteil: Es brennt wie Merfen oder Jod.

Ein interessantes Thema für Männer: Die Pflanzenwelt bietet auch ein natürliches Viagra ohne Risiko fürs Herz!

Dann existieren auch Pflanzen für die Blutreinigung. Meine Mutter hat Probleme mit dem Blut (mal zu dick, mal zu dünn, sie muss Blutverdünner nehmen). Marcelin hat ihr hier etwas gegeben. Leider hat sie die Wirkung erst zu Hause gespürt. In ihrem Fall handelte es sich um eine große Frucht, die ihr geholfen hat. Sie möchte sie weiterhin einnehmen, doch wir können sie nicht schicken, da ein Paket mindestens vier Wochen unterwegs ist, bis dahin wäre die Frucht längst verfault.

Es wächst auch ein Kraut gegen Albträume oder wenn ein anderer Geist Besitz von einem ergreifen will. Wer sich in der Welt der Geister ein bisschen auskennt, der weiß, dass es Pflanzen gibt, die das Haus von bösen Geistern reinigen, wie ich es im Kapitel Magisches und Mystisches bereits beschrieben habe.

Weiter gibt es noch sehr interessante Kräuter, an die wir Europäer wirklich nicht denken: Eine Schutzpflanze für die Reise, damit man keinen Unfall hat. Sollte doch ein Unfall passieren, bleibt man unverletzt. Oder sogar ein Kraut zum Befehlen, das heißt: Wenn man dieses nimmt, werden die Leute das tun, was man ihnen befiehlt, und sie werden akzeptieren, was man ihnen sagt.

Ein anderes *heißes* Kraut hilft, um recht zu bekommen. Das wird hier beispielsweise gerne vor Gerichtsterminen genommen. Damit glauben alle Anwesenden, einschließlich des Richters, dass die Person recht hat und die Wahrheit sagt.

Nochmals zurück zum Thema Geburt und Kinderkriegen: Es gibt eine Pflanze, die das Kind dreht, wenn es am Ende der Schwangerschaft noch nicht in der richtigen Lage ist, und auch Kräuter, die die Geburt verlangsamen oder beschleunigen und sogar die Geburtsschmerzen lindern. Zum Verlangsamen des Geburtsvorgangs gibt es auch den Stein, wie ich ihn in den Mund nahm.

In der traditionellen Medizin kennt man auch viele Hölzer gegen Menstruationsbeschwerden und Kopfweh.

Für Menschen mit Hautkrankheiten wie Neurodermitis bin ich überzeugt, dass wir zumindest eine Verbesserung, wenn nicht sogar Heilung erreichen können.

Unseren Traum, hier ein Hotel zu bauen, habe ich bereits angesprochen. Wir stellen uns ein Touristenhotel der besonderen Art vor, weitab von allem Massentourismus, in dem man so richtig die Seele baumeln lassen kann. Eine Art Begegnungszentrum für alle, die mich oder uns näher kennenlernen und vielleicht etwas von meiner positiven Lebenseinstellung mitnehmen möchten.

Ich muss aber betonen, dass ich KEINE Therapeutin oder Psychologin bin und trotzdem in der Schweiz schon vielen Leuten mit meinen Ratschlägen helfen konnte.

Eines möchte ich unbedingt noch klarstellen: Sollte sich jemand für die Schwarze Magie interessieren, so würden wir KEIN Treffen vermitteln. Ich kenne niemanden hier, der Schwarze Magie ausübt, und wenn Marcelin jemanden kennen sollte, würde er dies auch nicht preisgeben, denn Schwarze

Magie ist viel gefährlicher, als man sich vorstellen kann, deshalb am besten: Hände weg davon.

Wir könnten auch gerne Unterkünfte für verschiedene Interessensgruppen anbieten und Menschen neben Erholung und gesundem Essen wieder eine andere, gelassenere und vielleicht auch offenere Perspektive des Lebens vermitteln.

Wie bieten Ihnen an, sich von uns verwöhnen und Geist, Körper und Seele baumeln zu lassen. Vor allem würden wir uns über Besuch von Landsleuten freuen.

Sie sind herzlich willkommen, unser Gast zu sein!

Wir sind zu erreichen unter der Internetadresse www.reinepaholo.ch, wo auch zu erfahren ist, wie man das Gewürz bestellen kann. Sie können Ihre Anfragen auch richten an: reinepaholo@gmail.com

Oder per Post (vier Wochen unterwegs!)

Reine Paholo
(Katharina Hänni)
B.P. 9902
Bangangté
Kamerun

Nachwort

Als mich der Verlagsleiter Lukas Heim im Frühsommer fragte, was für einen Bezug ich zu Afrika, beziehungsweise zu Kamerun hätte, war meine Antwort: Ich habe den berühmten Reiseschriftsteller René Gardi persönlich gekannt, seine Fotoausstellungen gesehen, Bücher gelesen und als Jugendliche mit staunenden Augen seine Reportagen aus diesem für uns so fernen Land am Fernsehen verfolgt.

Auf die nächste Frage, ob ich Interesse hätte, das noch unvollständige Manuskript von Katharina Hänni zu bearbeiten, zu ergänzen und zu korrigieren, bat ich um etwas Bedenkzeit. Doch schon nach wenigen Seiten war für mich klar, diese Geschichte ist etwas Besonderes und sie ließ mich nicht mehr los.

Die Geschichte dieser mutigen Frau, die es gewagt hatte, nicht nur zu einem Mann, den sie vorher nie persönlich gesehen hatte, auszuwandern, sondern auch noch in ein Land, über das sie sehr wenig wusste, um dort mit Alltagssituationen konfrontiert zu werden, die wir Europäer uns kaum vorstellen können, geschweige denn zumuten möchten. Wer würde heute schon gerne freiwillig auf Strom- und Wasseranschluss im Hause verzichten! Und das alles mit einem Gleichmut hinzunehmen, als wäre es das Selbstverständlichste auf der Welt, hat mich beim Lesen der Aufzeichnungen immer wieder verblüfft und erstaunt.

Der modernen Technik sei Dank, dass unsere Zusammenarbeit über diese große Distanz mittels Internet und SMS so gut funktionierte, auch wenn immer mal wieder der Strom in Bangangté für ein paar Tage ausfiel.

Durch ihre Heirat mit Prinz Marcelin Paholo vom Stamm der Bamiléké, gehört Katharina Hänni, jetzt Reine Paholo Katharina, zur königlichen Familie von Bangangté, was ihr nicht nur viele Vorteile verschafft, sondern auch den Zugang zu einer völlig neuen Welt eröffnet. Es bedeutet aber auch, Sitten und Gebräuche anzunehmen, die ihr vorher total fremd waren, und neben der Alltagsfremdsprache Französisch auch noch Dialekte wie Medumba, die Sprache der Bangangté, zu lernen. In Kamerun gibt es um die 230 lokale Sprachen und Dialekte.

Je mehr ich über dieses Land in Erfahrung brachte, umso mehr begann es, mich mit allen seinen Facetten zu faszinieren. Allein schon die Tatsache, dass dort über zweihundert Volksstämme mit verschiedenen Religionen friedlich miteinander leben, ist erstaunlich. Im Bamiléké-Grasland wird noch Ahnenkult betrieben, und vor allem dem Heilen mit Pflanzen wird große Bedeutung beigemessen.

Kamerun hat viele bedeutende Künstler hervorgebracht, beispielsweise Francis Bebey, der sich weit über die Landesgrenzen hinaus einen Namen machte als vielfach begabter Musiker und Dichter. Für seinen Roman »Das Regenkind« bekam er den Saint-Exupéry-Preis. In Frankreich studierte ein weiterer großer Schriftsteller Kameruns, Mongo Beti, bekannt als Dramatiker, Autor, Maler und Filmemacher.

Fußball spielt in Kamerun eine sehr große Rolle. Selbst Fußballfans hierzulande wird der Name des kamerunischen Fußballstars Samuel Eto'o ein Begriff sein.

Wenn von Afrika die Rede ist, dann meistens von Südafrika, Kenia oder anderen afrikanischen Ländern, selten von Kamerun. Und wenn, dann ist höchstens die Touristenroute Kribi–Douala–Bafoussam–Maroua bekannt. Jedoch circa dreihundert Kilometer von Douala entfernt, auf 1200 bis 1500 Metern Höhe, leben diejenigen liebenswerten Menschen, denen man in unserem Buch begegnet, fernab jenes touristischen Gebietes.

Ich wünsche Reine Paholo Katharina Hänni, dass sie das Glück, das sie in Kamerun gefunden hat, behalten und später auch einmal an ihren Sohn weitergeben kann.

Ruth Troxler

Reisen nach Kamerun

Wer sich für eine Reise nach Kamerun entscheidet und uns besuchen möchte: Hier kurz die Einreiseformalitäten, damit es weniger oder keine bösen Überraschungen gibt. Leider ist es nicht so einfach, nach Kamerun einzureisen, wie nach Spanien oder Italien.

Was Sie alles dringend benötigen:

- Einen Reisepass, der sechs Monate übers Ausreisedatum hinaus gültig ist.
- Ein Visum, das man ausschließlich von der Mission Permanente in Genf erhält.
- Einladung oder Hotelbestätigung nach/von Kamerun.

Tipps und Empfehlungen:

– *Impfungen*

Ich empfehle unbedingt, vor der Reise nach Kamerun einen Tropenarzt aufzusuchen. Bitte fragen wegen Gelbfieberimpfung! Diese darf NICHT jeder Arzt impfen! Die **Gelbfieberimpfung** (nicht Gelbsucht) ist obligatorisch, am Zoll in Kamerun muss der Impfpass vorgelegt werden. Wer sie nicht hat, MUSS sie am Flughafen machen lassen. Das kann teuer werden, Preis unbekannt.

Bitte lassen Sie alle nötigen Impfungen machen! Nehmen Sie die Malariaprophylaxe ein! Je nach Jahreszeit und Reisegebiet wird diese in der Regel 2–4 Wochen vor der Reise, während den Ferien und dann auch noch 2–4 Wochen danach eingenommen. Das entscheidet der Tropenarzt.

– *Geldwechsel*

CHF/Checks können **nur** am Flughafen bei der Einreise gewechselt werden, danach ist dies nicht mehr möglich. Bei den Banken muss man Kontoinhaber sein, damit sie wechseln.

In Bangangté ist kein Wechsel möglich.

– *Euro*

Ist die beste und einfachste Währung hier. Kann man überall und auf jeder Bank ohne Probleme wechseln. Nach Anfrage kann man sogar oft mit Euro bezahlen (große Beträge).

– *Checks*

Man kennt hier NICHT jede Art von Checks. Es werden keine Traveller-Checks angenommen.

– *Kreditkarten*

In Bangangté absolut nutzlos! Höchstens in Städten in großen Geschäften. Leider kann man hier nur mit Bargeld, Euro oder CFA-Franc (Franc de la Coopération Financière en Afrique Centrale) bezahlen.

– *Sprachen*

Kamerun ist halb französisch und halb englisch. Die Sprachgebiete sind aufgeteilt. Nicht jeder kann beide Sprachen. Douala und Bangangté sind französisch, Yaoundé englisch.

– *Flug*

Von der Schweiz aus hat Swiss die beste Flugverbindung, und zwar jeden Dienstag, Freitag und Sonntag um 12.30 Uhr. Abends ist man in Douala, ohne Umsteigen, nur mit Zwischenstopp in Malabo.

Dann gibt es noch Air France, Royal Air Maroc und andere Fluggesellschaften, die **mit Umsteigen** nach Douala fliegen.

– *Flugdauer*

Swiss mit Zwischenstopp sieben Stunden.

– *Moskitos*
Gilt es nicht zu unterschätzen! Bitte schützen Sie sich mit Spray, wie beispielsweise Anti Brumm Forte, langer Hose und Langarmpulli. Mindestens abends sollte man sich unbedingt daran halten. Helle Kleidung! Moskitos fliehen vor Licht und Helligkeit. Hier kostet ein imprägniertes Moskitonetz umgerechnet ca. CHF 10,00. Ist in Douala erhältlich.

– *Malaria*
Für die Malariaprophylaxe ist Mephaquin im Allgemeinen besser verträglich als Lariam.

– *Schmuck/Uhren*
Kamerun ist ein armes und sehr korruptes Land. Lassen Sie Ihren teuren und auffälligen Schmuck, auch Modeschmuck, zu Hause. Warum die Ferien nicht mal zeitlos genießen und auf die innere Uhr hören? Lassen Sie Ihre Armbanduhr im Hotelzimmer oder auch gleich zu Hause. Wenn es doch eine Uhr sein muss, warum nicht eine billige Ferienuhr?

– *Essen/Trinken*
Das Essen in den Garküchen am Straßenrand ist erstaunlicherweise sehr sauber. Mit den Grillständen ist es sowieso kein Problem. Dort kriegt man gegrillten Fisch und Fleischspießchen, und in den Küchen gibt es afrikanische Gerichte. Es empfiehlt sich nachzufragen, ob es sehr scharf ist.

Alle Getränke in Flaschen sind absolut problemlos. Aber aufgepasst: Bei den Mineralwasserflaschen sollte man zuerst schauen, ob sie noch original verschlossen sind. Diese werden oft mit Leitungswasser für die Einheimischen nachgefüllt. Vor allem bei Straßenhändlern, die die Flaschen einzeln verkaufen.

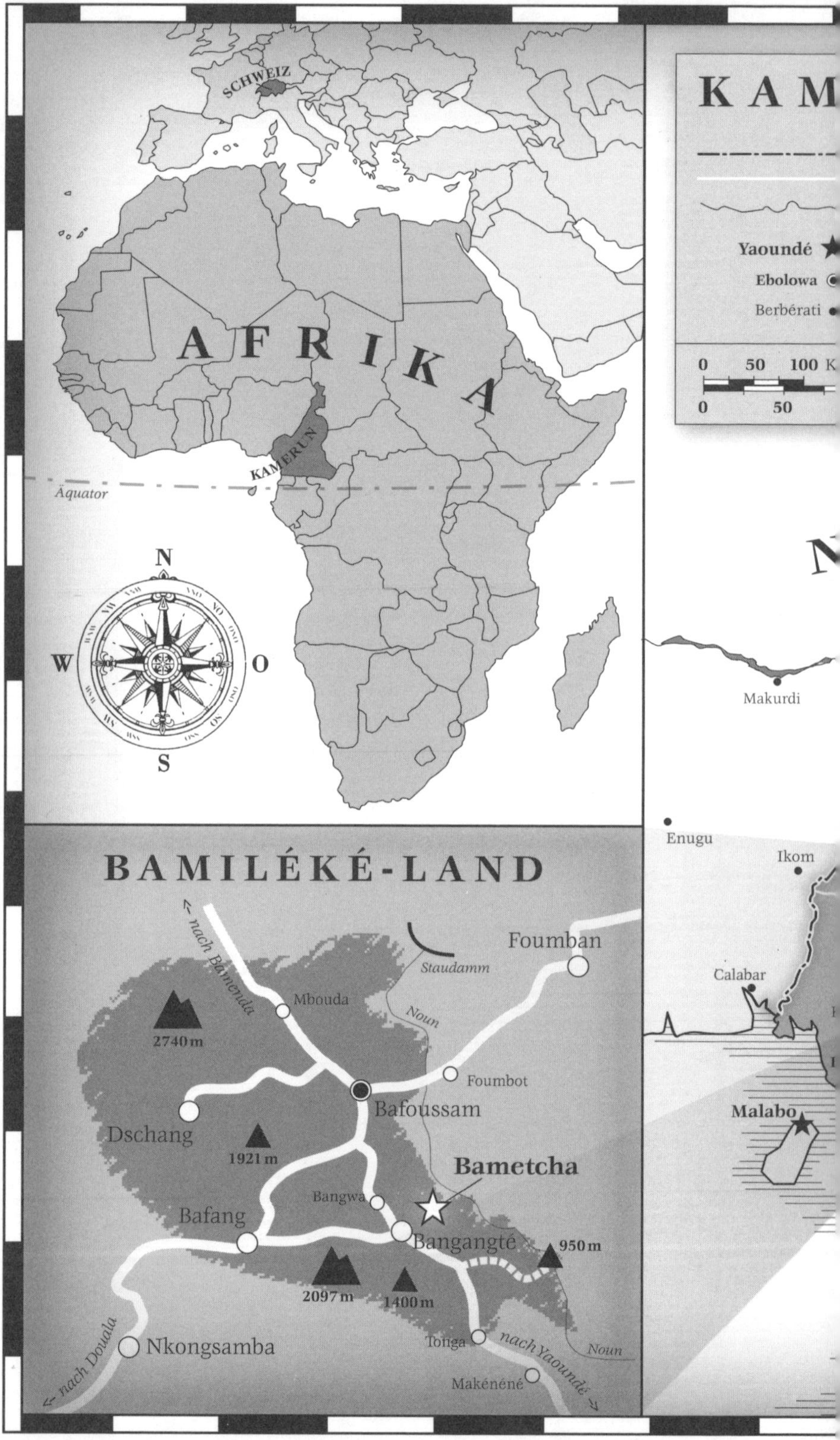
SCHWEIZ
AFRIKA
KAMERUN
Äquator
N
W
O
S
KAM
Yaoundé
Ebolowa
Berbérati
0 50 100 K
0 50
Makurdi
Enugu
Ikom
Calabar
Malabo
BAMILÉKÉ-LAND
<- nach Bamenda
Staudamm
Foumban
Mbouda
Noun
2740 m
Foumbot
Bafoussam
Dschang
1921 m
Bametcha
Bangwa
Bafang
Bangangté
950 m
2097 m
1400 m
Nkongsamba
Tonga
nach Yaoundé ->
Noun
Makénéné
<- nach Douala